国家语委"十二五"科研规划重大项目"中国跨境语言现状调查研究"（ZDA125-6）

中央民族大学"985工程"创新基地"跨境语言研究系列丛书"

总主编◎戴庆厦

蒙古国蒙古族语言使用现状

主　编 ◎ 哈斯额尔敦　包满亮

副主编 ◎ 斯仁那德米德　马志坤

　　　　　莫·陶克陶夫　赛音宝音

顾　问 ◎ 扎·桑杰（蒙古乌兰巴托大学）

作　者 ◎ 中央民族大学：

　　　　　哈斯额尔敦　包满亮　斯仁那德米德

　　　　　马志坤　赛音宝音　莫·陶克陶夫

　　　　　满都拉　确吉曾格　萨仁　包淑梅

　　　　　赵·恩和巴雅尔　李淑梅

　　　　　蒙古乌兰巴托大学：

　　　　　巴图吉雅　乌云其其格

中国社会科学出版社

图书在版编目（CIP）数据

蒙古国蒙古族语言使用现状／哈斯额尔敦，包满亮主编 . —北京：
中国社会科学出版社，2014.3
ISBN 978 - 7 - 5161 - 4212 - 7

Ⅰ.①蒙…　Ⅱ.①哈…　②包…　Ⅲ.①蒙古语—研究　Ⅳ.①H531

中国版本图书馆 CIP 数据核字（2014）第 076231 号

出 版 人	赵剑英
责任编辑	任　明
责任校对	毕　东
责任印制	戴　宽

出　　　版	中国社会科学出版社
社　　　址	北京鼓楼西大街甲 158 号（邮编 100720）
网　　　址	http://www. csspw. cn
	中文域名:中国社科网　　　010 - 64070619
发 行 部	010 - 84083685
门 市 部	010 - 84029450
经　　　销	新华书店及其他书店

印刷装订	北京市兴怀印刷厂
版　　　次	2014 年 3 月第 1 版
印　　　次	2014 年 3 月第 1 次印刷

开　　　本	710 × 1000　1/16
印　　　张	17
插　　　页	2
字　　　数	279 千字
定　　　价	58.00 元

课题组成员

УЛСиын ХЭЛ Бичгийн ЗӨВЛӨЛийн "12.5" ын
ЭРДЭМ ЩижилгЭний ТӨСӨЛийн ТОМ СЭДЭВ 《ДУНДАД УЛСЫН ХИЛ
АЛСАЛСАН ХЭЛНИЙ ХЭРЭГЛЭЭНИЙ ӨНӨӨГИЙН БАЙДАЛын СУДАЛГАА》
ТӨВИЙН ҮНДЭСТНИЙ ИХ СУРГУУЛИын"985-ТӨСӨЛТ АЖИЛГ'-ЫН   ХЭЛНИЙ ТӨВИЙН
《ХИЛ АЛСАЛСАН ХЭЛ СУДА ПГА Л   ЦУВРАЛ БИЧИГ

Ерөнхий эрхилэн найруулагч: Дай Чин Шиа

МОНГОЛ УЛСЫН МОНГОЛ ХЭЛНИЙ
ХЭРЭГЛЭЭНИЙ ӨНӨӨГИЙН БАЙДАЛ

Эрхлэн найруулсан: *Хас-Эрдэнэ, Б.Манлай*
Дэд Эрхлэн Найруулагчид: *Цэрэннадмид,Ма жи Күн,Сайнбуян,М.Тогтох*
Зөвлөгч: *Ж.Санжаа (Монгол Улаанбаатар их сургууль)*
Зохиогчид: *Хас-Эрдэнэ, Б.Манлай, Цэрэннадмид,Ма жи*
Күн,Сайнбуян, М.Тогтох,Мандал,Саран,Бо шү Мэй,Г. Батзаяа
(Монгол Улаанбаатар их сургууль), Д. Оюунцэцэг(Монгол
Улаанбаатар их сургууль), Энхбаяр, Ли шү Мэй

中国社会科学出版社

目　　录

ГАРЧИГ

第一章 绪论

第一节 研究目的和意义

语言是民族的主要特征之一。而民族的变化也会影响、制约语言的变化。

"任何一个民族，在历史上其群体分布都处于不同程度的变动之中。由于人口的流动和世界社会历史的变动，许多民族往往分布在不同的国家里，形成了所谓的'跨境民族'（又可称为'跨国民族'），……跨境民族的出现，必然会同时出现相应的'跨境语言'（又可称为'跨国语言'）。

……跨境语言是语言的社会变体之一，是指同一民族分布在不同国家而导致的语言变体。语言变体有多种类型：有由于分布地区不同而形成的方言变体；有由于民族支系差异而形成的支系语言变体；有由于社会集团的差异而形成的社会变体等。跨境语言是语言社会变体的一种，既不同于方言变体，也不同于支系语言变体。

由于不同的国家在社会、文化诸方面存在差异，不同的跨境语言的特点也会存在不同程度的差异。科学地认识跨境语言的特点，可从以下不同的角度进行观察和分析。（1）从差异的角度上看，跨境语言有的差别大些，有的差别小些。……（2）从语言的性质上看，……有的是独立的不同语言，有的是仍属于同一语言的不同方言。……（3）从跨境数量上看……有的跨两个国家，有的跨两个以上的国家。……（4）从时间上看，跨境语言分化的时间有的长，有的短。分化时间长的，往往差异较大。

跨境语言的研究，具有重要的理论价值。……跨境语言产生的变异是语言的客观存在，所以是人们认识语言演变规律所不可缺少的内容。跨境语言产生的语言变异，既不同于语言的历史演变，也不同于方言的共时差异，有其自身的规律。从跨境语言的对比研究中，我们能够获取大量有关语言演变的规律，这对语言学的理论建设是大有裨益的。

跨境语言研究还具有重要的应用价值。原来是同一群体、使用同一语言的人们，后来因分布在不同的国家而产生了差异，但两地群体、两种语言还存在密切的联系，不同国家在解决跨境民族、跨境语言问题的对策上，必须考虑到跨境的特点，采取有利于跨境民族发展的措施。……研究另一方跨境语言的特点，有助于加深这一方跨境语言的认识。

以往的语言学研究，对跨境语言的研究重视不够，已有的成果很少，应当说是语言研究中的一个薄弱环节。在当今时代，由于现代化进程的加速，以及世界经济一体化、信息一体化的到来，各国之间出现了新的合作关系，因而跨境语言研究越来越显示出其重要性。人们急切需要认识不同国家跨境语言的现状及其历史演变的关系，要对跨境语言有个整体的科学认识。"①

蒙古国位于亚洲中部，东、南、西三面与我国相邻，靠近我国内蒙古自治区，过去曾称作"外蒙古"或"喀尔喀"。蒙古国地域辽阔，人口稀少，面积 156 万平方公里，人口约 300 万。主要为蒙古族，占全国人口的 95%以上。蒙古国蒙古语与我国蒙古语同属于阿尔泰语系蒙古语族，二者有着密切的联系。因此，调查研究蒙古国蒙古族语言使用现状，正确认识两国蒙古语的共时特点和历史关系，揭示其相同点和不同点，对两国蒙古族及其语言使用现状和历史演变的研究具有重要的理论价值和应用价值。

第二节　调查设计

一、调查方法

本课题主要采用穷尽式调查法和点面结合的研究方法。

因为调查点分散、距离远、户数多，我们分两批进行调查。第一批调查蒙古国后杭爱省浩同图、哈沙雅图、成和尔、巴图青格勒、俄给淖尔等 5 个苏木的基本情况，然后选取浩同图苏木古尔古勒台巴嘎，逐户进行语言使用情况的调查，还到机关、中小学和公共场所进行调查，并走访了牧民、干部、教师、学生等各方面的代表人物；第二批在蒙古国首都乌兰巴托市选择了松干海日汗区的 109 户进行语言使用情况的调查，还走访了干部、汉族商人等。两批调查对象涉及 271 户、1000 人，访谈（或会见）对象 8 人，语言能力测试 3 人，发音合作者 4 人。

本书力图通过这次田野调查的资料，对蒙古国蒙古族语言使用现状进行较为全面的描述。从而为这一研究领域提供较丰富的资料，并在感性认识的基础上形成一些理性认识。

---

① 见戴庆厦主编《泰国万伟乡阿卡族及其语言使用现状》第 1—2 页。以下简称"泰国万伟乡阿卡族"。

二、调查点的选择

蒙古国蒙古语是蒙古国的官方语言，各地方言土语间的差别不大。

蒙古国有有 22 个省和 1 个直辖市。我们从广大牧区中选择了后杭爱省作为调查点。该省位于蒙古国中部，人口较多（有 9.83 万人），且属于蒙古国蒙古语标准音地区。蒙古国大、中城市不多，我们选择了乌兰巴托市作为城市调查点。该市是蒙古国首都，人口多，约占全国人口的一半，也属于蒙古国蒙古语标准音地区。

三、调查阶段的划分

我们的调查分为以下四个阶段：

第一阶段，即材料准备阶段（2010 年 5 月 1 日至 2011 年 7 月 19 日）：搜集有关资料，制订调查计划和调查大纲等。

第二阶段，即田野调查阶段（2010 年 7 月 21 日至 2010 年 8 月 14 日）：赴蒙古国，到达后杭爱省和乌兰巴托市，入户调查、记录，搜集第一手资料，边搜集边整理，并输入电脑。

第三阶段，即写作阶段（2010 年 10 月至 2012 年 11 月）：按照写作大纲，分工写作初稿，并由蒙古国协作人员补充有关资料。

第四阶段，即定稿阶段（2012 年 11 月至 2013 年 1 月）：修改初稿、定稿，交总主编审定，送交出版社。

第二章　蒙古国及有关地区概况

第一节　蒙古国概况

蒙古国位于亚洲中部，东、南、西三面与我国为邻，北面与俄罗斯接壤；面积 156.4116 万平方公里。全国总人口约 300 万，其中 95% 以上是蒙古族，还有哈萨克、图瓦、俄罗斯、汉族等。平均每平方公里 1.65 人，是世界上人口密度最小的国家之一。

蒙古国是内陆国家，地形以高原为主，由西向东延伸，缓缓倾斜。西部、北部和中部是阿尔泰、杭爱、肯特等山脉，各山脉的主峰多在海拔 2800 米以上。东部和东南部是比较平坦的高原，一般海拔 1000 米左右，高原上分布着广阔的草原、沙漠和戈壁。南部是戈壁，戈壁地区占全国面积的三分之一。

蒙古国有许多河流、湖泊和矿泉。河流分别属于北冰洋、太平洋和内陆三个水系。较大的河流有北冰洋水系的色楞格河（992 公里长）、太平洋水系的克鲁伦河、鄂嫩河，内陆水系的扎布汗河、科布河等；较大的湖泊有乌布斯湖（3350 平方公里）、库苏古尔湖（2620 平方公里）；用于医疗和疗养的冷热矿泉有胡吉尔图、占其布林、敖特根腾格尔等。

蒙古国属于典型的中温带大陆季风气候，季节变化明显，各地气候差异较大。冬季长，常有大风雪；夏季短，昼夜温差大；春、秋两季短。冬季 1 月份最低温度达到零下 40℃ 以上。降水量很少，北部地区约 300–400 毫米，南部地区不到 200 毫米。

蒙古国的矿产很丰富，矿产蕴藏量居世界第二十位，目前已发现和确定的矿产有 80 多种，已开发的矿区有 800 多个。矿物资源主要有煤、铜、铁、钼、锌、金、铅、钨、锡、石油等，仅煤炭储量就超过 1520 亿吨。蒙古国的采矿业占全国 GDP 的 20% 以上，占外贸总额的 50% 以上。

蒙古国是以畜牧业经济为主的国家。土地肥沃、草场广阔，草场面积 92.7 万公顷，其中可利用的牧场达到 38.5 万公顷。主要牲畜有羊、牛、马、骆驼等。蒙古国农业从 1958 年开始发展，现有耕地面积 75.6 万公顷，农作物主要有小麦、玉米、大豆、白菜、甜菜等。蒙古国森林面积为 18291.6 公顷，树木种类很多，达 140 余种，主要分布在肯特、库苏古尔、杭爱、阿尔泰、汗呼和山脉地区。木材总蓄积量为 12.7 亿立方米，其中落叶松占72%，雪松占 11%，红松占 60%，其余为桦树、杨树、红杨树等。蒙古国的野生动物种类很多，有 1500 余种昆虫、300 余种两栖或爬行动物、80 余种鱼类、400 余种禽类、140 余种哺乳动物，其中黄羊最多，还有很多獭、狐狸、狼和熊、狍子等，森林马鹿就有 13.9 万只。

蒙古国重视教育投入。近年来教育投入一直占国家总预算的 20%以上。蒙古国实行全国普通教育免费制度，现有全日制普通教育学校 695 所、高等院校 177 所。国立院校主要有国立大学、科技大学、教育大学、农业大学、医科大学、人文大学、文化艺术大学等，私立大学主要有敖特根腾格尔大学、蒙古商业学院、蒙古乌兰巴托大学等。全国各类学校在校生达 80多万人。目前蒙古国基本扫除了文盲，每 3 个人中就有 1 个在大、中专学校学习，15 岁以上公民中，98%都受到过初等以上教育。近年来蒙古国公民学习汉语的热情日益增加，在内蒙古自治区各大专院校学习汉语的留学生主要来自蒙古国。

蒙古国的文化艺术事业也很发达，现有国家民族歌舞团、国家话剧院、国家古典艺术剧院、国家杂技团、国家音乐馆、国家木偶剧院和博格达汗博物馆、乔依金喇嘛博物馆、造型艺术博物馆、国家历史博物馆、国家自然历史博物馆、文化遗产中心、国家图书馆、国家艺术画廊等文化艺术团体和设施。

蒙古国的新闻、出版、广播、电视事业也在逐步发展壮大。现在公开出版的报纸约有 170 余种、杂志有 100 余种，主要报刊有《日报》、《世纪新闻报》、《今日报》、《真理报》、《索音博报》、《明报》、《民主报》、《蒙古新闻》等。蒙古通讯社创建于 1921 年，1957 年 10 月更名为国家通讯社，现在莫斯科、北京、波恩和乌兰乌德等地都派有常驻记者。蒙古广播电台创建于 1931 年，1934 年 9 月 1 日首次播音，目前在全国 5 个省有转播台，覆盖率达 90%以上，1964 年 9 月开始用汉语播音，1965 年 1 月开始用英语播音，1997 年 1 月更名为《蒙古之声》，目前用蒙、英、汉、俄、日等 5 种语言广播，每日播音 8 小时。蒙古国家电视台（MTB）创建于 1967 年 8 月，1991 年 1 月开始转播美国世界新闻网电视节目，1995 年 4 月开始转播日本NHK 电视节目，还转播法国、德国、俄罗斯和中国中央电视台 4、5、9 套节目和内蒙古电视台节目。1995 年 8 月开始有了有线电视节目。

蒙古国的国语是以喀尔喀方言为基础方言的蒙古语，属于阿尔泰语系的蒙古语族。蒙古国曾经长期使用过传统蒙古文（或称旧蒙古文、老蒙古文，我国蒙古族一直在使用），1946 年 1 月 1 日正式改用了以基里尔字母为基础的蒙古文字（新文字），现在学校也教授传统蒙古文。

　　蒙古族是北方草原一个古老的游牧民族。学者们一般认为，蒙古族来源于鲜卑，而鲜卑来源于东胡。"蒙古"一词，学者们的解释也众说纷纭。一些学者认为，"蒙古"一词与古代蒙古人的信奉长生天和火有关，即"蒙可"（meŋke，意为长生，永恒）和"嘎拉"（ɡɑl，意为火），二词结合而成。额尔古纳河畔是蒙古民族的摇篮。"蒙古"最初只是诸多蒙古部落中的一个部落名称。约在公元 7 世纪蒙古部落从额尔古纳河流域开始向西部草原迁徙，12 世纪时繁衍生息在今鄂嫩河、克鲁伦河、图勒河的上游和肯特山以东一带。13 世纪初蒙古部首领铁木真经过多次征战，终于完成了蒙古地区诸多部落的统一大业。1206 年春铁木真在鄂嫩河源头召集属下贵族首领们举行了大忽里勒台（大会），被推举登上大汗宝座，成为成吉思汗，创建了一个新的游牧民族政权——蒙古大帝国。成吉思汗建国后，开始对外扩张，1206 年至 1217 年攻西夏、金朝，1217 年至 1219 年相继征服豁里、秃满、吉利吉思等部。1219 年，以花剌子模国王摩诃木杀害蒙古商队和使臣为由，亲率大军西征，数年间先后破兀提拉耳、不花剌、撒马耳罕、玉龙杰赤等地域，占领中亚大片地区 1223 年东返蒙古；1226 年又攻西夏，次年灭西夏，因病去世。1229 年，成吉思汗三子窝阔台继位，1230 年率师攻金，1234 年联宋军下蔡州，灭金，次年派拔都等诸王西征，1241 年去世。1246 年，窝阔台长子贵由即位，逾两年去世。1251 年，托雷长子蒙哥继位，加强汉地、中亚和波斯三大行政区的统治机构，命弟忽必烈总领汉地庶事，统兵南征大理、南宋，又命弟旭烈兀统兵西征，1257 亲统大军征宋，1259 年病逝于四川钓鱼城下。蒙哥死后，托雷子忽必烈和阿里不哥兄弟争夺汗位，1260 年分别在自己的领地即位，接着互相争战，结果忽必烈依靠汉地雄厚的人力和物力战胜了阿里不哥。忽必烈把政治中心从漠北移至漠南地区，以中原汉地为中心建立了强大的政权，并将中都（今北京）改名为大都，作为全国的首都，至元八年（1271 年）建国号为大元。忽必烈完善和加强统治制度之后，开始了统一全国的战争，至元十一年（1274 年）命伯颜为统帅，率 20 万大军，大举南下，1276 年占领临安（今杭州），灭南宋，又对高丽、日本、安南、缅国等外国屡屡用军。1299 年，忽必烈去世，其孙铁穆耳即位，是为成宗。大德十一年（1307 年）成宗死，海山继汗位，是为武宗。至大四年（1311 年）武宗死，其弟爱育黎拔力八达即汗位，是为仁宗。延祐七年（1320 年）仁宗死后，英宗硕德八剌、泰定帝也孙铁木儿、文宗图贴睦尔等相继即位。元末帝为顺帝妥懽贴睦尔。元朝自成吉思汗建国至大都陷落，凡 14 帝，163 年，自忽必烈定国号大元，凡 10 帝，98 年。大元统治领域北至西伯利亚，南至南海，西南至西藏、云南，西北至新疆，东北至鄂霍次克海。至正十五年（1355 年）爆发红巾起义，1368 年 8 月，明军攻下大都，顺帝北逃，仍用元国号，史称北元。现在的蒙古国过去叫作"外蒙古"或"喀尔喀蒙古"，明代主要是达延汗第五子阿勒楚博罗特属部内 5 部和达延汗幼子格埒森扎所属外 7 部游牧地，后内 5 部内迁，外 7 部分出土谢图汗、车臣汗、札萨克图汗 3 部，雍正三年（1725 年），从土谢图汗部分出赛音诺颜汗部，共 4 部，称喀尔喀 4 部，另有科布多、唐努乌梁海地区，归驻扎在乌里雅苏台的定边左副将军统辖。1911 年 12 月，外蒙古封建主在沙俄的支持下宣布"独立"。1915 年中、俄、蒙三方在恰克图缔结的《关于外蒙古自治之三国协定》规定，外蒙古是中国领土的一部分，外蒙古承认中国的宗主地位，中国、俄国承认外蒙古自治，但是，外蒙古仍由沙俄控制的局面没有实质性的改变。"十月革命"后沙俄政府垮台。1921 年 7 月，外蒙古宣布独立，11 月成立了君主立宪制的政府，1924 年废除君主立宪制，成立了蒙古人民共和国。

现行的蒙古国宪法为第四部宪法，于 1992 年 1 月颁布，2 月 12 日生效。根据该宪法，国名改为蒙古国，实行多党制，建立设有总统的议会制度。蒙古国国家大呼拉尔（议会）是国家最高权力机关，行使立法权。国家大呼拉尔为一院制议会，其成员由有选举权的公民在普遍、自由、直接选举的法律基础上以无记名投票方式选出，任期四年。总统是国家元首兼武装力量总司令，任期四年，可连任一届。政府为国家最高权力执行机关，政府成员由大呼拉尔任命。1999 年 12 月 24 日蒙古国国家大呼拉尔通过宪法修正案，2000 年 7 月 1 日起生效。该修正案规定，在议会选举中获胜的政党单独或联合组阁，并向国家大呼拉尔提出总理人选。蒙古国执行多党制后出现了许多党派，其中蒙古人民革命党成立于 1921 年 3 月，是执政时间最长、组织系统较完整的大党，还有 2000 年 12 月成立的蒙古民主党等。

蒙古国长期实行计划经济，从 1991 年开始向市场经济过渡，推行了国有资产私有化政策，在经济发展方面制定了许多有力措施。1997 年政府通过了"1991-2000 年国有资产私有化方案"，2004-2007 年蒙古国经济以平均每年 8%的速度增长。2007 年蒙古国与世界 114 个国家和地区建立了经贸合作关系，外贸总额达到 41.19 亿美元。

蒙古国在 20 世纪 90 年代后开始实行"多边"外交政策，即在与俄罗斯、中国两大邻国发展均衡的睦邻友好合作关系的同时，重点加强与美国、日本、德国等西方国家的关系。1949 年 10 月 16 日，蒙古国与中国建立外交关系。1960 年 5 月 31 日中蒙在乌兰巴托签订了友好互助条约，1962 年签订了边界条约，1994 年 4 月签署了"中蒙友好合作关系条约"。近年来蒙古国和中国领导人进行了多次互访，并发表了联合声明或签署了有关协议。

蒙古国政府与中国一贯奉行"好邻居、互相信任合作伙伴关系"的外交政策，2008 年上半年两国外贸总额已达到 13 亿美元，蒙古国向中国出口的主要商品有铁矿石、铜矿粉、褐煤、原油、畜产品等，从中国进口的主要商品有建筑材料、运输工具、工程机械和日常用品等。

　　蒙古国首都是乌兰巴托（意为红色英雄）市。

蒙古国地图

第二节　后杭爱省概况

　　后杭爱省初建于 1923 年，据历史文献记载，1725–1923 年之间被称为哈拉哈赛音诺颜汗省，1923–1931 年之间被称为策策尔勒格满都拉山省，1931 年 5 月蒙古国小呼拉尔做出决定改名为后杭爱省。

　　后杭爱省现有 19 个苏木（相当于"县"）、99 个巴嘎（相当于"乡"），人口 9.83 万，牲畜 300 多万头（只）。全省土地面积 55.3 万平方公里。省会是策策尔勒格市，位于布拉干山南侧，海拔 1691 米，距乌兰巴托市 463 公里。全省位于杭爱山脉北部，有许多海拔 3000 米以上的山。有苏布日嘎海日汗、朝克图松布尔、胡图格、给拉嘎尔、哈日拉格台、汗温都尔等山。这些山峰和山脉都覆盖着茂密的森林。全省土地辽阔、肥沃，可利用的草场占全省面积的 70.7%，农业用地占 0.6%，森林面积占 15.7%。山上生长着云杉、黑松、白桦、灌木等 50 多种树木和茶叶树、果树及食用植物以及 200 多种药用植物、1700 多种各种花草。

　　后杭爱省有从杭爱山脉起源的前后两条塔米河和罕女、浑女、楚鲁吐、鄂尔浑、苏门等 8 条河流，还有浩勒宝、德日格、特日黑查干淖尔等 188 个大小湖泊，滋润着数千公里的草场和农场。还有诺颜杭盖、楚鲁吐、沙巴尔台、宝日塔拉、青克尔、查干苏米等 40 多眼用于医疗和疗养的冷热矿泉。

后杭爱省是典型的大陆性季风气候，温差较大。年均降雨 300–400 毫米，冬季 1 月份最低气温至零下 20℃至零下 25℃，7 月份温度一般为零上 15℃以上。

后杭爱省俄给淖尔、浩同图、哈沙雅图等苏木蕴藏着丰富的煤炭资源，策策尔勒格市、哈沙雅图、塔日雅图、伊克塔米尔等地有许多金属矿产和建筑材料。后杭爱省有很多死火山岩、硕石遗迹，出土了大量的猛犸象、恐龙等大型动物化石及各种树木化石。后杭爱有著名的浩日格火山口，它是八千年前喷发形成的火山口，人们称"陶高"（意为锅），处在海拔 2240 米高的山上，形状像似锅，山口宽 200 米、深 100 米双层口。山口周围长满了茂密的针叶树和各种草。南边分布着许多火山口喷发的岩浆冷却后形成的形状各异的岩石。在浩日格火山口东边有特日黑查干淖尔。它是被喷发的火山岩浆阻挡后形成的淡水堰塞湖，湖长 16 公里、宽 4–10 公里，面积 61 平方公里，水深 20 米，海拔高 2060 米，湖水中有许多珍稀的鱼类和飞禽。每年夏季在特日黑查干淖尔的湖中岛上聚集着许多候鸟。这里还有地形险峻的楚鲁特河，它从杭爱山脉的额根梁附近起源，向西北流经 415 公里后与伊德尔河、德力格尔河汇合流入色楞格河。该河的 100 多公里河段是在 20 多米深的平地峡谷中穿过。楚鲁图河的鱼类很多，附近还有许多含矿物质的温泉。

后杭爱省有许多古迹遗址。从杭爱山脉北侧起，向东北流经 120 公里，汇入罕女河的匈奴河流域中发现了多处刻有鹿的石碑。还有匈奴人在其附近居住过的匈奴河。在额尔敦满达拉苏木以西、罕女河北侧有一座四方形夯土院墙遗址，据说它是哈拉呼兰汗城，是 16 世纪时鸿台吉之孙明盖哈拉呼兰的宫殿。在海日汗苏木境内有 9 世纪维吾尔特如颜汗的石碑，还有匈奴贵族的墓葬及一些石碑。在塔米尔河畔有一块著名的石头，是由粗粒花岗石形成的 10 米高的大石头，称台哈尔，石头上有多处不同时代古人留下的维吾尔、突厥、波斯、汉、满、藏、蒙古等多种文字。该石头的奇特之处在于孤独地立于茫茫的大草原之中，远处看好像一位老牧人盘坐在草地上一样。

后杭爱省的教育、文化事业也很发达。现在有蒙古国国立师范大学分校 1 所、中小学 36 所、私立大学 2 所、私立职业大学 4 所、幼儿园 28 所、共 20684 名儿童在各类学校读书深造。有儿童发展中心 1 所、音乐厅 1 个、文化中心 17 个、图书馆 38 个、博物馆 2 个。在近几年里实施的曹日斯资金和一些外国资助的"教育教学方法创新"、"后进学生的平等教育"、"实施非义务教育"、"教师发展"等项目，都取得了可喜的成绩。

后杭爱省在蒙古国的位置

后杭爱省地图

第三节　乌兰巴托市概况

乌兰巴托市是蒙古国首都，也是蒙古国最大的城市、直辖市，人口约有 120 余万，约占全国人口的 40%。全市辖 9 个区。它位于鄂尔浑河支流图拉河上游北岸。

乌兰巴托市建于 1639 年，当时称"乌尔格"（意为"宫殿"），为喀尔喀蒙古"活佛"哲布尊丹巴一世的驻地。1906 年改称大库伦（意为"大院"），是喇嘛教的中心和王公贵族居住的地方，1911 年改称库伦，1924 年蒙古人民共和国成立后，改为乌兰巴托（意为"红色英雄"）。并定为首都。

乌兰巴托市位于蒙古高原中部肯特山主脉南端的图拉河上游河谷地带，地处北纬 48 度 23 分 32 秒，东经 107 度 17 分 58 秒，南北群山连绵，东西是广阔的草原。图拉河从乌兰巴托市南面的博格达山下由东向西流过。

色勒贝河由北向南流过，将乌兰巴托市分为河东、河西两部分。乌兰巴托市东西长，南北窄，总面积 47.04 万公顷。乌兰巴托市的气候属大陆性高寒气候，温差大，冬季长而寒冷，1 月份平均气温零下 15℃至零下 25℃，夜间可达零下 39℃，夏季短而炎热，7 月份平均气温 20–22℃，最高可达 39.5℃，年均降水量 280 毫米。

乌兰巴托市是蒙古国政治、文化、教育、工业、科技和交通中心。

乌兰巴托市有官方办的国立大学、教育大学、艺术大学、科技大学、农业大学等高等院校和 100 多所中等学校，还有几十所私立高等院校和十几所汉语学校。

全国大部分工厂企业设在乌兰巴托市，工业以轻工业和食品工业为主，全市工业总产值约占全国工业总产值的一半以上。有皮革、制鞋、纺织、肉类加工、面粉等工厂。乌兰巴托市地毯厂生产的纯羊毛地毯多次获得莱比锡国际博览会奖牌，裘皮服装、山羊绒和驼绒制品，成为该市主要的出口创汇产品。

乌兰巴托市内有许多文化设施、文物、名胜古迹等。市内有以蒙古开国元勋苏赫巴托名字命名的苏赫巴托广场，它位于乌兰巴托市中心，北面有国家宫（政府大厦），东面有国家古典艺术剧院和中央文化宫，西面有乌兰巴托市政府、中央邮局等单位。广场中央有苏赫巴托纪念碑，国家重大节日、庆典仪式和来访的外国元首、政府首脑的欢迎仪式都在这里举行。

乌兰巴托市有蒙古国自然历史博物馆，始建于 1924 年，是蒙古成立最早、馆藏最丰富的博物馆，馆内分为自然、古生物学、历史考古、民俗等四个部分，重点展示了蒙古矿藏、动物、植物等自然资源和地理概况、实体标本，包括十余种珍贵的恐龙化石。有博格达（意为圣贤、崇高）汗宫博物馆，位于乌兰巴托南郊，建于 1893 年。博格多汗宫初称博格多格根夏宫，即哲布尊丹巴呼图克图（1869–1924）的夏宫，是蒙古国最重要的历史古迹之一；建筑采用蒙藏文化风格与汉式工程做法相结合的建造手法，反映了新的民族建筑设计理念；平面布局，深受中国古建筑的传统中轴对称制的影响，中轴线上布列主要建筑，两侧建筑严格对称；整个建筑未使用一颗钉子，属于传统的中式建筑；这里收藏博格达汗使用过的生活物品、宗教法器、传统绘画和 17—20 世纪部分蒙古国的珍贵文物。还有历史博物馆、国家博物馆等。有著名的佛教寺庙甘丹寺，建于 1838 年，现为蒙古国最大的喇嘛寺院，约有 600 多名喇嘛；寺内建有高 27 米的"神勇无畏菩萨"立像。

乌兰巴托市南面有博格达山，是蒙古国的自然保护区、国家公园。距乌兰巴托市以东 80 公里处有著名的特日勒吉国家森林公园。它位于奇特的山谷中。这里有巍峨的群山、茂密的森林、潺潺的河水，还有三友洞、乌龟石等独特的自然景观。

近年来乌兰巴托市在蒙古国政府的大力支持下正在迅速发展。

乌兰巴托市景

第三章　蒙古国蒙古族语言使用现状

本课题组赴蒙古国进行田野调查期间，调查了后杭爱省许多苏木、巴嘎牧民和乌兰巴托市居民的语言使用状况，在这里只选取了后杭爱省浩同图苏木古尔古勒台巴嘎牧民和乌兰巴托市松干海日汗区部分居民的语言资料。

第一节　浩同图苏木牧民语言使用状况

一、浩同图苏木概况

浩同图苏木原为后杭爱省苏吉格贝勒旗温都尔桑图苏木，1931 年成立，1961 年撤销后与浩同图苏木合并。该苏木位于后杭爱省东南部，有山、水、树木、草原和戈壁。南面与前杭爱省接壤，并与本省图布希日古勒呼、俄给淖尔、哈沙雅图等苏木毗邻，距首都乌兰巴托市 490 公里，距哈拉和林 35 公里，距省会策策日勒格 90 公里，交通较方便。

浩同图是"哈屯图"（夫人）的异名，据说因卫拉特王噶尔丹的王后"阿奴夫人"的遗骨葬于该苏木都兰山上，而得此名。

浩同图苏木总面积为 2414 平方公里，有 1372 户、4444 人，有牲畜 25 万头（只）。全苏木辖 6 个巴嘎。苏木所在地有 2 个加油站、1 个医院、1 个药店、3 个小型博物馆、1 个文化中心、23 个个体营业点和 2 个旅游点、一所 12 年一贯制学校，学生 900 人，教职工 250 多人、1 所幼儿园。此外在温都尔桑图巴嘎还有 1 所 9 年一贯制的学校，学生 300 多人、教职工 30 多人。学校配备了电脑和网络。全苏木牧民能收听收看 6 套广播电视节目。

浩同图苏木地处鄂尔浑河流域，有许多古代文化遗迹。如：哈拉巴拉哈孙（黑城）遗址、窝阔台汗夏宫遗址等，还有查干苏莫（意为白庙）、甘丹等寺。

二、古尔古勒台巴嘎牧民的母语使用现状

浩同图苏木有 6 个巴嘎。我们随机抽取了古尔古勒台巴嘎。

古尔古勒台巴嘎是浩同图苏木的一个巴嘎，位于浩同图苏木中心地带，是浩同图苏木所在地。

全嘎查共有 162 户 560 人，都是蒙古族。其中男 266 人，女 294 人；从年龄段来看，1–5 岁的 45 人，6–15 岁的 130 人，16–40 岁的 258 人，41 岁以上的 127 人；从文化程度来看，小学文化程度的 90 人，初中文化程度的 226 人，高中文化程度的 177 人，大专及以上文化程度的 5 人，文盲（不包括 5 岁以下儿童）7 人。

古尔古勒台巴嘎牧民的母语使用情况是：

从年龄段看，5 岁以下儿童共有 45 人，但是我们没有把他们作为调查对象，因为他们的语言能力不稳定；6 岁儿童共有 13 人，他们的母语水平都属一般级，也就是说他们会说、听得懂日常话，但是词汇不丰富，不懂新词术语，说的复句不多，不会说长句。7 以上的人都属熟练级，也就是说，他们在日常生活中能熟练自如地用母语进行交际，听、说能力俱佳。

从文化水平上看，文盲共 7 人，都是 6—8 岁的儿童，看来他们还未上学，他们中 6 个人的母语水平属一般级，只有 1 名叫乌·达瑞玛的女孩母语水平属熟练级，其他绝大多数人，包括小学到大专水平的人的母语水平都属熟练级。不过他们之间的母语水平有一些差异。高中以上水平的人的词汇量大些，掌握的新词术语较多。

从以上情况看，古尔古勒台巴嘎全体蒙古族稳定使用着母语。

三、古尔古勒台巴嘎部分蒙古族懂外语状况

古尔古勒台巴嘎一些人懂俄语和英语。

在这个巴嘎懂俄语的人较多，共有 343 人，他们中的大部分人是年龄较大的人，年龄小的人正在学习俄语，他们的俄语水平不高。

在这个巴嘎也有一些人（共有 157 人）懂英语或正在学习英语。他们中的大部分人是年龄较小的人，其中许多人是学生，懂英语的 40 岁以上的只有 17 人，而且他们的英语水平较低。

在这个巴嘎也有一些学生在学校里选修汉语。

从以上情况看，古尔古勒台巴嘎的一些人也懂或正在学习俄语、英语和汉语，但是外语水平都较低，还有 164 人（不包括 5 岁以下儿童）不懂外语。

古尔古勒台巴嘎牧民语言使用一览表

户号	人口序号	家庭关系	姓名	年龄	性别	文化程度	母语水平		外语水平	
									英语	俄语
							熟练	一般	一般	一般
1	1	户主	却·呼日勒巴特尔	36	男	初中	√			√
	2	妻子	雅·奥特根吉日嘎拉	35	女	初中	√			√
	3	长子	和·达瓦吉日嘎拉	11	男	初中	√		√	√
	4	女儿	和·扬吉玛	13	女	初中	√		√	√
	5	次子	和·奥都呼巴雅尔	6	男			√		
2	6	户主	色·汗达扎布	88	女	初中	√			
	7	孙子	巴·关其格道尔吉	13	男	初中	√		√	√
3	8	户主	格·拉哈巴扎布	78	男	初中	√			√
	9	妻子	达·斯木苏荣	72	女	初中	√			√
4	10	户主	那·钢呼	37	男	高中	√			√
	11	妻子	策·朝伦其其格	34	女	高中	√			√
	12	长女	格·达日玛	15	女	高中	√		√	√
	13	次女	格·尼玛苏荣	13	女	高中	√		√	
5	14	户主	斯·特木尔	75	男	高中	√			√
	15	妻子	塔·草斯尔	75	女	高中	√			√
6	16	户主	达·钢图拉嘎	30	男	高中	√			√
	17	妻子	哲·其其格赛汗	26	女	高中	√			√
	18	儿子	格·巴图德力格尔	6	男			√		
	19	女儿	格·那木吉勒玛	1	女					
7	20	户主	舍·却顿苏荣	62	男	高中	√			√
	21	女儿	却·奥顿其其格	27	女	高中	√			√
8	22	户主	色·其木德达格瓦	35	男	高中	√			√
	23	妻子	额·阿拉坦陶布其	34	女	高中	√			√
	24	长女	策·滚吉玛	14	女	初中	√			
	25	次女	策·那门奥日希呼	8	女	小学	√			
	26	儿子	策·都力根巴特尔	3	男					
9	27	户主	斯·伊达木苏荣	26	男	高中	√			√
	28	女儿	雅·道力格尔玛	13	女	初中	√			

续表

户号	人口序号	家庭关系	姓名	年龄	性别	文化程度	母语水平 熟练	母语水平 一般	外语水平 英语 一般	外语水平 俄语 一般
10	29	户主	雅·苏荣道力格尔	49	女	高中	√			
	30	女儿	德·额尔顿其其格	22	女	高中	√		√	√
11	31	户主	额·额希道力格尔	63	女	小学	√			√
	32	女儿	勒·乌云格日勒	19	女	高中	√		√	√
12	33	户主	德·莫日根	70	男	高中	√			√
	34	妻子	额·巴图阿木古愣	63	女	高中	√			√
	35	儿子	莫·巴音孟和	24	男	初中	√		√	√
	36	女儿	莫·巴音吉日嘎拉	29	女	大学	√		√	√
13	37	户主	额·孟和那顺	34	男	初中	√			√
	38	妻子	色·奥顿其木格	31	女	初中	√			√
14	39	户主	达·古纳苏荣	66	男	初中	√			√
15	40	户主	奥·伊和敖日布	34	男	初中	√			√
	41	妻子	奥·奥特根塔米尔	30	女	初中	√			√
	42	次女	伊·米特格玛	2	女					
	43	长女	伊·汗达玛	11	女	初中	√			
	44	儿子	伊·汗达额尔顿	6	男			√		
16	45	户主	色·德吉德	75	女	小学	√			
	46	儿子	和·苏色尔宝日玛	20	男	初中	√		√	
17	47	户主	德·哈达巴特尔	41	男	初中	√			√
	48	妻子	德·钢其木格	40	女	初中	√			√
	49	儿子	和·尼玛苏荣	20	男	高中	√		√	
	50	女儿	和·宝音和希格	8	女	小学	√			
18	51	户主	额·巴图吉日嘎拉	28	男	高中	√		√	
	52	妻子	格·恩和其其格	28	女	高中	√		√	
	53	长子	额·阿拉坦沙盖	6	男			√		
	54	次子	巴·朝勒孟	1	男					
19	55	户主	额·巴图赛汗	37	男	高中	√			√
	56	妻子	奥·图雅	29	女	初中	√			√
	57	长女	博·德力格尔玛	11	女	初中	√			

续表

户号	人口序号	家庭关系	姓　名	年龄	性别	文化程度	母语水平		外语水平	
									英语	俄语
							熟练	一般	一般	一般
	58	次女	博·巴雅尔玛	10	女	小学	√			
20	59	户主	和·楚勒都木道尔吉	42	男	高中	√			√
	60	妻子	德·巴雅斯古愣	39	女	高中	√			√
	61	次女	伊·色仁道勒玛	12	女	初中	√			
	62	长女	伊·格日勒图雅	16	女	高中	√			
	63	长子	伊·苏斯尔宝日玛	28	男	高中	√			
	64	次子	伊·萨茹拉宝鲁德	14	男	初中	√			
21	65	户主	德·达尔玛斯德	47	男	初中	√			√
	66	妻子	雅·棚斯克道勒玛	46	女	初中	√			
22	67	户主	涅·巴图巴特尔	32	男	初中	√			
	68	妻子	额·格日勒其其格	24	女	初中	√			
	69	女儿	格·宝音贺喜格	2	女					
23	70	户主	伊·哈斯格日勒	62	女	初中	√			
24	71	户主	德·钢照日格	70	男	初中	√			
25	72	户主	勒·恩和巴特尔	48	男	高中	√			
	73	妻子	额·策仁那达木德	42	女	高中	√			
	74	长子	额·巴图额尔顿	21	男	高中	√		√	√
	75	女儿	额·巴图其其格	20	女	高中	√		√	√
	76	次子	额·巴图乌力吉	14	男	初中	√			
	77	三子	额·孟和额尔顿	12	男	初中	√			
26	78	户主	色·哈达巴特尔	37	男	高中	√		√	√
	79	妻子	勒·宁布道勒玛	36	女	高中	√		√	√
	80	长子	和·森德	15	男	初中	√			
	81	次子	和·沙德尔	12	男	初中	√			
	82	三子	和·乃苏荣道尔吉	10	男	小学	√			
27	83	户主	伊·巴图宝鲁德	49	男	初中	√			√
	84	妻子	额·那仁格日勒	45	女	高中	√			√
	85	次子	格·乌力赛罕	10	男	小学	√			
	86	次女	格·孟和乌力吉	19	女	高中	√		√	√

户号	人口序号	家庭关系	姓　名	年龄	性别	文化程度	母语水平		外语水平	
									英语	俄语
							熟练	一般	一般	一般
	87	长子	格·乌力吉浩日老	21	男	高中	√		√	√
	88	长女	格·乌力吉特格希	23	女	高中	√		√	√
28	89	户主	伊·巴图巴雅尔	38	男	高中	√			√
	90	妻子	额·阿拉坦图雅	35	女	高中	√			√
	91	长女	格·朝格吉勒玛	14	女	初中	√			
	92	次女	格·其其格玛	11	女	小学	√			
	93	三女	格·策德布苏荣	9	女	小学	√			
29	94	户主	额·策仁那达木德	44	男	初中	√			√
	95	妻子	格·鲁斯玛	41	女	初中	√			√
	96	长女	伊·图门那顺	21	女	高中	√		√	√
	97	次女	伊·那仁图雅	20	女	高中	√			
	98	儿子	伊·巴图巴雅尔	14	男	初中	√			
	99	三女	伊·格日勒图雅	19	女	高中	√		√	√
30	100	户主	额·阿拉坦图雅	36	女	高中	√			√
	101	次女	格·奥斯尔扎玛	10	女	小学	√			
	102	儿子	格·斯格米德	13	男	初中	√			
	103	长女	格·苏斯尔宝日玛	12	女	初中	√			
31	104	户主	和·达瓦苏荣	69	男	高中	√			√
	105	妻子	额·陶高其	59	女	高中	√			√
	106	长女	德·阿拉坦朱拉	22	女	高中	√		√	√
	107	儿子	德·元旦佳木斯	3	男					
	108	次女	德·孟和吉雅	20	女	高中	√		√	√
32	109	户主	德·策仁德吉德	81	女	小学	√			
33	110	户主	额·钢图拉嘎	48	男	高中	√			√
	111	妻子	策·特木尔楚德尔	43	女	高中	√			√
	112	四子	格·恩和图拉嘎	19	男	高中	√		√	√
	113	三子	格·巴音巴特尔	21	男	高中	√		√	√
	114	次子	格·呼日勒苏和	22	男	初中	√		√	√
	115	长子	格·宝力根沙	24	男	高中	√		√	√

续表

户号	人口序号	家庭关系	姓　　名	年龄	性别	文化程度	母语水平		外语水平	
									英语	俄语
							熟练	一般	一般	一般
34	116	户主	莫·丹巴拉布杰	71	男	小学	√			
	117	妻子	德·道力金	73	女	小学	√			
35	118	户主	达·孟和那顺	48	男	高中	√			√
	119	妻子	雅·道力格尔	43	女	高中	√			√
	120	次子	玛·钢巴雅尔	12	男	初中				
	121	长子	莫·古日巴扎尔	15	男	初中	√		√	
	122	三子	莫·钢呼雅嘎	2	男					
	123	女儿	莫·钢其其格	2	女					
36	124	户主	额·扎嘎尔	64	男	初中	√			√
	125	妻子	额·巴拉吉尼玛	59	女	初中	√			√
	126	长子	哲·嘎日玛盖巴特尔	26	男	高中	√		√	√
	127	次子	哲·吉布呼朗	23	男	高中	√		√	√
37	128	户主	额·其丹朱尔	93	女	小学	√			
38	129	户主	伊·巴音吉日嘎拉	60	女	初中	√			√
	130	孙女	额·巴达玛汗达	8	女	小学	√			
39	131	户主	额·普日布	77	男	小学	√			√
40	132	户主	勒·奥特根巴特尔	25	男	高中	√			√
41	133	户主	格·恩和宝力道	32	男	初中	√			√
	134	妻子	乌·呐日贵	31	女	高中	√			√
	135	儿子	额·道力格尔苏荣	8	男	小学	√			
42	136	户主	哲·宁布道尔吉	33	男	高中	√			√
	137	妻子	德·奥特根乌力吉	29	女	高中	√			√
	138	儿子	博·昂哈巴雅尔	7	男	小学	√			
43	139	户主	额·色日格丹巴	45	男	初中	√			√
	140	妻子	策·额尔顿其木格	44	女	高中	√			√
	141	长女	色·乌云其木格	21	女	高中	√		√	√
	142	次女	色·其其格玛	17	女	高中	√			
	143	儿子	色·朝苏荣道尔吉	12	男	初中	√			
44	144	户主	额·沁达阿尤希	72	女	小学	√			√

户号	人口序号	家庭关系	姓名	年龄	性别	文化程度	母语水平		外语水平	
									英语	俄语
							熟练	一般	一般	一般
45	145	次子	特·色仁道尔吉	16	男	高中	√			
	146	户主	哲·通拉嘎	53	女	高中	√			√
	147	长子	特·巴图额尔顿	22	男	高中	√		√	√
	148	女儿	特·苏斯尔宝日玛	24	女	高中	√		√	√
46	149	户主	德·图门巴达拉呼	53	女	高中	√		√	√
	150	儿子	莫·恩和巴图	20	男	高中	√		√	
	151	女儿	莫·奥特根图雅	18	女	高中	√		√	
47	152	户主	普·巴特尔呼	36	男	初中	√		√	
	153	妻子	色·阿木古愣	35	女	初中	√			√
	154	长女	巴·色仁汗达	16	女	高中	√			
	155	次女	巴·其博尔玛	14	女	初中	√			
	156	儿子	巴·吉格吉德苏荣	12	男	初中	√			
	157	三女	巴·其其格玛	9	女	小学	√			
48	158	户主	色·阿拉坦图雅	31	女	初中	√			√
	159	女儿	阿·沁德	12	女	初中	√			
49	160	户主	德·奥特根巴特尔	28	男	高中	√		√	√
50	161	户主	德·巴图贺喜格	29	男	初中	√		√	√
	162	妻子	勒·宁布达瓦	23	女	初中	√		√	√
	163	儿子	巴·阿荣通拉嘎	4	女					
51	164	户主	色·宾巴道尔吉	51	男	初中	√		√	√
52	165	户主	德·巴图赛罕	29	男	初中	√		√	√
53	166	户主	色·策仁呼	79	女	小学	√			
54	167	户主	哲·达木丁巴扎尔	74	男	小学	√			
55	168	户主	策·巴拉吉尼玛	25	男	初中	√		√	√
56	169	户主	格·钢照日格	26	男	高中	√		√	
	170	弟弟	格·钢巴雅尔	23	男	初中	√		√	√
57	171	户主	莫·策仁	26	男	初中	√		√	
	172	妻子	博·巴图其其格	22	女	初中	√		√	√
	173	长女	策·奥根其其格	3	女					

户号	人口序号	家庭关系	姓名	年龄	性别	文化程度	母语水平		外语水平	
									英语	俄语
							熟练	一般	一般	一般
	174	次女	策·哈力稳那	2	女					
58	175	户主	策·老布森佳木苏	48	男	高中	√			√
	176	妻子	策·其木格	44	女	高中	√			√
	177	长女	勒·达贵玛	18	女	高中	√		√	√
	178	次女	勒·达瑞玛	16	女	高中	√		√	√
	179	三女	勒·奥特根其木格	7	女	小学	√			
	180	儿子	勒·拉格瓦苏荣	15	男	高中	√		√	√
59	181	户主	德·道尔吉	62	男	初中	√			√
	182	长子	德·巴图苏和	28	男	初中	√		√	√
	183	长女	德·巴图阿木古愣	17	女	高中	√		√	√
	184	次女	德·拉木努尔金	16	女	高中	√			
	185	三子	德·拉木阿日古查	13	男	初中	√			
	186	次子	德·巴图宝鲁德	26	男	高中	√			√
60	187	户主	普·朝鲁都木道儿吉	79	男	初中	√			√
	188	妻子	哲·朝都拉	71	女	大学	√			√
61	189	户主	奥·色日吉玛	51	女	初中	√			√
	190	儿子	策·巴图呼	22	男	高中	√		√	√
	191	长女	策·奥特根其格	24	女	高中	√			√
	192	次女	策·格日勒图雅	21	女	高中	√			√
62	193	户主	勒·乌哈	40	男	高中	√			
	194	妻子	涅·巴图赛罕	36	女	高中	√			√
	195	儿子	乌·却苏荣道尔吉	14	男	初中	√			
	196	长女	乌·却道勒玛	12	女	初中	√			
	197	次女	乌·苏斯尔宝日玛	8	女	小学	√			
63	198	户主	雅·呐日贵	34	男	初中	√			√
64	199	户主	和·本巴苏荣	47	女	小学	√			√
65	200	户主	格·恩和吉日嘎拉	26	男	初中			√	√
	201	母亲	色·那木斯来	68	女	初中	√			√
	202	妹妹	格·奥特根朝伦	22	女	高中	√		√	√

户号	人口序号	家庭关系	姓名	年龄	性别	文化程度	母语水平		外语水平	
									英语	俄语
							熟练	一般	一般	一般
66	203	户主	和。巴图额尔顿	38	男	高中	√		√	√
	204	妻子	博·达日玛	36	女	高中	√		√	√
	205	长女	博·吉布金都拉	14	女	初中	√			
	206	次子	博·苏达那木皮拉	12	男	初中	√			
	207	长子	博·尼玛苏荣	20	男	高中	√			
	208	次女	博·苏布达额尔顿	5	女					
67	209	户主	色·阿尤希扎布	58	女	小学	√			√
	210	长子	色·呼日勒巴特尔	21	男	初中	√		√	
	211	次子	色·图日宝鲁德	16	男	高中	√			
	212	女儿	色·阿荣吉日嘎拉	27	女	初中	√			√
68	213	户主	和·宝鲁德巴特尔	30	男	初中	√		√	
	214	妻子	特·阿吉吉日嘎拉	28	女	初中	√		√	√
	215	女儿	博·巴图其其格	3	女					
69	216	户主	和·奥特根特古斯	21	男	高中	√		√	
70	217	户主	哲·呐日贵	74	女	初中	√			
71	218	户主	特·朝勒孟	43	男	高中	√		√	
	219	妻子	博·顿斯玛	40	女	高中	√			√
	220	长子	策·苏斯尔宝日玛	17	男	初中	√		√	
	221	女儿	策·嘎日玛	19	女	初中	√			
	222	次子	策·巴图额尔顿	10	男	小学	√			
72	223	户主	策·额呐毕希	38	男	高中	√		√	√
	224	妻子	策·恩和吉日嘎拉	38	女	高中	√		√	√
	225	长女	额·色仁道力玛	18	女	高中	√			
	226	三女	额·德勒格尔玛	10	女	小学	√			
	227	次女	额·其博尔苏荣	13	女	初中	√			
	228	儿子	额·青贡	2	男					
73	229	户主	阿·巴图吉日嘎拉	54	男	初中	√			√
	230	妻子	色·闹尔金皮拉	49	女	初中	√			√
	231	长女	博·策仁扎布	16	女	高中	√			

续表

户号	人口序号	家庭关系	姓　名	年龄	性别	文化程度	母语水平		外语水平	
									英语	俄语
							熟练	一般	一般	一般
	232	儿子	博·朝吉勒	18	男	高中	√			
	233	次女	博·图棕	6	女					
74	234	户主	日·钢巴特尔	44	男	初中	√		√	√
	235	妻子	勒·拉格瓦	42	女	初中	√		√	√
	236	长女	格·图布新吉日嘎拉	16	女	高中	√			
	237	次女	格·达瑞玛	14	女	初中	√			
	238	三女	格·道嘎尔苏荣	9	女	小学	√			
75	239	户主	格·巴图宝鲁德	34	男	初中	√		√	√
	240	妻子	色·阿木尔呼	33	女	初中	√		√	√
	241	长女	博·策仁汗达	20	女	高中	√			
	242	次女	博·策仁拉木	8	女	小学	√			
	243	三女	博·达贵玛	8	女	小学	√			
76	244	户主	德·阿木尔赛罕	36	男	初中	√		√	√
	245	妻子	色·巴桑扎布	37	女	初中	√		√	√
	246	次子	阿·奥其尔宝鲁德	17	男	高中	√			
	247	三子	阿·伊孙查干	12	男	初中	√			
	248	长子	阿·苏斯尔宝日玛	20	男	高中	√			
77	249	户主	德·陶克图克巴雅尔	36	男	高中	√		√	√
78	250	户主	德·巴桑苏荣	33	男	高中	√		√	√
	251	妻子	色·朝勒孟	27	女	初中	√			
	252	女儿	博·额尔顿其木格	5	女					
	253	儿子	博·钢特木尔	2	男					
79	254	户主	莫·巴雅尔巴图	35	男	高中	√		√	√
	255	妻子	涅·普日来	27	女	高中	√			
	256	儿子	博·乌斯呼巴雅尔	7	男	小学	√			
	257	女儿	博·钢萨楚日拉	3	女					
80	258	户主	萨·恩和巴特尔	45	男	初中	√			√
	259	妻子	德·巴雅尔玛	39	女	初中	√			√
	260	儿子	额·额尔顿巴雅尔	5	男					

户号	人口序号	家庭关系	姓　名	年龄	性别	文化程度	母语水平		外语水平	
									英语	俄语
							熟练	一般	一般	一般
	261	次女	额·吉布吉玛	12	女	初中	√			
	262	长女	额·道力玛苏荣	18	女	高中	√			
81	263	户主	特·丹金扎布	92	女	小学	√			
82	264	户主	德·孟和	31	男	初中	√			√
	265	妻子	德·斯日古愣	36	女	初中	√			√
	266	长子	莫·孟和额尔顿	8	男	小学	√			
	267	次子	莫·孟和赛罕	6	男	小学		√		
83	268	户主	格·乌日拆呼	39	男	初中	√			
	269	妻子	德·奥顿格日勒	36	女	高中	√		√	√
	270	女儿	乌·达瑞玛	8	女		√			
	271	长子	乌·丹丁巴扎尔	9	男	小学	√			
	272	次子	乌·玛格玛查木	3	男	小学				
84	273	户主	萨·呐日贵	35	男	初中	√			√
	274	妻子	和·通拉嘎	29	女	初中	√		√	√
	275	长女	涅·通拉嘎	6	女	小学		√		
	276	次女	涅·孟和那顺	5	女					
85	277	户主	涅·宋迪	55	女	小学	√			√
	278	长子	特·特木尔楚德尔	30	男	初中	√			√
	279	次子	特·阿荣宝鲁德	24	男	初中	√			
	280	女儿	特·男吉德玛	21	女	高中	√		√	√
	281	三子	特·策仁苏尼玛	13	男	初中	√			
86	282	户主	雅·巴图巴特尔	40	男	高中	√		√	√
	283	妻子	哲·那顺道勒玛	38	女	高中	√		√	√
	284	儿子	博·苏德那木楚勒策	15	男	初中	√			
	285	女儿	博·奥特根贺喜格	5	女					
87	286	户主	策·钢巴雅尔	28	男	高中	√		√	√
88	287	户主	和·巴图呼雅嘎	31	男	初中	√		√	√
	288	妻子	伊·巴图其木格	29	女	初中	√		√	√
	289	儿子	博·沁达苏荣	4	男					

续表

户号	人口序号	家庭关系	姓　名	年龄	性别	文化程度	母语水平		外语水平	
									英语	俄语
							熟练	一般	一般	一般
	290	女儿	博·尼玛道勒玛	10	女	小学	√			
89	291	户主	特·孟和其格	36	女	高中	√		√	√
	292	儿子	特·苏德那木策仁	13	男	初中	√			
90	293	户主	和·巴图苏荣	34	男	初中	√		√	√
	294	妻子	伊·额日和莫巴雅尔	32	女	初中	√		√	√
	295	次子	博·阿日雅布拉	8	男	小学	√			
	296	长子	博·站其布道尔吉	13	男	初中	√			
	297	三子	博·哈力温宝鲁德	1	男					
91	298	户主	博·阿拉坦格日勒	32	男	初中	√		√	√
	299	妻子	策·乌云毕力格	31	女	初中	√		√	√
	300	长女	阿·帕格木汗达	9	女	小学	√			
	301	次女	阿·帕格木道力玛	4	女					
92	302	户主	普·根顿丹巴	33	男	初中	√		√	√
	303	妻子	涅·策仁巴拉吉德	30	女	高中	√		√	√
	304	长女	格·哈吉德苏荣	11	女		√			
	305	儿子	格·达日玛苏荣	8	男	小学	√			
	306	次女	格·恩和乌其日拉	6	女	小学		√		
	307	三女	格·伊希巴雅尔	2	女					
93	308	户主	普·格日勒其木格	28	男	初中	√		√	√
	309	妻子	和·策仁道力玛	27	女	高中	√		√	√
	310	儿子	和·孟和乌其日拉	2	男					
94	311	户主	策·巴图巴特尔	31	男	初中	√		√	√
	312	妻子	伊·萨仁格日勒	29	女	初中	√			√
	313	长子	博·道拉度宁布	11	男	小学	√			
	314	次子	博·道拉都道布	9	男	小学	√			
	315	女儿	博·俺达达日	4	女					
95	316	户主	涅·昂斯勒玛	44	女	初中	√			√
	317	次子	沙·却色仁道尔吉	10	男	小学	√			
	318	长子	沙·图布新吉日嘎拉	23	男	大学	√		√	√

户号	人口序号	家庭关系	姓　名	年龄	性别	文化程度	母语水平		外语水平	
									英语	俄语
							熟练	一般	一般	一般
	319	长女	沙·那仁格日勒	17	女	高中	√		√	√
	320	次女	沙·那仁其其格	10	女	小学	√			
96	321	户主	乌·巴图宝鲁德	38	男	初中	√			
	322	妻子	伊·孟和朝伦	37	女	初中	√			
97	323	户主	德·拉哈苏荣	88	女	小学	√			√
	324	女儿	却·困德格玛	36	女	小学	√			√
98	325	户主	哲·道尼特	43	男	小学	√			√
99	326	户主	色·格日勒朝伦	24	男	初中	√			√
	327	妻子	勒·奥特根其其格	34	女	初中	√			√
	328	女儿	格·苏龙嘎	3	男					
100	329	户主	博·斯勒宁	82	男	小学	√			√
	330	妻子	哲·道力格尔苏荣	78	女	小学	√			√
	331	女儿	斯·希日扎格达	18	女	高中	√			√
101	332	户主	德·都嘎尔苏荣	70	男	高中	√			√
	333	妻子	色·道力玛	58	女	高中	√			√
	334	儿子	都·恩和巴图	12	男	初中	√			
102	335	户主	博·朝德拉	55	男	初中	√			√
	336	妻子	哲·策博勒玛	51	女	初中	√			√
	337	儿子	策·朝勒孟	23	男	初中	√			√
	338	长女	策·那仁其木格	20	女	高中	√		√	√
	339	次女	策·萨仁其木格	14	女	初中	√			
	340	三女	策·奥根其木格	10	女	小学	√			
103	341	户主	策·拉布格苏荣	51	男	初中	√			√
	342	妻子	阿·巴图赛罕	47	女	初中	√		√	√
	343	次子	勒·达希德力格尔	16	男	初中	√			√
	344	次女	勒·巴德玛嘎日布	14	女	初中	√			
	345	长女	勒·巴德玛苏荣	24	女	高中	√		√	√
	346	长子	勒·达日巴图	21	男	高中	√			√
	347	次女	勒·巴德玛其其格	23	女	高中	√		√	√

续表

户号	人口序号	家庭关系	姓名	年龄	性别	文化程度	母语水平		外语水平	
									英语	俄语
							熟练	一般	一般	一般
	348	三女	勒·巴德玛汗达	18	女	高中	√		√	√
104	349	户主	博·朝伦巴特尔	27	男	初中	√			√
	350	妻子	特·奥特根巴雅尔	26	女	初中	√			√
	351	女儿	策·额尔顿赛罕	2	女					
105	352	户主	伊·巴图吉日嘎拉	56	男	高中	√			√
	353	妻子	德·策仁汗达	55	女	高中	√			√
	354	女儿	博·道力根塔米尔	11	女	小学	√			
106	355	户主	沙·巴德玛汗达	58	女	初中	√			√
	356	儿子	普·却吉佳木斯	19	男	高中	√			
107	357	户主	德·钢巴图	32	男	初中	√		√	√
	358	妻子	德·乌仁其其格	29	女	初中	√		√	√
	359	女儿	格·敏静	20	女	高中	√			
	360	儿子	格·嘎日迪朝鲁	7	男	小学	√			
108	361	户主	斯·策本道尔吉	53	男	初中	√			√
	362	妻子	策·苏斯尔宝日玛	51	女	高中	√			√
	363	长子	策·额尔顿巴图	24	男	小学	√			
	364	次子	策·却苏荣道尔吉	17	男	小学	√			√
	365	三子	策·巴雅尔桑杰	15	男	初中	√			
109	366	户主	那·额尔顿呼	42	男	初中	√			√
	367	妻子	莫·乌仁其木格	41	女	高中	√		√	√
	368	长女	额·宝力尔图雅	21	女	高中	√		√	√
	369	次女	额·策仁那达木德	14	女	初中	√			
	370	儿子	额·拉格查	12	男	初中	√			
110	371	户主	伊·钢特木尔	35	男	初中	√			√
	372	妻子	斯·阿木尔图布新	32	女	初中	√			√
	373	次女	格·苏布达	10	女	小学	√			
	374	长女	格·道尔吉汗达	11	女	小学	√			
111	375	户主	莫·哈达巴特尔	30	男	初中	√			√
	376	妻子	德·奥力扎玛	30	女	初中	√			√

续表

户号	人口序号	家庭关系	姓　名	年龄	性别	文化程度	母语水平		外语水平	
									英语	俄语
							熟练	一般	一般	一般
	377	长女	和·本巴浩日老	8	女	小学	√			
	378	次女	和·其尔玛	4	女					
112	379	户主	博·照日格巴特尔	39	男	初中	√			√
	380	妻子	德·阿特尔赛罕	33	女	初中	√			√
	381	次子	哲·米格尔苏荣	4	男					
	382	女儿	哲·道力格尔赛罕	8	女	小学	√			
	383	长子	哲·苏和巴图	12	男	初中	√			
113	384	长子	伊·照日格巴特尔	21	男	高中	√			√
	385	户主	格·米吉德道尔吉	57	女	初中	√			√
	386	次女	伊·孟和其其格	32	女	初中	√			√
	387	长女	伊·孟和朱拉	33	女	初中	√			√
	388	三女	伊·奥特根特木尔	18	女	高中	√			√
	389	次子	伊·那木斯来	13	男	初中	√			
114	390	户主	德·阿力格尔玛	46	女	初中	√			√
	391	长子	博·钢特木尔	23	男	高中	√			
	392	三子	阿·阿拉坦苏和	8	男	小学	√			
	393	女儿	博·孟其其格	21	女	初中	√			√
	394	次子	博·德木尔勒宁布	19	男	初中	√			
115	395	户主	那·特木尔巴特尔	38	男	高中	√		√	√
	396	妻子	博·恩和玛	36	女	高中	√		√	√
	397	长子	博·乌日图那顺	18	男	初中	√			√
	398	次子	博·玛希雅	11	男	小学	√			
	399	三子	博·玛希达拉	8	男	小学	√			
	400	女儿	博·哈力温巴雅尔	1	女					
116	401	户主	德·阿拉坦格日勒	36	男	高中	√		√	√
	402	妻子	奥·奥其尔高图布	34	女	高中	√		√	√
	403	长子	阿·达希沁布	12	男	初中	√			
	404	次子	阿·明干沁布	10	男	小学	√			
	405	女儿	阿·那仁格日勒	7	女	小学	√			

续表

户号	人口序号	家庭关系	姓　名	年龄	性别	文化程度	母语水平		外语水平	
									英语	俄语
							熟练	一般	一般	一般
117	406	户主	沃·关其格道尔吉	60	男	小学	√			
	407	妻子	奥·奥顿毕力格	56	女	初中	√			√
	408	次女	格·很莫德呼	21	女	初中	√			√
	409	四女	格·孟根沁布	14	女	初中	√			
	410	五女	格·巴德玛汗达	5	女					
	411	三女	格·那布其	19	女	高中	√		√	
	412	长女	格·斯仁道力玛	27	女	高中	√		√	
118	413	户主	玛·呼日勒巴特尔	46	女	初中	√			√
	414	女儿	阿·乌日图那顺	25	女	初中	√			√
119	415	户主	普·宝鲁德巴特尔	32	男	高中	√			√
120	416	户主	格·额尔顿巴特尔	29	男	初中	√			√
	417	妻子	斯·其其格	28	女	初中	√			√
	418	女儿	额·达希道勒玛	8	女	小学	√			
	419	长子	额·拉布格额尔顿	6	男	小学		√		
	420	次子	额·德力格尔宝音	2	男					
121	421	户主	哲·巴图毕力格	25	男	初中	√			√
	422	妻子	普·苏雅拉玛	26	女	高中	√			√
122	423	户主	德·希力格玛	53	男	高中	√		√	√
	424	儿子	沙·乃苏荣道尔吉	13	男	初中	√			
123	425	户主	德·萨仁图雅	56	女	初中	√			√
	426	女儿	策·少布德尔	19	女	初中	√		√	
	427	长子	策·额尔顿朝鲁	25	男	高中	√			√
	428	次子	策·恩和巴雅尔	22	男	初中	√			√
124	429	户主	雅·普日布扎布	58	男	高中	√			
	430	妻子	斯·拉布格苏荣	55	女	初中	√			
	431	女儿	普·扬金浩日老	20	女	高中	√		√	√
	432	儿子	普·米格木尔额尔顿	7	男	小学	√			
125	433	户主	斯·普日布仁沁	36	男	初中			√	√
	434	妻子	普·阿木古楞	35	女	初中	√		√	√

户号	人口序号	家庭关系	姓　名	年龄	性别	文化程度	母语水平		外语水平	
									英语	俄语
							熟练	一般	一般	一般
	435	儿子	普·却浩人老	10	男	小学	√			
	436	长女	普·扎布桑道力玛	17	女	高中	√			
	437	次女	普·朝格吉勒玛	15	女	初中	√			
	438	三女	普·布吉勒哈玛	7	女	小学	√			
126	439	户主	格·昂哈巴特尔	41	男	小学	√			√
127	440	户主	德·赛因宝音	50	女	高中	√			√
	441	儿子	策·钢苏和	19	男	初中	√			√
	442	长女	策·古力其玛	10	女	小学	√			
	443	次女	策·乌云其其格	4	女					
128	444	户主	策·孟和额尔顿	79	男	高中	√			√
	445	妻子	沙·扬金	63	女	初中	√			√
	446	长女	伊·恩和巴雅尔	27	女	初中	√			√
	447	次女	伊·恩和图拉	21	女	初中	√			√
	448	孙子	雅·苏米雅巴扎尔	6	男	小学		√		
129	449	户主	玛·毕希日勒图	44	男	小学	√			
	450	儿子	博·沃郭代	8	男	小学	√			
130	451	户主	博·拉哈布格扎布	48	男	高中	√		√	√
	452	妻子	博·萨仁其其格	50	女	高中	√		√	√
	453	长女	博·奥顿图雅	25	女	高中	√		√	√
	454	长子	勒·拉格查	19	男	高中	√			√
	455	三女	勒·奥顿其木格	15	女	初中	√			
	456	次子	勒·乃格拉苏荣	13	男	初中	√			
	457	四女	勒·男吉德	8	女	小学	√			
	458	五女	勒·扬金拉木	7	女	小学	√			
	459	次女	勒·都力干特木尔	21	女	高中	√		√	√
	460	三子	博·昂哈巴雅尔	1	男					
131	461	户主	玛·丹巴达尔吉	66	男	初中	√			√
	462	妻子	雅·哈格玛扎布	52	女	初中	√			√
	463	次子	德·奥特根巴图	19	男	初中	√			√

续表

户号	人口序号	家庭关系	姓　名	年龄	性别	文化程度	母语水平 熟练	母语水平 一般	外语水平 英语 一般	外语水平 俄语 一般
	464	长子	德·朝克图	21	男	初中	√			√
	465	孙女	德·干达	6	女	小学		√		
132	466	户主	勒·苏达纳木	39	男	初中	√			√
	467	妻子	色·斯顿苏达那木	40	女	初中	√			√
	468	女儿	色·苏斯尔宝日玛	14	女	初中	√			
133	469	户主	伊·特图	60	男	初中	√			√
	470	妻子	色·宝力德玛	57	女	高中	√			√
	471	长子	特·巴图吉布那郎	12	男	初中	√			
	472	次子	阿·乌斯呼伊日对	5	男					
134	473	户主	占布拉道尔吉	52	男	初中	√			√
	474	妻子	策·达希普勒	50	女	初中	√		√	√
	475	长子	哲·钢照日格	23	男	高中	√			√
	476	次子	哲·钢森德	21	男	初中	√		√	√
	477	女儿	哲·乌云达日	12	女	初中	√			
135	478	户主	勒·达木其格达尔吉	68	男	小学	√			√
	479	女儿	德·朱拉	23	女	初中	√			
136	480	户主	沙·普日布奥伊都布	65	男	小学	√			√
137	481	户主	伊·乌力吉巴雅尔	36	男	初中	√			√
	482	妻子	普·乌云格日勒	33	女	高中	√		√	√
	483	长女	沃·其其格赛罕	6	女	小学		√		
	484	次女	沃·男丁额尔顿	3	女					
138	485	户主	哲·桑杰道尔吉	43	男	高中	√			√
	486	妻子	玛·伊希格	40	女	初中	√			√
	487	儿子	色·古尔拉格查	15	男	初中	√			
	488	长女	色·扎布金道力玛	16	女	高中	√			
	489	次女	色·图布新顿布尔勒	4	女					
139	490	户主	策·阿拉塔格日勒	55	男	初中	√			√
	491	长女	阿·德力格尔赛罕	27	女	高中	√		√	√
	492	次女	阿·格日勒图雅	20	女	高中	√		√	√

户号	人口序号	家庭关系	姓　名	年龄	性别	文化程度	母语水平		外语水平	
									英语	俄语
							熟练	一般	一般	一般
140	493	户主	纳·丹赞达尔扎	53	男	高中	√			√
	494	妻子	格·宝力根其木格	50	女	高中	√			√
	495	三子	德·沙塔尔	12	男	初中	√			
	496	次子	德·元旦佳木苏	20	男	初中	√			√
	497	长子	德·巴图门德	22	男	高中	√		√	√
141	498	户主	色·吉格米德苏日格顿	72	男	初中	√			√
	499	妻子	德·策布勒玛	62	女	小学	√			
	500	女儿	哲·满顿其其格	22	女	高中	√			
142	501	户主	哲·奥特根吉日嘎拉	24	男	高中	√		√	√
	502	妻子	哲·扬基玛	23	女	高中	√		√	√
143	503	户主	沙·嘎日迪	60	男	初中	√			√
	504	妻子	沙·乌日图那顺	58	女	初中	√			√
144	505	户主	哲·钢巴特尔	27	男	小学	√			
	506	妻子	博·吉布吉玛	28	女	高中	√		√	√
145	507	户主	普·其木德干等	62	男	初中	√			√
	508	妻子	玛·宝音德力格尔	59	女	初中	√			√
	509	儿子	伊·顿沁宝	12	男	初中	√			
	510	长女	伊·尼玛扎格达	24	女	高中	√		√	√
	511	次女	伊·策布勒玛	10	女	小学	√			
146	512	户主	阿·巴图苏和	43	男	初中	√			√
	513	妻子	德·达希乌力吉	39	女	初中	√			√
	514	次女	博·德力格尔赛罕	11	女	小学	√			
	515	长女	博·扬金伊吉乐	13	女	初中	√			
	516	长子	博·钢苏叶	16	男	高中	√			
	517	次子	博·关其格达希	6	男	小学		√		
	518	三女	格·额尔顿赛罕	4	女					
147	519	户主	色·敏朱尔	87	男	小学	√			√
	520	妻子	伊·哈姆苏荣	80	女	小学	√			√
	521	女儿	玛·奥特根其木格	29	女	初中	√		√	

续表

户号	人口序号	家庭关系	姓 名	年龄	性别	文化程度	母语水平		外语水平	
									英语	俄语
							熟练	一般	一般	一般
	522	儿子	玛·达木金	12	男	小学	√			
148	523	户主	格·吉日嘎拉赛罕	51	男	初中	√		√	√
	524	妻子	德·道力金	48	女	高中	√		√	√
149	525	户主	博·道尔吉爬拉木	23	男	初中	√			√
	526	妻子	伊·那仁格日勒	25	女	初中	√			√
	527	女儿	德·阿拉坦其其格	1	女					
150	528	户主	哲·巴图吉雅	26	男	初中	√			√
	529	妻子	特·萨仁格日勒	25	女	大学	√		√	√
	530	女儿	博·德力格尔孟和	2	女					
151	531	户主	勒·巴特尔呼	31	男	小学	√			√
152	532	户主	格·策尔木德力格尔	32	女	初中	√			√
	533	女儿	策·朱拉吉雅	11	女	小学	√			
153	534	户主	伊·呼日勒苏和	25	男	初中	√			√
	535	妻子	德·阿荣图雅	24	女	大学	√		√	√
	536	女儿	和·玛尔拉高	3	女					
154	537	户主	格·双呼儿	70	男	初中	√			√
	538	妻子	色·道力格尔苏荣	68	女	初中	√			√
155	539	户主	沙·巴图吉日嘎拉	33	男	高中	√		√	√
	540	妻子	那·奥特根其木格	29	女	高中	√		√	√
	541	儿子	博·希日布宁布	5	男					
	542	女儿	博·哈姆苏荣	7	女	小学	√			
156	543	户主	博·拉格查	27	男	初中	√			√
	544	弟弟	博·钢照日格	25	男	初中	√			√
157	545	户主	色·巴图巴特尔	53	男	初中	√			√
158	546	户主	德·乌仁其木格	41	女	小学	√			√
159	547	户主	德·阿拉坦格日勒	57	男	初中	√			√
	548	妻子	哲·巴特尔都勒玛	54	女	初中	√			√
	549	长子	阿·巴图呼	29	男	初中	√			√
	550	次子	阿·巴图宝力德	27	男	初中	√			√

续表

户号	人口序号	家庭关系	姓　名	年龄	性别	文化程度	母语水平		外语水平	
									英语	俄语
							熟练	一般	一般	一般
	551	长女	阿·浩日勒玛	24	女	高中	√		√	√
	552	三子	阿·奥特根图力格	20	男	初中	√			√
	553	次女	阿·奥特根图勒	17	女	初中	√			√
	554	四子	阿·巴图额尔顿	16	男	高中	√			√
160	555	户主	策·巴图额尔顿	25	男	初中	√			√
161	556	户主	策·奥日很吉日嘎拉	36	男	初中	√			√
	557	妻子	哲·乌云贺喜格	35	女	初中	√			√
	558	女儿	奥·贺喜格尼玛	2	女					
162	559	户主	格·阿拉坦苏和	23	男	高中	√		√	√
	560	妻子	日·奥特根图雅	22	女	高中	√			√

第二节　松干海日汗区部分居民语言使用状况

一、松干海日汗区概况

松干海日汗区是乌兰巴托市的一个区，建制于 1992 年 10 月 1 日。东北面与乌兰巴托市青格勒泰区相连，东南面与巴音郭勒区、罕乌拉区接壤，西面和北面与中央省阿拉坦宝力格、阿日嘎朗图、巴音朝克图、巴音钦达木尼、宝日淖尔、巴图松布尔苏木相连。

松干海日汗区共有 5.6 万户、241400 人，辖区总面积 12.6 万平方公里，牲畜总头数 8.48 万头（只）。全区共有 25 个社区，全区总面积的 77% 为工业用地、19.4% 为森林区，2.3% 为道路枢纽区。

松干海日汗区总人口的 49.5% 为男性，51.5% 为女性。全区人口占乌兰巴托市总人口的 24%，土地面积占全市土地面积的 25.5%，是人口和土地面积在乌兰巴托市区最大的一个区。有 7 所高等院校，21 所公立和私立中小学，42 所幼儿园。有 6567 个经济实体和机关企事业单位。有全国最大的面粉厂、面包厂、糖厂和肉食品厂、奶品厂。这些厂不仅满足首都乌兰巴托市市场的需求，还能满足全国各地的市场需求。今天的松干海日汗的奶制品、肉制品名扬全国，还有养猪业、养鸡业和暖棚养殖业名列全国前茅。

松干海日汗区与乌兰巴托市其他八个区和苏和巴托省的阿斯哈图苏木、苏和巴托苏木，色楞格省的查干淖尔苏木，宝力根省的赛罕苏木、鄂尔浑苏木结为协作单位，建立了交流经验、相互合作的兄弟关系。

松干海日罕区与中国内蒙古自治区呼和浩特市玉泉区和朝鲜民主主义共和国平壤市、桂济市的几个区结成友好市区，进行长期的友好合作。

在乌兰巴托市 2020 年城市发展总体规划中把松干海日汗区列为乌兰巴托市西部发展的重点地区，并在松干海日汗区新建居民住宅区、医院、学校和工厂，使之成为乌兰巴托市的一个现代化新区。

二、松干海日汗区部分居民的母语使用现状

松干海日汗区共有 5.6 万户、241400 人。我们随机抽取了其中 109 户、440 人作为调查对象。其中男 217 人，女 223 人；从年龄段来看，1–5 岁的 27 人，6–15 岁的 97 人；16–40 岁的 224 人，41 岁以上的 90 人；从文化程度来看，小学文化程度的 98 人，初中文化程度的 75 人，高中文化程度的 149 人，大专以上文化程度的 83 人，文盲（不包括 5 岁以下儿童）5人。

松干海日汗区部分居民的母语使用情况是：

从年龄段看，5 岁以下儿童共有 27 人，但是我们没有把他们作为调查对象，因为他们的语言能力不稳定；母语水平一般级的只有 5 人，都是 6 岁儿童；7 以上的人都属熟练级。

从文化水平上看，文盲共 5 人，都是 6 岁儿童，看来他们还未上学。小学到大专水平的人的母语水平都属熟练级，不过文化水平高的人的母语水平更高。

从以上情况看，松干海日汗区部分蒙古族稳定使用着母语。

三、松干海日汗区部分蒙古族懂外语状况

松干海日汗区一些人懂英语和俄语。

我们所调查的居民中懂英语的人较多，共有 311 人。他们中的大部分人（251 人）是 40 岁以下的人。但是他们的英语水平不高。

我们所调查的居民中也有一些人懂俄语，共有 75 人。他们中的大多数人都是年龄较大的人，一些学生正在学习俄语。但是他们的饿语水平也不高。

我们所调查的松干海日汗区以及乌兰巴托市有许多人在孔子学院和各级学校或以"家教"形式学习汉语。

我们所调查的松干海日汗区居民中（不包括 5 岁以下儿童）还有 102
人不懂外语。

松干海日汗区部分居民语言使用一览表

户号	人口序号	姓　名	年龄	性别	文化程度	母语水平		外语水平	
						熟练	一般般	英语	俄语
1	1	额·宝力道	38	男	高中	√		√	
	2	策·乌格塔巴雅尔	33	女	初中	√		√	√
	3	巴·孟克套日嘎拉	3	男					
	4	巴·奥恩吉日嘎拉	7	女	小学	√			
2	5	色·巴图宝力道	38	男	初中	√		√	√
	6	叶·吉日嘎拉赛汗	37	女	初中	√		√	√
	7	巴·巴图德力格尔	15	男	小学	√		√	
	8	巴·云敦赞苏	14	女	小学	√		√	
	9	巴·嘎尔玛普日来	9	男	小学	√		√	
	10	巴·贺黑巴雅尔	20	男	高中	√		√	
3	11	嘎·巴拉	75	女	小学	√		√	
	12	巴·乌丹吉日嘎拉	20	女	高中	√		√	
4	13	日·图门	30	男	高中	√		√	
	14	巴·巴图黑莫格	26	女	大学	√			
	15	特·赛音吉日嘎拉	2	女					
	16	巴·奥特根	18	女	高中	√		√	
	17	巴·巴塔	21	女	高中	√		√	
5	18	普·拉布丹道尔吉	23	女	初中	√		√	√
	19	普·巴雅尔玛	21	女	高中	√		√	
	20	贺·嘎拉巴达日夫	30	女	高中	√		√	
6	21	乐·那木海道日吉	64	男	大学	√			
	22	普·策仁德吉德	58	女	初中	√		√	√
	23	那·嘎那	29	男	初中	√		√	√
	24	那·那仁通嘎拉格	26	女	高中	√		√	
	25	格·阿荣吉雅	1	女					
	26	格·斯日黑玛	27	女	大学	√			

户号	人口序号	姓　名	年龄	性别	文化程度	母语水平		外语水平	
						熟练	一般般	英语	俄语
7	27	莫·钱力吉那仁	30	男	高中	√		√	
	28	莫·乌云格日乐	33	女	高中	√		√	
	29	普·策巴拉	71	女	小学	√		√	
8	30	策·额尔敦毕力格	43	男	中专	√			
	31	莫·恩和吉日嘎拉	41	女	大学	√			
	32	额·伊克宝力道	14	男	小学	√		√	
	33	额·诺敏其其格	16	女	小学	√		√	
9	34	特·巴图策仁	34	男	高中	√		√	
	35	策·阿拉坦苏和	38	女	初中	√		√	√
	36	巴·达瓦	7	男	小学	√			
	37	额·桑达苏荣	23	女	大学	√			
10	38	特·邓布日乐道尔吉	31	男	初中	√		√	√
	39	色·阿迪雅扎布	30	女	高中	√		√	
	40	达·宝音吉日嘎拉	7	男	小学	√			
	41	达·巴音吉日嘎拉	2	男		√			
	42	达·那仁吉日嘎拉	10	女	小学	√		√	
	43	达·阿扎吉日嘎拉	4	女		√			
11	44	格·钢嘎	54	女	中专	√			
	45	策·尼玛扎布	65	男	小学	√		√	
12	46	日·阿荣巴图	25	男	大学	√			
	47	扎·德力格尔牧仁	22	女	高中	√		√	
	48	阿·通嘎拉格宝力尔	3	女		√			
	49	策·额敦吉日嘎拉	25	女	高中	√		√	
13	50	达·达哈道尔吉	60	男	大学	√			
	51	拉·齐日格金	54	女	大学	√			
	52	达·白嘎拉玛	28	男	高中	√		√	
	53	达·白嘎拉达来	32	女	大学	√			
	54	那·哈力温	12	女	小学	√		√	
	55	拉·宝力尔	10	女	小学	√		√	
	56	巴·巴特尔德尼	7	男	小学	√			

户号	人口序号	姓　名	年龄	性别	文化程度	母语水平		外语水平	
						熟练	一般般	英语	俄语
13	57	巴·莫力尔	29	女	高中	√		√	
14	58	策·青照日格	22	男	大学	√			
15	59	普·奥木宝格尔	54	男	高中	√		√	
	60	巴·贺木布格	60	女	中专	√			
	61	敖·阿尔斯楞巴特尔	19	男	高中	√		√	
16	62	策·苏都玛	67	女	初中	√		√	√
	63	色·孟克巴雅尔	38	男	小学	√		√	
	64	色·孟克格日乐	21	女	高中	√		√	
17	65	巴·拉合巴苏荣	31	男	初中	√		√	√
	66	色·其其格德力格	30	女	高中	√		√	
	67	拉·朝鲁门	8	女	小学	√		√	
	68	拉·特古乐德乐	6	女			√		
18	69	扎·都嘎尔	79	男	小学	√		√	
	70	伊·巴达玛苏荣	66	女	小学	√		√	
	71	达·奥特根黑木格	34	女	大学	√			
	72	巴·奥黑尔占常	35	男	高中	√		√	
19	73	莫·准对达瓦	42	男	中专	√			
	74	那·乌云其其格	41	女	高中	√		√	
	75	扎·奥黑不巴图	14	男	小学	√		√	
	76	扎·吉那莫德尔	12	男	小学	√		√	
	77	扎·巴音吉日嘎拉	16	男	初中	√		√	√
	78	扎·巴拉扎玛	18	女	高中	√		√	
	79	扎·伊很诺日乐	9	女	小学	√		√	
20	80	巴·巴雅尔赛汗	36	男	中专	√			
	81	莫·道力格尔一人荣	38	女	高中	√		√	
	82	巴·吉布森苏荣	6	女			√		
	83	巴·滨巴苏荣	14	男	小学	√		√	
	84	达·普日布呼伦	20	男	高中	√		√	
	85	巴·哈达巴特尔	25	男	高中	√		√	
21	86	巴·钢照日格	24	男	高中	√		√	

续表

户号	人口序号	姓　名	年龄	性别	文化程度	母语水平		外语水平	
						熟练	一般般	英语	俄语
21	87	色·巴达玛其其格	27	女	高中	√		√	
	88	格·嘎拉巴达尔呼	4	男					
22	89	瓦·巴图宝力道	30	男	高中	√		√	
	90	瓦·巴雅尔其那	17	男	小学	√		√	
	91	瓦·旭仁黑米格	34	女	中专	√			
	92	瓦·那仁其其格	24	女	高中	√		√	
	93	沙·达黑吉布格	1	男					
23	94	瓦·乌云黑米格	37	女	初中	√		√	√
	95	扎·恩和巴特尔	10	男	小学	√		√	
	96	扎·恩和其其格	15	女	初中	√		√	√
	97	所·恩和玛	13	女	小学	√		√	
24	98	叶·钢特古斯	24	男	高中	√		√	
	99	叶·其木格	37	女	大学	√			
	100	策·特斯吉日嘎拉	27	女	大学	√			
	101	阿·钢黑米格	27	女	高中	√		√	
	102	策·阿荣朱拉	11	女	小学	√		√	
	103	策·阿木尔色那	12	男	小学	√		√	
	104	格·乌仁高娃	1	女					
25	105	色·道尔吉	45	男	高中	√		√	
	106	莫·尼玛格日乐	44	女	中专	√			
26	107	格·巴塔	39	男	高中	√		√	
	108	巴·奥特根	37	女	大学	√			
	109	巴·特木金	12	男	小学	√		√	
	110	巴·乌音嘎	15	女	小学	√		√	
	111	莫·尼玛德力格尔	21	女	高中	√		√	
27	112	奥·策巴尔杨金	41	男	大学	√			
	113	乐·乌云黑荣格	41	女	大学	√			
	114	策·庄巴图	18	男	高中	√		√	
	115	策·庆照日格	14	男	小学	√		√	
	116	策·布金拉查木	10	女	小学	√		√	

户号	人口序号	姓　名	年龄	性别	文化程度	母语水平		外语水平	
						熟练	一般般	英语	俄语
28	117	特·道尼德敦布日乐	51	男	初中	√		√	√
	118	达·昌其乐东嘎	48	女	初中	√		√	√
	119	达·巴图宝力道	23	男	大学	√			
	120	达·德布德尼	15	男	小学	√		√	
	121	达·斯日尔玛	31	女	高中	√		√	
	122	达·普日布扎布	27	女	高中	√		√	
	123	达·白嘎拉玛	22	女	高中	√		√	
	124	策·巴图苏日	34	男	高中	√		√	
	125	巴·诺尼	9	女	小学	√		√	
29	126	特·奥特根宝力道	22	男	高中	√		√	
	127	特·宝力尔额尔德尼	25	女	高中	√		√	
	128	特·宝力尔玛	34	女	初中	√		√	√
	129	格·乌云额尔德尼	6	女			√		
30	130	特·孟克巴图	29	男	高中	√		√	
	131	阿·吉日嘎玛	29	女	大学	√			
	132	莫·布日特	2	女					
31	133	拉·那朝克巴图	41	男	大学	√			
	134	沙·乌都苏荣	42	女	中专	√			
	135	那·恩和赛汗	21	男	高中	√		√	
	136	那·恩和吉日嘎拉	18	男	高中	√		√	
	137	那·恩和巴雅尔	12	男	小学	√		√	
	138	那·恩和巴图	15	女	小学	√		√	
32	139	扎·云敦道尔吉	55	男	大学	√			
	140	色·齐仁那德米德	51	女	大学	√			
	141	要·浩日乐	24	男	大学	√			
	142	要·陶高策仁	19	女	高中	√		√	
	143	要·达瓦都拉玛	13	女	小学	√		√	
33	144	色·东嘎布尔	52	男	初中	√		√	√
	145	达·普日布苏荣	52	女	初中	√		√	√
	146	达·阿拉坦格日乐	25	男	高中	√		√	

续表

户号	人口序号	姓　名	年龄	性别	文化程度	母语水平		外语水平	
						熟练	一般般	英语	俄语
33	147	达·阿拉坦呼雅格	20	男	高中	√		√	
	148	达·阿力玛其其格	16	女	初中	√			√
	149	沙·孟根巴根	36	男	高中	√		√	
34	150	策·钢巴图	39	男	初中	√		√	√
	151	贺·达瓦都柱玛	39	女	初中	√		√	√
	152	格·图门巴雅尔	19	男	高中	√		√	
	153	格·庄达乌优呼	11	男	小学	√		√	
35	154	达·奥特根巴雅尔	33	男	初中	√		√	√
	155	日·孟克其其格	30	女	初中	√		√	
	156	莫·布德玛	3	女			×		
	157	达·宝力道巴特尔	35	男	初中	√		√	√
36	158	阿·拉哈瓦都拉玛	25	女	高中	√		√	
	159	巴·宁吉	1	男			×		
37	160	达·奥特根苏荣	27	男	大学	√		√	
	161	日·达瓦道尔吉	68	男	中专	√			
	162	那·宝日纳	68	女	小学	√		√	
	163	达·奥日拉玛	32	女	高中	√		√	
	164	乌·毕力贡特日格乐	13	男	小学	√		√	
	165	乌·毕力格陶都	4	男			×		
38	166	巴·奥特根	30	女	中专	√			
	167	奥·阿拉坦其其格	7	女	小学	√			
	168	巴·巴桑	63	男	初中	√		√	√
39	169	巴·诺莫根苏荣	35	男	初中	√		√	√
	170	扎·道拉金	33	女	初中	√		√	√
	171	那·额德仓雅尔	10	男	小学	√		√	
40	172	莫·奥特根汗达	28	女	大学	√			
	173	莫·巴桑苏荣	14	女	小学	√		√	
	174	巴·滨巴苏荣	13	男	小学	√		√	
41	175	叶·孟克巴图	35	男	大学	√			
	176	莫·达日玛	32	女	大学	√			

续表

户号	人口序号	姓　名	年龄	性别	文化程度	母语水平		外语水平	
						熟练	一般般	英语	俄语
41	177	莫·嘎拉巴达日呼	2	男			×		
	178	莫·卫都布拉哈木	8	女	小学	√			
42	179	莫·占青	30	男	高中	√		√	
	180	色·吉日嘎拉赛汗	30	女	高中	√		√	
	181	扎·策仁道力格尔	7	男	小学	√			
	182	扎·昌查拉都拉玛	3	女					
	183	色·乌云特古斯	21	女	高中	√		√	
43	184	达·色图巴雅尔	28	男	高中	√		√	
	185	瓦·巴力青格乐	22	女	高中	√		√	
	186	瓦·巴图巴雅尔	17	男	高中	√			
	187	策·白嘎拉玛	17	女	高中	√		√	
44	188	达·朝伦巴特尔	31	男	中专	√			
	189	特·巴图都拉玛	31	女	中专	√			
	190	策·庆德卫哈尔	9	男	小学	√		√	
45	191	达·孟克元旦	35	男	高中	√		√	
	192	色·白嘎柱玛	35	女	大学	√			
	193	莫·特木伦	6	男			√		
	194	色·德力格尔玛	31	女	高中	√		√	
	195	巴·毕力贡	9	女	小学	√		√	
	196	巴·乌仁黑莫格	28	女	高中	√		√	
	197	策·特力尼	7	女	小学	√		√	
46	198	策·滨巴	66	男	初中	√		√	√
	199	达·昌查乐	55	女	初中	√		√	√
47	200	阿·巴图宝力德	38	男	高中	√		√	
	201	鄂·额尔敦黑莫格	34	女	高中	√		√	
	202	巴·恩和宝力道	7	男	小学	√			
	203	伊·黑和特木乐	12	男	小学	√		√	
	204	额·额敦巴特尔	38	男	高中	√		√	
48	205	格·朝克图巴特尔	34	男	初中	√		√	√
	206	额·恩和黑莫格	30	女	高中	√		√	

户号	人口序号	姓 名	年龄	性别	文化程度	母语水平		外语水平	
						熟练	一般般	英语	俄语
49	207	阿·恩和巴雅尔	44	男	高中	√		√	
	208	格·嘎日玛扎布	41	女	大学	√			
	209	伊·乌干巴雅尔	21	男	高中	√		√	
	210	伊·巴图巴雅尔	16	男	初中	√		√	√
	211	伊·乌云嘎	14	女	小学	√			
50	212	巴·巴图宝力道	31	男	大学	√			
51	213	阿·达瓦夫	73	男	高中	√			
	214	格·朝格照拉玛	64	女	初中	√		√	√
	215	达·尼玛苏荣	21	女	高中	√		√	
52	216	拉·达瓦夫	39	男	高中	√		√	
	217	扎·奥特根巴达尔呼	38	女	初中	√		√	√
	218	达·乌尼尔呼	15	男	初中	√		√	
	219	达·吉雅呼	12	男	小学	√			
	220	达·照力吉日嘎拉	9	女	小学	√			
53	221	拉·钢巴特尔	47	男	高中	√		√	
	222	扎·那仁其其格	45	女	高中	√		√	
	223	格·阿荣宝力道	20	男	初中	√		√	√
	224	格·阿茹那	22	女	高中	√		√	
54	225	拉·奥敦黑莫格	38	女	高中	√		√	
	226	额·阿拉坦格日乐	18	男	高中	√		√	
	227	额·孟克格日乐	17	男	小学	√		√	
55	228	色·白嘎拉玛	36	男	高中	√		√	
	229	巴·乌云宝力道	7	男	小学	√			
	230	巴·乌云嘎	17	女	初中	√		√	√
	231	巴·乌干其其格	12	女	小学	√			
	232	巴·红格尔珠拉	9	女	小学	√			
	233	色·朝克苏荣	34	男	初中	√		√	√
	234	阿·巴图巴特尔	36	男	初中	√		√	√
56	235	巴·呼日乐巴特尔	37	男	高中	√		√	
	236	日·乌云黑莫格	32	女	高中	√		√	

户号	人口序号	姓　名	年龄	性别	文化程度	母语水平		外语水平	
						熟练	一般般	英语	俄语
56	237	贺·巴图巴雅尔	11	男	小学	√		√	
	238	贺·昂哈巴雅尔	5	男					
	239	日·拉合木	21	女	初中	√		√	√
57	240	策·桑加苏荣	54	男	高中	√		√	
	241	拉·其其格	53	女	初中	√		√	
	242	色·巴图朝吉	18	男	初中	√		√	√
	243	色·普日布苏荣	14	女	小学	√		√	
	244	色·桑黑尔	12	女	小学	√		√	
58	245	拉·普日布扎布	47	男	大学	√		√	
	246	法·朱格德尔那木吉拉	25	男	高中	√		√	
	247	法·伊达木普日布	24	男	高中	√		√	
	248	法·拉哈瓦苏荣	22	男	初中	√		√	
	249	法·奥特根巴图	17	男	初中	√		√	√
	250	格·阿拉坦吉雅	20	女	高中	√		√	
	251	那·奥特根吉日嘎拉	30	女	初中	√		√	√
	252	达·杨金都拉玛	28	女	高中	√		√	
59	253	达·奥黑尔普日布	39	男	高中	√		√	
	254	策·那仁图雅	39	女	高中	√		√	
	255	奥·巴桑巴图	16	男	初中	√		√	√
	256	奥·宝力乐	14	女	小学	√		√	
60	257	那·扎米杨苏荣	51	男	高中	√		√	
	258	额·巴达玛汗达	52	女	中专	√		√	
	259	扎·巴图尼玛	17	男	初中	√		√	√
	260	扎·钢其其格	25	女	高中	√		√	
	261	格·钢巴图	1	男					
61	262	瓦·钢照日格	51	男	初中	√		√	√
	263	特·斯日吉汉达	50	女	初中	√		√	√
	264	格·尼莫呼巴雅尔	25	男	高中	√		√	
	265	格·钢巴雅尔	20	男	高中	√		√	
	266	格·呼兰	27	女	高中	√		√	

续表

户号	人口序号	姓　名	年龄	性别	文化程度	母语水平		外语水平	
						熟练	一般般	英语	俄语
61	267	巴·齐乐莫贡	7	男	小学	√			
	268	巴·图拉玛舍	6	女			√		
	269	色·巴图苏荣	25	女	高中	√		√	
	270	那·齐格齐	1	男					
62	271	那·道力格尔扎布	39	男	中专	√			
	272	巴·巴雅尔	41	女	高中	√		√	
	273	达·米格玛尔	11	男	小学	√		√	
	274	达·巴图其其格	13	女	小学	√		√	
63	275	瓦·阿拉坦图雅	46	女	高中	√		√	
	276	额·孟克秋都	21	男	初中	√		√	√
	277	额·孟克特日	19	男	初中	√		√	√
	278	额·孟克奥特根	14	男	小学	√		√	
	279	额·苏和宝力道	13	男	小学	√		√	
	280	额·孟克奥黑尔	16	男	小学	√		√	
64	281	色·普日布苏荣	47	女	初中	√		√	√
	282	法·伊特格乐	17	男	高中	√			
	283	法·塔米尔	14	男	初中	√			
65	284	巴·道尔吉	72	男	初中	√		√	√
66	285	策·图门吉日嘎拉	39	男	高中	√		√	
	286	齐·拉哈瓦	32	女	高中	√		√	
	287	特·阿拉坦乌雅	9	男	小学	√		√	
	288	特·阿荣毕力格	7	男	小学	√			
67	289	达·巴图夫	44	男	中专	√			
	290	奥·那日门达克	39	女	中专	√			
	291	巴·奥特根额尔敦	13	男	小学	√		√	
	292	巴·乌云额尔敦	16	女	小学	√		√	
	293	巴·诺门额尔敦	14	女	小学	√		√	
68	294	策·钢宝力道	38	男	大学	√			
69	295	日·沙日瓦日乐提	49	男	高中			√	
	296	策·乌云格日乐	40	女	初中	√		√	√

户号	人口序号	姓　名	年龄	性别	文化程度	母语水平		外语水平	
						熟练	一般般	英语	俄语
69	297	沙·阿荣巴雅尔	11	男	小学	√		√	
	298	沙·阿荣毕力格	12	女	小学	√		√	
70	299	雅·那朝克道尔吉	35	男	大学	√			
	300	巴·黑黑格德力格尔	34	女	高中	√		√	
	301	那·照力宝呼	8	男	小学	√			
	302	那·温都日乐	15	女	初中	√		√	√
	303	那·查查日乐	2	女					
71	304	策·苏和	40	男	中专	√			
	305	贺·斯日古楞	41	女	高中	√		√	
	306	色·孟根	11	男	小学	√		√	
	307	色·巴雅尔其其格	18	女	高中	√		√	
	308	色·乌仁其其格	17	女	初中	√		√	√
	309	色·巴达玛其其格	14	女	小学	√		√	
72	310	策·达瓦道尔吉	41	男	高中	√		√	
	311	达·曹尼亚	43	女	初中	√		√	√
	312	达·巴拉吉尼玛	9	男	小学	√			
	313	达·额乐博日乐吐	18	女	高中	√		√	
73	314	达·巴雅尔玛	42	女	大学	√			
	315	巴·阿木尔	43	男	大学	√			
	316	阿·奥都	19	男	高中	√		√	
	317	阿·阿拉坦奥都	23	男	大学	√			
74	318	达·额尔敦扎布	49	男	高中	√		√	
	319	朴·滨巴扎布	49	女	高中	√		√	
	320	额·苏和吉日嘎拉	19	男	高中	√		√	
75	321	策·齐乐哈	33	男	高中	√		√	
	322	拉·齐日玛	30	女	高中	√		√	
	323	查·阿荣通嘎拉格	7	女	小学	√		√	
76	324	达·北京	50	男	大学	√			
	325	阿·特古乐德尔巴雅斯古楞	7	女	小学	√		√	
	326	阿·恩和通嘎拉格	6	女			√		

续表

户号	人口序号	姓　名	年龄	性别	文化程度	母语水平		外语水平	
						熟练	一般般	英语	俄语
76	327	特·昂哈巴雅尔	28	男	高中	√		√	
	328	沙·其其格德力格尔	28	女	高中	√		√	
77	329	色·道力格乐苏荣	45	女	初中	√		√	√
	330	扎·莫德格玛	45	女	中专	√			
	331	莫·巴达日呼	62	女	高中	√		√	
78	332	那·宝力尔图雅	22	女	大学	√			
79	333	瓦·白雅斯古楞	50	男	高中	√		√	
	334	巴·庆达尤呼	48	女	初中	√		√	√
	335	巴·孟克巴特尔	18	男	高中	√		√	
	336	巴·哈吉德玛	24	女	高中	√		√	
	337	乌·玛日乐	1	女					
80	338	巴·苏和巴特尔	28	男	高中	√		√	
	339	达·恩和太平	28	女	高中	√		√	
	340	那·巴雅尔	37	女	大学	√			
	341	巴·吉卜呼郎	15	男	小学	√		√	
81	342	那·元很达瓦	48	男	高中	√		√	
	343	莫·莫德格玛	46	女	大学	√			
82	344	策·钢宝力道	50	男	高中	√		√	
	345	达·那仁其其格	48	女	初中	√		√	√
	346	格·奥特根巴图	16	男	初中	√		√	√
83	347	贺·乌力吉尼玛	36	男	中专	√			
	348	朴·拉哈瓦苏荣	36	女	中专	√			
	349	鄂·恩和奥日格乐	10	男	小学	√		√	
84	350	莫·达克贝格	38	男	大学	√			
	351	格·通嘎拉格尼玛	38	女	大学	√			
	352	达·尼玛拉哈瓦	7	男	小学	√		√	
	353	达·巴雅尔玛	12	女	小学	√		√	
85	354	达·荣都尔呼	37	男	高中	√		√	
	355	策·奥黑日呼雅格	18	男	初中	√		√	√
86	356	策·尼玛奥黑尔	24	男	高中	√		√	

户号	人口序号	姓　名	年龄	性别	文化程度	母语水平		外语水平	
						熟练	一般般	英语	俄语
87	357	达·那仁格日乐	58	男	高中	√		√	
	358	巴·扎雅德力格尔	55	女	高中	√		√	
	359	那·奥特根赛汗	21	男	大学	√			
88	360	那·米格玛尔	26	女	大学	√			
	361	那·普日布巴特尔	7	男	小学	√		√	
	362	那·扎木苏荣	19	男	初中	√		√	√
	363	策·恩和巴特尔	19	男	高中	√			
	364	策·达瓦达哈	13	男	小学	√		√	
89	365	朴·巴陶尔黑呼	46	男	大学	√			
	366	策·尼那	49	女	初中	√		√	√
	367	巴·恩和毕力贡	19	男	高中	√		√	
90	368	达·那旺塔雅	50	男	高中	√		√	
	369	色·孟克吉日嘎拉	48	女	大学	√			
	370	那·满都呼巴雅尔	15	男	小学	√		√	
	371	那·恩和图雅	21	女	高中	√		√	
	372	那·恩和黑莫格	18	女	初中	√			√
91	373	哲·恩和图雅	40	女	高中	√		√	
	374	额·恩和巴雅尔	19	男	高中	√		√	
	375	额·额尔敦图雅	15	女	初中	√		√	√
	376	额·恩和图雅	12	女	小学	√		√	
92	377	达·特日吉日嘎拉	29	男	高中	√		√	
	378	贺·乌干其格	27	女	大学	√			
93	379	达·恩和其其格	30	女	大学	√			
	380	格·朝克	1	男					
	381	达·额尔敦巴雅尔	24	女	大学	√			
	382	达·丹巴	61	男	大学	√			
	383	色·浩日乐	58	女	中专	√			
	384	达·达瓦呼	32	女	中专	√			
94	385	扎·钢珠拉	30	女	大学	√			
95	386	策·贝日其其格	28	女	高中	√		√	

户号	人口序号	姓　名	年龄	性别	文化程度	母语水平		外语水平	
						熟练	一般般	英语	俄语
96	387	莫·海伦	64	男	中专	√			
	388	巴·布瓦	57	女	大学	√			
	389	色·苏拉玛	3	女					
97	390	达·胡日查宝力道	30	男	高中	√		√	
	391	特·奥特根其其格	29	女	大学	√			
	392	贺·阿扎吉日嘎拉	5	女					
98	393	莫·特木乐巴特尔	58	男	高中	√		√	
	394	查·其其格	59	女	高中	√		√	
99	395	巴·巴雅乐赛汗	33	男	大学	√			
	396	那·阿拉太	32	女	高中	√			
	397	巴·钢额尔德尼	1	男					
	398	巴·米黑乐	10	女	小学	√		√	
100	399	格·孟根呼雅格	19	男	高中	√		√	
	400	巴·巴图黑莫格	19	女	高中	√		√	
	401	达·巴图赛汗	52	男	高中	√		√	
101	402	巴·钢巴特尔	22	男	大学	√			
	403	雅·巴雅尔玛	22	女	高中	√		√	
	404	格·满都海	1	女					
102	405	那·特木尔巴图	39	男	高中	√		√	
	406	查·黑黑格玛	36	女	大学	√			
	407	特·那仁巴图	5	男					
103	408	色·嘎拉巴特尔	27	男	高中	√		√	
	409	色·孟克其其格	29	女	大学	√			
104	410	达·奥特根巴雅尔	27	男	高中	√		√	
	411	色·那仁呼	26	女	大学	√			
	412	奥·宝力尔	1	女					
105	413	莫·道力格尔苏荣	61	女	高中	√		√	

续表

户号	人口序号	姓　名	年龄	性别	文化程度	母语水平		外语水平	
						熟练	一般般	英语	俄语
105	414	达·巴特尔	42	男	大学	√			
	415	达·那仁格日乐	39	女	中专	√			
	416	巴·照力宝	15	女	小学			√	
	417	达·呐日贵	32	女	初中	√		√	√
106	418	那·达瓦格道尔吉	62	男	初中	√		√	√
	419	朴·那仁图雅	55	女	初中	√		√	
	420	达·钢照日格	27	男	初中	√		√	√
	421	达·萨日门达克	30	女	高中	√		√	
	422	达·格日乐满都呼	29	女	初中	√		√	√
	423	巴·巴图苏和	28	男	初中	√		√	
	424	巴·乌哈日乐	2	女					
	425	格·萨初日乐	8	女	小学	√		√	
	426	贺·朝克图	10	男	小学	√		√	
	427	贺·朝克格日乐	2	男					
107	248	达·孟克吉日嘎拉	48	男	高中	√		√	
	429	达·米格玛尔苏荣	44	女	高中	√		√	
	430	玛·乌力吉	19	男	高中	√		√	
	431	玛·乌力吉其木格	13	女	小学	√		√	
	432	额·乌仁托雅	18	女	初中	√		√	√
108	433	德·米格木玛苏荣	37	女	大学	√		√	
	434	博·奥日格乐宝乐德	13	男	小学	√		√	
	435	博·奥德宝乐德	8	男	小学	√		√	
109	436	哲·巴图吉日嘎拉	49	男	初中	√		√	√
	437	要·阿拉坦托雅	39	女	高中	√		√	
	438	博·巴图呼乐格	13	男	小学	√		√	
	439	博·恩和其其格	17	女	初中	√		√	√
	440	博·恩和托雅	9	女	小学	√		√	

第三节 蒙古国蒙古族语言使用现状及成因分析

一、蒙古国蒙古族稳定使用母语及成因

1. 蒙古族长期稳定使用母语

蒙古语是蒙古国蒙古族的母语。蒙古国蒙古族无论牧区还是城市，不分年龄和性别，都能熟练地使用母语，在家庭内部、学校、广播、电视、商店和各种会议、生产劳动等各种场合，都使用蒙古语。绝大多数报纸杂志、各种图书、教科书和各种公文、报告、通知、会议文件、社会行文（包括信件、邮件等）都用蒙古文（基里尔蒙古文）。

蒙古国蒙古族人都认为他们将长期、稳定使用母语。

2. 蒙古族长期稳定使用母语的成因

蒙古国蒙古族长期稳定使用母语，成因主要有以下几点：

（1）蒙古国是一个以蒙古族为主体民族的国家，蒙古族约占全国总人口的 95%以上，蒙古语是蒙古国的通用语言。蒙古国的哈萨克、图瓦、俄罗斯、汉族等其他民族，绝大多数人也都会说蒙古语。例如：我们在乌兰巴托市采访的 2 名汉族人都会说蒙古语。一个人叫季海清，取了蒙古名巴图宝路德，男，30 余岁，原籍中国张家口市阳原县。他见到我们后，用熟练的蒙古语同我们打招呼，言谈、身材都像蒙古人。他说："我出生在蒙古，我爷爷时代来到蒙古，我父母也出生在蒙古，父亲叫额尔德尼，他的蒙古语不如我，我们在蒙古国生活得还不错，很好"。另一个人叫张永仕，男，42 岁，家住中国内蒙古自治区乌兰察布市察哈尔右翼后旗白音查干镇，在乌兰巴托市开汉白玉石商店。他说，他们 2000 年 9 月来到蒙古，现在雇佣了五六个蒙古人，蒙古语水平不太好，会说点，能听懂，蒙古语容易学，在蒙古有很多好朋友，工作条件很好。

（2）蒙古语是蒙古国的官方语言。1962 年修订的《蒙古国宪法》第八条第一款规定："蒙古语言是国家的官方语言。"蒙古语作为官方语言，在全国享有绝对的权威和地位，没有其他语言能够与之竞争。

（3）蒙古国有以中心方言（喀尔喀方言）为基础的口语与书面语基本一致的成熟、发达的文学语言（标准语），渗透到蒙古国其他方言土语中，并成为操各种方言土语的人们交流思想、感情的重要交际工具。

蒙古国蒙古语有许多方言土语。由格·巴图吉雅写编写，扎·桑杰教

授审定的《蒙古语方言语音比较》① 中把蒙古国蒙古语方言分为喀尔喀、卫拉特、布里亚特、内蒙古等四个方言，并在各方言中又分了许多土语和次土语。但是卫拉特、布里亚特、内蒙古等方言及其土语，经过几十年的时间，逐步失去了自己的特点，基本融入到以喀尔喀方言（中心方言）为基础的文学语言（标准语）中。

二、蒙古国部分蒙古族懂外语状况及成因

1. 蒙古族部分人学习使用俄语、英语、汉语

蒙古国蒙古族年纪较大的一些人掌握了俄语。多数 12 年制学校的 7–9 年级开设俄语课。蒙古国蒙古族中掌握和学习英语的大部分是年轻人。现在 12 年制学校里，大多在 4–12 年级开设英语课。有的中小学开设汉语选修课，如乌兰巴托市，一些大专院校开设了汉语班，也有一些家长还请"家教"教汉语，还有一些蒙古国学生前往中国内蒙古自治区的各大专院校学习汉语。

2. 学习使用俄语、英语、汉语的成因

这与国际形势和各国的外交政策有密切关系。

在苏俄革命的影响下，外蒙古人民 1924 年成立了蒙古人民共和国。当时蒙古人民共和国对外政策的基础是加强和巩固与苏联的友好合作关系。革命胜利后不久，就同苏联建立了外交关系。此后，蒙苏之间签订了友好合作互助条约及经济和科技合作等一系列协定。蒙古人民共和国与苏联之间在政治、经济和文化教育等方面都有着密切的联系。蒙古人民共和国各级、各类学校普遍开设了俄语课，许多人赴苏联深造。因此，蒙古国很多人掌握了俄语。蒙古国 20 世纪 90 年代后奉行"多边"外交政策，即不仅与俄罗斯、中国两个邻国发展均衡的睦邻合作关系，同时加强与美国、日本、德国等西方国家的关系。为了适应这种需求，蒙古国的各级学校陆续开设了英语课，许多年轻人开始学习英语。

蒙古国政府一贯奉行同中国的"好邻居、互相信任合作伙伴关系"，与中国的经济贸易有了很大发展，并且蒙古国经济同中国经济存在互补关系。近年来蒙古国与中国签订了许多条约和协议，两国元首和领导人多次互访，两国在政治、经济、文化等方面进行了密切的合作。因此，蒙古国公民学习汉语的热情日益增长，许多人学习着汉语。

---

① ［蒙古］《蒙古语方言语音比较》，乌兰巴托，2008 年。

第四章 蒙古国蒙古语中心方言与
中国蒙古语基础方言比较

第一节 语音比较

蒙古国蒙古语标准音（蒙古国学者叫作《ʤuramlal dɔːd laɢ》）与中国蒙古语标准音在许多方面相同或相近，如元音和谐律、重音、弱化元音、音节构造等方面差别不大。因此，下面仅从元音、辅音、某些语音变化等几个方面作比较研究。

一、元音比较

（一）短元音

蒙古国蒙古语标准音中有 a, e, i, ɔ, ʊ, ɵ, ʉ 等 7 个短元音。[①] 1980 年内蒙古自治区下发的《关于确定蒙古语基础方言、标准音和试行蒙古语音标的通知》中规定中国蒙古语标准音中有 a, ə, i, ɔ, ʊ, ɵ, ʉ 等 7 个短元音音位。此后，我们又增加了 ɛ, œ 2 个短元音音位[②]，因此，中国蒙古语共有 9 个短元音。

1. 蒙古国蒙古语和中国蒙古语标准音中的 a, i, ɔ, ɵ, ʉ 基本相同。

a：非圆唇、宽、后元音，主要出现在词首和词中。如：

蒙古国蒙古语	中国蒙古语	词义
am	am	口
sar	sar	月亮
gaʤar	gaʤar	地，土地

i：非圆唇、窄、前元音，主要出现在词首和词中。如：

---

① 舍·罗布桑旺丹：《现代蒙古语》，内蒙古人民出版社 1961 年版。
② 哈斯额尔敦、斯琴主编：《蒙古语口语语法》，内蒙古人民出版社 2006 年版。

蒙古国蒙古语	中国蒙古语	词义
idex	idəx	吃
dʒil	dʒil	年
iʃig	iʃig	山羊羔

在标准音地区的察哈尔土语的一些词中也出现了 ɿ（ I ）元音，但是在标准音中未纳入。

ɔ：圆唇、次宽、后元音，主要出现在词首和词中，如：

蒙古国蒙古语	中国蒙古语	词义
bɔ	ɔd	星
ɢɔl	gɔl	河、中心，核心
ɔrɔŋ	nɔrɔ	地，住所，位置

ʊ：圆唇、次窄、后元音，只出现在词的第一个音节中，如：

蒙古国蒙古语	中国蒙古语	词义
ʊs	ʊs	水
ʊtas	ʊtas	线、电话
ɢʊtʃ	gʊtʃ	三十

ө：圆唇、中、央元音。清格尔泰先生认为，它是后元音[①]，而 1966 年蒙古人民共和国教育大学出版的高等学校教材《现代蒙古语法》认为，它是前元音；可出现在词的任何部分。如：

蒙古国蒙古语	中国蒙古语	词义
өd	өd	羽毛
xөl	xөl	脚
өwөl	өbөl	冬
өŋgө	өŋgө	颜色

ʉ：圆唇、窄、中元音。清格尔泰先生认为，它是后元音（见清格尔泰著上书），而 1966 年蒙古人民共和国教育大学出版的高等学校教材《现代蒙古语法》（见上书）则认为，它是前元音；它只出现在词的第一个音节中。如：

[①] 清格尔泰：《现代蒙古语语法》，内蒙古人民出版社 1979 年版。

蒙古国蒙古语	中国蒙古语	词义
ʉg	ʉg	词，语
ʉdʒex	ʉdʒəx	看
xʉrex	xʉrəx	到

2. 蒙古国蒙古语的 e 元音和中国蒙古语的 ə 元音在舌位的前后方面有差别。即蒙古国蒙古语的 e 是非圆唇、中、前元音，而中国蒙古语的 ə 是非圆唇、中、央元音；蒙古国蒙古语的 e 可出现在词的任何部分，而中国蒙古语的 ə 主要出现在词首和词中。如：

蒙古国蒙古语	中国蒙古语	词义
ex	əx	母亲
ger	gər	家
ene	ən	这

3. 我们认为，在中国蒙古语的标准音中有 ɛ 音位。它是非圆唇、次宽、前元音。蒙古传统书面语词的第一个音节中的 a，受到后面 i 元音的影响而逐渐变为 ɛ（在现代蒙古语中变为长元音的 ija 之前的 i 除外）。如：ɛm（生命）、 xɛr（回去，返回）、 xɛn（伴侣，伙伴）、 ɛrbin （多、充足的）。

苏俄学者弗拉基米尔佐夫、蒙古国学者舍·罗布桑旺丹等学者认为喀尔喀方言中也有近似 ɛ 的音，但是它是 a 的变体。在这次田野调查中，我们在蒙古国蒙古语中也发现了作为 a 元音变体的 ɛ 音。

4. 我们认为，在中国蒙古语标准音中有 œ 音位。它是圆唇音、次宽、前元音。蒙古语传统书面语词的第一个音节中的 ɔ，受到后面 i 元音（在 dʒ、ʧ、ʃ 和现代蒙古语中变为长元音的 ija 的 i 除外）的影响而逐渐变为 œ。在这次田野调查中，我们在蒙古国蒙古语中也发现了作为 ɔ 元音变体的 œ 音。

如：xœn（绵羊）、mœr （马）、tœl（镜子）。

（二）长元音

蒙古国蒙古语标准音中有 aː、eː、iː、ɔː、ʊː、θː、uː 等 7 个长元音，中国蒙古语标音中有 aː、əː、iː、ɔː、uː、θː、ʉ 等 7 个长元音。它们的发音都比彼此相对的短元音长。如：

蒙古国蒙古语	中国蒙古语	词义
ɑ:w	ɑ:b	父亲
tsɑ:s	tʃɑ:s	纸
e:dʒ	ə:dʒ	母亲
de:r	də:r	上，上面
i:m	i:m	这样
tʃi:g	tʃi:g	湿度
ɔ:sɔr	ɔ:sɔr	纽，扣绳
xɔ:l	xɔ:l	饭、餐
ʊ:x	ʊ:x	喝
ʊrʊ:l	ʊru:l	嘴唇
ɵ:x	ɵ:x	脂肪
tsɵ:ŋ	tʃɵ:n	少
ʉ:rex	ʉ:rəx	背
dʉ:	dʉ:	弟弟

（三）复合元音

1. 二合元音

蒙古国蒙古语标准音中有 ai、ei、ɔi 、ʊi、ʉi 等 5 个下降二合元音和 1 个 ʊa 上升二合元音，中国蒙古语标准音中有 ai、əi、ɔi、ʊi、ʉi 等 5 个下降合元音和 1 个 ʊa 上升分合元音；其中的 ai 和 ɔi 在蒙古国蒙古语和中国蒙古语标准中的实际读音是 aĕ 和 ɔĕ；中国蒙古语标准音中 əi 的实际读音是 e:。ai、ɔi、ʊi、ʉi 可出现在词的任何部位，ei 只出现在词末，ʊa 只出现在少数词的第一个音节中。如：

蒙古国蒙古语	中国蒙古语	词义
ail	ail	村、家
ɡɑxai	gaxai	猪
ɔims	ɔimɔs	袜子
nɔxɔi	nɔxɔi	狗
ʊilax	ʊilax	哭
badraŋʊi	badraŋʊi	繁荣的，兴旺的
ʉil	ʉil	行为，事业
delgereŋʉi	dəlgərəŋʉi	广义的，广泛的

续表

蒙古国蒙古语	中国蒙古语	词义
emegtei	əməgtəi	妇女，女
newterxi:	nəbtərxəi	精通的，透明的
xʊɑ	xʊɑ	淡黄的，土岗
	dʊɑlax	光芒四射

2. 三合元音

在蒙古国蒙古语和中国蒙古语中有三合元音 ʊɑi。如：Gʊɑai/gʊɑi，它是由书面蒙古语的 abʊgai "先生、君" 演变而来。

二、辅音比较

蒙古国蒙古语标准音中有 n、ŋ、b、x、g、ɢ、dʒ、dz、j、t、d、tʃ、ts、s、ʃ、l、m、r、p 等 19 个硬辅音和 n、b,、x,、ɢ,、 d,、t,、l, 等软辅音，中国蒙古语标准音中有 b、p、m、n、d、t、l、r、s、dʒ、tʃ、ʃ、j、x、g、ŋ 等 16 个辅音音位。在舍·罗布桑旺丹上述著作中还有 χ 辅音，在上述蒙古国教育大学高等学校教材中又增加了 w（B）辅音。

1. 蒙古国蒙古语和中国蒙古语标准音中的 b、p、m、n、d、t、g、ŋ、s、ʃ、j、x、dʒ、tʃ、l、r 等辅音都相同。

（1）b、p、m、n、d、t、g、ŋ 是塞辅音，其中 m、d、t、g 可出现在词的任何部分，p 只出现在词首，ŋ 只出现在词末，而蒙古国蒙古语标准音中的 n 只出现在词首和词中，b 只现出在词首和词中 m、n、l 等辅音之前。在蒙古国基里尔蒙古文中只用 н 标记了 n、ŋ 两个辅音。如：

蒙古国蒙古语	中国蒙古语	词义
bagʃ	bagʃ	教师
elbeg	əlbəg	丰富的
jamba	jamba	神奇，架子
pagdaɢar	pagdaɢar	矮胖的
pɔr pɔr	pɔr pɔr	扑哧
mɑl	mɑl	牲畜
namar	namar	秋
xʉŋ	xʉn	人
dal	dal	七十

续表

蒙古国蒙古语	中国蒙古语	词义
mɔd	mɔd	树
ta:	ta:	您
xɔt	xɔt	城市
ger	gər	家
ɢar	gar	手
xereg	xərəg	案件

（2）s、ʃ、j、x 是擦辅音，s、ʃ、x 可出现在词的任何部分，而 j 在蒙古国蒙古语标准音中只出现在词首和词中。如：

蒙古国蒙古语	中国蒙古语	词义
sam	sam	梳子
ʮs	ʮs	毛
ʃaʃiŋ	ʃaʃiŋ	宗教
xɔiʃ	xɔiʃ	以后
jas	jas	骨头
ajaɢa	ajag	碗
xar	xar	黑
ax	ax	哥哥，兄

（3）ʤ、ʧ 是舌面前塞擦音，可出现在词的任何部分，而蒙古国蒙古语标准音中带有 ʤ、ʧ 辅音的词比带有 dz、ts 辅音的词少。如：

蒙古国蒙古语	中国蒙古语	词义
ʤawar	ʤabar	冷风，寒风
ʤarɢal	ʤargal	幸福
aʤil	aʤil	工作
inʤ	inʤ	媵姬
ʧadal	ʧadal	力气
ʧanar	ʧanar	性质
aʧix	aʧix	驮，载
emʧ	əmʧ	医生

（4）l 是边辅音，可出现在词的任何部分。如：

蒙古国蒙古语	中国蒙古语	词义
law	lab	一定，肯定
xalʊ:ŋ	xalʊ:n	热
xel	xəl	语言、说

（5）r 是颤辅音，不出现在词首。如：

蒙古国蒙古语	中国蒙古语	词义
gʊraw	gʊrab	三
sʊrax	sʊrax	学
gar	gar	手

2. 蒙古国蒙古语标准音中有舌尖塞擦音 ʥ 和 ʦ，而且带有这两个辅音的词比带有 ʤ、ʧ 辅音的词多。它们可出现在词的任何部分。在中国蒙古语标准音中没有这两个辅音，与它们相对应的是 ʤ、ʧ 辅音。如：

蒙古国蒙古语	中国蒙古语	词义
ʥe:r	ʤə:r	黄羊
ʥam	ʤam	路
xaʥax	xaʤax	咬
aʥ	aʤ	运气，幸运
ʦaGa:ŋ	ʧaga:n	白
ʦas	ʧas	雪
ʦetseg	ʧəʧəg	花

3. 蒙古国基里尔蒙古文和上述蒙古国教育大学高等学校教材中有双唇浊擦辅音 w（B），它不出现在词首；而中国蒙古语标准音中把它看作是 b 辅音的变体。舍·罗布桑旺丹先生也把它看作是 b 辅音的变体。如：

蒙古国蒙古语	中国蒙古语	词义
xawar	xabar	春
awax	abax	拿
a:w	a:b	父亲
taw	tab	五

4. 蒙古国蒙古语标准音中有舌根后塞辅音 ɢ，它出现在阳性词中，而在蒙古国基里尔蒙古文中只用一个 г 标记了 g 和 ɢ（在词末 г 后加 a 表示了 ɢ 辅音）；中国蒙古语标准音中则没有 ɢ 辅音。如：

蒙古国蒙古语	中国蒙古语	词义
ɢɔl	gɔl	河
baɢa	bag	小
bʊɢa	bʊg	鹿

5. 关于蒙古国现代蒙古语中有无软辅音（或鄂化辅音）音位的问题，学者们有不同的观点。舍·罗布桑旺丹、扎·桑杰等先生认为在蒙古国现代蒙古语中有软辅音音位；而上述蒙古国教育大学高等学校教材的作者则认为，蒙古国现代蒙古语中有硬、软辅音的区别，没有软辅音音位，在蒙古国基里尔蒙古文正字法中有软辅音音位，并用"ь"符号标记。中国蒙古语标准音的察哈尔土语中也有一些软辅音，并与后面的 i 元音有关联，即受后面 i 的影响而变为软辅音。但是察哈尔土语的软辅音和前化元音的情况与中国蒙古语其他方言土语不完全相同。科尔沁、喀喇沁、巴林等土语的前化元音已成为独立音位，没有软辅音；阿巴哈、苏尼特口语和巴尔虎-布利雅特方言的 a 元音有一定软化现象，但未成为独立音位，而软辅音则成为独立音位；察哈尔土语中同时存在元音前化现象和辅音软化现象，但是其元音前化现象的程度比科尔沁、喀喇沁、巴林土语小，辅音软化程度比阿巴哈、苏尼特口语和巴尔虎-布利雅特方言小。我们把前化元音当作中国蒙古语标准音的独立音位，未把软化辅音当作独立音位。如：

蒙古国蒙古语	中国蒙古语	词义
am,	ɛm	生命
xar,	xɛr	异、外
taw,	tɛb	五十
aɢ,	ɛg	野艾
mɔr,	mœr	马
tɔl,	tœl	镜子
xɔn,	xœn	绵羊
bɔd,	bœd	菩提，正觉

三、某些语音变化现象

1. 蒙古国蒙古语喀尔喀方言和中国蒙古语察哈尔土语存在送气辅音的异化现象，即在一个词中如遇到隔开的两个送气辅音时其词首的一个送气辅音变为不送气辅音，但是在两国蒙古语标准音中未纳入这种异化现象，即其词前辅音仍读为送气辅音。如：

蒙古国蒙古语标准音	蒙古国喀尔喀方言	察哈尔土语	中国蒙古语标准音	词义
tɔs	tɔs→dɔs	tɔs→dɔs	tɔs	油
tʃix	tʃix→ʤix	tʃix→ʤix	tʃix	耳
xøx	xøx→gøx	xøx→gøx	xøx	兰，青
tsas	tsas→ʣas	tʃas→ʤas	tʃas	雪
xatʊ:	xatʊ:→ɢatʊ:	xatʊ:→ɢatʊ:	xatʊ:	硬

2. 传统蒙古书面语的一个词中，如果接连出现两个 k、n 鼻辅音，则蒙古国喀尔喀方言和中国蒙古语察哈尔土语的前一个鼻辅音变为舌根辅音 ɢ/g 辅音，而中国蒙古语标准音不变读，其前一个辅音仍读为 ŋ 辅音。如：

蒙古国蒙古语标准音	察哈尔土语	中国蒙古语标准音	词义
magnai	magnai	maŋnai	额
ʃagnal	ʃagnal	ʃaŋnal	奖赏
tagnai	tagnai	taŋnai	腭

3. 中国蒙古语察哈尔土语和蒙古国喀尔方言有 l 和 b 辅音的换位现象，但是在两国标准音中没有纳入这种换位现象。如：

蒙古国喀尔喀方言	蒙古国蒙古语标准音	察哈尔土语	中国蒙古语标准音	词义
xablaɢa	xalbaɢa	xablag	xalbag	匙
ɔblɔɢɔ	ɔlbɔɢɔ	ɔblɔg	ɔlbɔg	褥垫

第二节　形态学比较

一、格范畴比较

在格范畴方面，蒙古国蒙古语中心方言与中国蒙古语基础方言既有相同之处，又存在差别，而其差别主要表现在词缀上。

蒙古语的名词出现在词组和句子中时，必须以某种格的形式出现。"格"表示名词与其他词之间的关系以及它在词组和句子中的功能。蒙古语的格一般通过在静词之后加接某种词缀来表示。

蒙古国蒙古语中心方言和中国蒙古语基础方言有主格、领格（所有格）、宾格（客体格）、从比格、与位格、造格、共同格等格。除主格为零形态外，其他各格都有其词缀。蒙古国蒙古语中心方言还有方向格。

（一）领格

领格是连接限定语和被限定语的形式。蒙古语领格词缀的功能相当于汉语的结构助词"的"。蒙古国蒙古语中心方言领格词缀形式有-i:/-i:n/-n 等形式，中国蒙古语基础方言领格词缀有 -i:n/-ai、-əi、-ɔi 等形式，其中共有形式是-i:n。

-i:/-ai、-əi、-ɔi 出现在一些人称代词和具有不稳定词根 n 辅音词之后。-i:n 形式出现在以辅音结尾的词后，若接于以长元音、复合元音以及以 ŋ 辅音结尾的词后，则增加 g 辅音。例如：

蒙古国蒙古语中心方言	中国蒙古语基础方言	汉义
mani: a:w	manai a:b	我的父亲
tani: ɢadʒar	tanai gadʒar	你们的地方
dʒʊni: tsag	dʒɔnai tʃag	夏天
sʊdalɢa:ni: bag	sʊdalga:nai bag	项目组
xʉn tərəlxtni:	xʉn tərəlxitnəi	人类的
mɔŋɢɔl xelʃindʒleli:n teŋxem	mɔŋɔl xəlnəi tasag	蒙古语言教研室
mini: e:dʒ	mini: ə:dʒ	我的母亲
bɔrɔ:ni: ʊs	bɔrɔ:nɔi ʊs	雨水
ɢali:n xaitʃ	gali:n xaitʃ	火钳，火剪
mɔdni: sala:	mɔdnɔi sala:	树枝
aimgi:n nair	aimgi:n nair	盟那达慕
marɢa:ʃi:n adʒil	marga:ʃi:n adʒil	明天的工作
nɔmi:n saŋ	nɔmi:n saŋ	图书馆
mɔŋɢɔl sʊdlali:n sʊrɢʊ:l,	mɔŋɔl sʊdlali:n də:d sʊrɢʊ:l	蒙古学学院
ɔnɔ:sɔn neri:n ʃindʒ	ɔnɔ:ɔnɔ neri:n ʃindʒ	专门名词特征
xentei aimgi:n lam nar	xəntəi aimgi:n lam nar	肯特省的喇嘛们
tʃɔibalsaŋgi:n ʉj	tʃɔibalsaŋgi:n ʉj	乔巴山时代
ɵglɵ:gni: tsai	ɵglɵ:gi:n tʃai	早茶
xɔli:n ɢadʒar	xɔli:n gadʒar	远方
ta: bʉxni: xi:dʒ jawa: adʒil	ta: bʉxnəi xi:dʒ jaba: adʒil	你们所进行的工作
ʃar nɔxɔin tam	ʃar nɔxɔin tam	黄狗狱

-ni:/-nai、-nəi、-nɔi 等形式是 -i:/-ai、-əi、-ɔi 接于稳定词根 n 之后形成的。有人把它看作是现代蒙古语中的定格词缀。-ni:/-nai、-nəi、-nɔi 等已形成了独立的词缀。

由于蒙古语的领格是唯一一个连接名词与名词的格，因此其使用范围不断扩大，其意义也随之扩大，形式也有了多种变体。

（二）宾格

宾格是连接直接宾语和及物动词的格范畴。蒙古国蒙古语中心方言和中国蒙古语基础方言的宾格词缀除了都有-i:g/-g 形式外，中国蒙古语基础方言中还有 -i: 词缀。例如：

蒙古国蒙古语中心方言	中国蒙古语基础方言	汉义
dʒʊrgi:g ʉdʒ	dʒʊrgi:g ʉdʒ	看画
atʃi:g martax	atʃi:g martax	忘恩
gʊdamdʒi:g tsewerle:rei	gʊdamdʒi:g tʃəbərlə:rəi	请打扫一下胡同
galsaŋgi:g dʊ:da:d ir	galsaŋgi: dʊ:da:d ir	叫来嘎拉僧
saini:g dagwal sarni: gerel, mʊ:g dagwal məgɔin xɔr	saini: dagbal sarnai gərəl, mʊ:g dagbal məgɔin xɔr	近朱者赤，近墨者黑
mal a:dʒ axʊig ertʃimte: xəgdʒʉ:ldʒ	mal a:dʒ axʊig ərtʃimtəi xəgdʒʉ:ldʒ	努力发展畜牧业
lam nari:g xelmegdu:lseŋ	lam nari:g xəlməgdu:lsən	喇嘛们受到折磨
ba:tar er ʊ:lan ɔrɔig tas tʃawtʃa:d	ba:tar ər ʊ:lan ɔrɔig tas tʃabtʃa:d	英雄好汉砍掉了山顶
ter xʉ:g dʊ:d	tər xʉ:g dʊ:d	叫那个小伙子
ar xaŋɢaig sɔŋɢɔdʒ sʊdalɢa:ni: adʒillaɢa jawʊ:lax		选择后杭爱（省）进行研究工作
eni:g ʃar nɔxɔin tam gedeg		这叫"黄狗狱"
xar maŋɢas xʉrtʃ ire:d en aili:n emgeni:g bʊla:dʒ		魔鬼来后抢走了这家老婆

-g 接于以长元音或复合元音结尾的词后，-i:g、-i: 词缀接于以辅音结尾的词后。

（三）与位格

与位格主要表示动词所涉及的对象或有关人或事物、时间、所处等关系。与位格既表示间接宾语和谓语之间的关系，也表示状语和谓语之间的关系。蒙古国蒙古语中心方言和中国蒙古语基础方言的与位格除了都有-d/-t 等词缀外，还有用得不多的-a:、-e: / -ə: ……。-t 主要接于以 r、s、g 等辅音结尾的词后。

与位格词缀-d/-t 的例子：

蒙古国蒙古语中心方言	中国蒙古语基础方言	汉义
mɔŋɢɔldə: xarla:	mɔŋɢɔldə:n xarla:	在（自己的）蒙古看过
biligba:tart øg	biligba:tart øg	给必力格巴特尔
xetsʉ: tsagt tʊslax	xətʃʉ: tʃagt tʊslax	在困难时刻帮助
teŋgert mørgøx	təŋgərt mørgøx	拜天
nɔmi:n sand bi:	nɔmi:n saŋd bi:	在图书馆
tøw xesegt ɔrʃdɔg	təb xəsəgt ɔrʃdɔg	位于中部
mɔŋɢɔl ʊlast adʒillax	mɔŋɢɔl ʊlast adʒillax	在蒙古国工作
ar xaŋɢai aimagt xʉrex	ar xaŋɢai aimagt xʉrəx	到后杭爱省
ter ʊ:land ɢarax	ter ʊ:land ɢarax	爬那座山
xadni: xadʒʊ:d xar svʊd	xadnai xadʒʊ:d xar svʊad	岩石旁边黑珍珠
a:wi:n bi:d xʉntei taniltsadʒ, agti:n bi:d ɢadʒar ʉdʒex	a:bi:n bi:d xʉntəi taniltʃadʒ, agti:n bi:d ɢadʒar ʉdʒəx	父亲在世时多交朋友，骏马在时多走远路

与位格词缀-a:、-e:……的例子：

蒙古国蒙古语中心方言	中国蒙古语基础方言	汉义
erxem xʉndet daraɢ tana: ørgøn bar,ja	ərxəm xʉndət darag tana: ørgøn bɛr,ja	献给尊敬的领导

此外，古蒙古语-da/-de 词缀在蒙古国蒙古语中心方言和中国蒙古语基础方言里渗透到词根中后构成了 nasda:（一辈子）、ʉnide:/ʉnidə:（永远）等新词。这种词缀还在"与位格 + 领属范畴"的复合结构-da:/-ta:（蒙古国蒙古语中心方言）、-da:n/-ta:n（中国蒙古语基础方言里）、-dagan/-tagan（传统蒙古文）中被保留下来。

（四）从比格

从比格表示动作的起点、地点、原因和性质特征的对比，相当于汉语的"从……"、"比……"等。蒙古国蒙古语中心方言和中国蒙古语基础方言的从比格词缀形式基本相同，都有-a:s、-e:s/-ə:s……等形式。例如：

蒙古国蒙古语中心方言	中国蒙古语基础方言	汉义
nʊtga:sa: xɔl	nʊtga:sa:n xɔl	离（自己的）家乡远
nada:s ø:r	nada:s ø:r	除了我
dʒʊrga:s ɢɔj	dʒʊrga:s ɢɔj	比画美
bagʃa:s asʊ:	bagʃa:s asʊ:	问老师
xar baɢa nasna:s	xar bag nasna:s	从小
tʃama:s baɢ	tʃama:s bag	比你小

续表

蒙古国蒙古语中心方言	中国蒙古语基础方言	汉义
bʊːralaːs ʊg sɔns	bʊːralaːs ʊg sɔns	听老人的话
dʑʊːn təgrəgtei jawsnaːs dʑʊːn nəxərtei jawsan n deːr	dʑʊːn təgrəgtəi jabsnaːs dʑʊːn nəxərtəi jabsan n dəːr	与其有百元钱， 不如交一百个朋友
ʊridaːs ʊlam ilʊː		比原来更多
xɔl Gadʑraːs irex	xɔl Gadʑraːs irəx	从远方来
niːt xʉn amiːn 50aːs deːʃ	niːt xʉn amiːn 50aːs dəːʃ	总人口的50%以上
endeːs Garax	əndəːs Garax	从这里出去
xədəːgəːs ɔldʑ awtʃirax	xədəːgəːs ɔldʑ abtʃirax	从乡下拿来（弄到）
tərəːs ʃaɢnax	ʊlsaːs ʃaŋnax	由政府奖励

　　-aːs、-eːs/-əːs……等词缀接于以长元音、复合元音及 ŋ 辅音结尾的词根后要增加 ɢ /g 音。

（五）造格

　　造格主要表示动作进行时的手段和有关的事物之间的关系，体现工具和凭借的作用，相当于汉语的"用……"、"以……"。蒙古国蒙古语中心方言和中国蒙古语基础方言的造格词缀形式基本相同，有-aːr、-eːr/-əːr等形式。例如：

蒙古国蒙古语中心方言	中国蒙古语基础方言	汉义
əːriːn Garaːr xiːsen ed	əːriːn garaːr xiːsən əd	亲手做的货
axaːr tʊslʊːlna	axaːr tʊslʊːlna	让哥哥帮助
ʊtasaːr ʊjsaŋ	ʊtasaːr ʊjsan	用线系
dʑamaːr jawdʑ baital	dʑamaːr jabdʑ baital	正沿着路走时
nɔm sɔmaːr xarwadag	nɔm sɔmaːr xarbadag	用弓箭射
tsaGaːn jama ʊsaːr bəːldʑine	tʃaGaːn jamaː ʊsaːr bəːldʑinə	白羊吐白水（谜语：茶壶）
erxiːg sʊrGaxaːr berxiːg sʊrGa	ərxiːg sʊrgaxaːr bərxiːg sʊrga	娇养不如厉艰
ʊGaxaːr tsewerlegden		洗了才变干净
xelxeːr ɔilGɔnɔ		说了才能理解
xiːxeːr dʊːsan		做了才能结束
dʊːgeːr ʊnʃʊːlna	dʊːgəːr ʊnʃʊːlna	让弟弟阅读
erdem nɔmɔːr sain	ərdəm nɔmɔːr sain	知识渊博
xɔːlɔiGɔrɔː maːn, ʊnʃʃidʑ xɔnʃɔːrɔː xɔrxɔi tʊːne	xɔːləiɡɔːrɔːn maːn ʊnʃɔːrxɔnʃɔːrɔːrɔːn xɔrxɔi tʊːnə	佛口蛇心

这些词缀接在以长元音、复合元音以及 ŋ 辅音结尾词根时增 ɢ/g 音。造格词缀在现代蒙古国蒙古语中心方言和中国蒙古语基础方言的 bɔlxɔːr（因此、所以）、jɔsɔːr（按照）、ʉnxeːr/ʉnxəːr（确实）、tsʊɢaːr/tʃʊɢaːr（一起、同时）、ɢantsaːr/ɢantʃaːr（独自）等词中与词根融合在一起形成了固定形式。

蒙古国蒙古语中心方言和中国蒙古语基础方言中形动词未来时词缀 -x+ 造格后构成了表示动作目的的新的复合形式词缀 -xaːr、-xeːr/-xəːr 等。例如：

蒙古国蒙古语中心方言	中国蒙古语基础方言	汉义
nɔmiːn saŋd sʊraltsxaːr ɔtʃinɔ	nɔmiːn saŋd sʊraltʃxaːr ɔtʃinɔ	去图书馆学习
bid naːdxaːr jawija	bid naːdxaːr jabija	我们玩儿去
xɔːl idxeːr jawna	xɔːl idxəːr jabna	吃饭去

（六）共同格

共同格主要表示与随同、伴随的人或事物之间的关系，相当于汉语的"和、跟、同"。蒙古国蒙古语中心方言和中国蒙古语基础方言共同格词缀基本相同，有 -tai、-tei/-təi、-tɔi 等形式。例如：

蒙古国蒙古语中心方言	中国蒙古语基础方言	汉义
tʃamtai ʊːldʒana	tʃamtai ʊːldʒana	和你见面
baɡʃtai xamt jawsaŋ	baɡʃtai xamt jabsan	跟老师一起去了
baːtartai jawna	baːtartai jabna	跟巴特尔一起去
eːdʒtei dʒɔlɡɔnɔ	əːdʒtəi dʒɔlɡɔnɔ	与母亲见面
nɔmtɔi nexərləwəl……	nɔmtɔi nexərləbəl……	如以书为伴……
bɔlɔdtɔi tɔɡlɔnɔ	bɔlɔdtɔi tɔɡlɔnɔ	与博鲁德玩耍
tedentei xamt irseŋ	tədəntəi xamt irsən.	和他们一起来的

在中古蒙古语中，这个词缀只表示阴性单数，与此相对的有表示阳性单数的词缀 -tʊ/-tʉ 和表示复数的 -tan/-ten。在蒙古语发展演变的过程中，原来修饰语和被修饰语之间的数和谐律、性和谐律已消失，但是以上三组词缀 -tai、-tei/-təi、-tʊ/-tʉ、-tan、-ten/-tən 却没有随之消失，而是具有了其他意义及作用。其中，-tʊ/-tʉ（口语中的形式为 -t）与原来相同，仍以形容词构词词缀的身份（如，mɔst ʊːl — 冰山、erdemt/ərdəmt baɡʃ — 知识渊博的老师、aldart xʊŋ/xʉn — 名人）保留下来；-tan、-ten/-tən 则成了名词构词词缀，如，erdemten /ərdəmtən（学者）、merɡedʒilten /mərɡədʒiltən（专家）、

adʒiltan（职员、工作人员）等。蒙古国蒙古语中心方言和中国蒙古语基础方言中，-tai、-tei/-təi 等既保留着形容词构词词缀的作用，又有了表示共同格的意义。这样构形词缀-tai、-tei/-təi 把蒙古语原来的联合格词缀-lʊGa/-luɡe 挤出去之后，在蒙古语中具有了格词缀和形容词构词成分的双重意义。

（七）方向格

蒙古国蒙古语有方向格。方向格主要表示动作进行的方向，相当于汉语的"往……"、"向……"等。蒙古国蒙古语中心方言方向格词缀形式有-rʊ:、-rʉ: / -lʊ:、-lʉ: 等形式，其中-lʊ:、-lʉ: 接于以 r 结尾的词后。例如：

蒙古国蒙古语中心方言：

基里尔文	国际音标	汉义
гол руу яв	ɢɔlrʊ: jaw	走向河那边
байшин руу очих	baiʃiŋrʊ: ɔtʃix	向（那个）房子走去
гэр л үүбуцна	gerlu: bʊtsna	回家
хэрэг байвал надруу залга	xereg baiwal nadrʊ: ʣalɢa	有事请跟我联系
Автобусны буудал руу явган очно	awtʊbʊsni: bʊ:dalrʊ: jawɢan ɔtʃinɔ	步行到公共汽车站

方向格构形词缀 - rʊ:、-rʉ: / -lʊ:、-lʉ: 由独立词 ʊrʊ:演变而来。独立词 ʊrʊ:的词义是"向下、朝下"，在现代蒙古语中还保留着原意。如，ө:d ʊrʊ:（向上向下），ʊrʊ: ɢaʣar/gaʣar（下坡地）。ʊrʊ:接于名词之后，词首的 ʊ 消失，失去独立性，成为新的格词缀-rʊ:、rʉ: / -lʊ:、-lʉ:。

二、数范畴比较

蒙古语静词的数，分单数和复数。在通常情况下，静词的词干形式表示单数，复数则主要以词干后接各种复数词缀表示。

（一）复数词缀 -d

复数词缀-d 主要接于以 n 、r、l 等辅音和元音结尾的词后，而其前面的 n 、r、l 等要消失。接在一些形容词或形动词时，既有复数意义，又有构词意义。例如：

蒙古国蒙古语中心方言	中国蒙古语基础方言	汉义
nɔjɔd	nɔjɔd	官员们
nөxəd	nөxəd	同志们
said	said	大臣，部长

蒙古国蒙古语中心方言	中国蒙古语基础方言	汉义
sʊragtʃid	sʊragtʃid	学生们
xɔn,tʃid	xœn,tʃid	放羊者们
ʊnʃigtʃid	ʊnʃigtʃid	读者们
tələ:legtʃid	tələ:legtʃid	代表们
	sətgələ:n dʒʉdə:gsəd xuni:g dʒasadʒ, bəjə:n dʒʉdə:gsəd xunx dʒasʊ:lna	劳心者治人，劳力者治于人

中国蒙古语基础方言的复数词缀-d，在一些词语里失去了其复数语法意义，因而其后又可以加-ʊ:d/-ʉ:d 等其他复数词缀。例如：nɔjədʊʉd（官员们）、xʉ:xdʉ:d（孩子们）等。

（二）复数词缀-ʊ:d、-ʉ:d/-nʊ:d、-nʉ:d

复数词缀-ʊ:d/-ʉ:d 接于以辅音（除 n 辅音）结尾的表示人和事物的名词之后。蒙古国蒙古语中心方言和中国蒙古语基础方言中词缀-ʊ:d/-ʉ:d 用得最广泛，是一个能产词缀。接于长元音、复合元音、ŋ 辅音后时增加 g 辅音。

词缀-nʊ:d/-nʉ:d 是由 n + ʊ/ʉ（连接元音）d 组成。-ʊ:d/-ʉ:d 接于元音结尾词根后出现增音-g。例如：

蒙古国蒙古语中心方言	中国蒙古语基础方言	汉义
ʊ:lʊ:d/ʊ:lnʊ:d	ʊ:lʊ:d/ʊ:lnʊ:d	山（复数）
ɢadʒarʊ:d	gadʒarʊ:d	地方（复数）
mɔdnʊ:d	mɔdnʊ:d	树（复数）
teme:nʉ:d	təmə:nʉ:d	骆驼（复数）
nɔmʊ:d	nɔmʊ:d	书（复数）
tsetsgʉ:d	tʃətʃgʉ:d	花儿（复数）
xʊlɢanʊ:d	xʊlganʊ:d	老鼠（复数）
tʊ:lainʊ:d	tʊ:lainʊ:d	兔子（复数）
tʃʊlʊ:nʊ:d	tʃʊlʊ:nʊ:d	石头（复数）
ʉxrʉ:d	ʉxrʉ:d	牛（复数）
maʃinnʊ:d	maʃinʊ:d / maʃinnʊ:d	汽车（复数）
dʒʊrgʊ:d	dʒʊrgʊ:d	画（复数）

-ʊ:d/-ʉ:d 在中国蒙古语基础方言中有-ʊ:s/-ʉ:s 的变体。例如：

中国蒙古语基础方言	汉义
tanʊːs	你们
ədnuːs	这些人
bidnuːs	我们

（三）复数词缀-tʃʊːd、-tʃɯːd/-tʃʊːl、-tʃɯːl

蒙古国蒙古语中心方言和中国蒙古语基础方言有 -tʃʊːd、-tʃɯːd/-tʃʊːl、-tʃɯːl 等复数词缀，主要接于形容词和一些名词（如民族名称）之后，表示集体复数。-tʃʊːd、-tʃɯːd 等既有构成复数的词法作用，同时也有构词功能。例如：

蒙古国蒙古语中心方言	中国蒙古语基础方言	汉义
baɢatʃʊːd	baɡtʃʊːd	少儿们
owəgtʃɯːl	obəgtʃɯːl	老人们
mɔŋɡɔltʃʊːd	mɔŋɡɔltʃʊːd	蒙古人（们）
sɔləŋɡɔstʃʊːd	sɔləŋɡɔstʃʊːd	朝鲜人（们）
ertʃɯːl	ərtʃɯːl	男人们
dʒalʊːtʃʊːd	dʒalʊːtʃʊːd	年轻人（们）
eregteitʃɯːd	ərəgtəitʃɯːd	男人们
emegteitʃɯːl	əməgtəitʃɯːd	女人们

另外，在蒙古国蒙古语中心方言中还有复数词缀-ʊːl /-ɯːl，主要接在表示位置的部分词根后，构成表示复数的新名词。[①]

蒙古国蒙古语中心方言	汉义
xɔidʊːl	后面走的（部分人）
ʊridʊːl	前面走的（部分人）
deːdɯːl	高层公职人员（部分人）

（四）复数词缀-s

复数词缀-s 主要接在以元音结尾的静词之后。如果接于一些形容词时，既有构词意义，也有复数意义。例如：

---

① 蒙古国教育大学蒙古学学院蒙古语言教研室编：《现代蒙古语》，乌兰巴托，2008 年，基里尔蒙古文版，第 132 页。

蒙古国蒙古语中心方言	中国蒙古语基础方言	汉义
axas	axas	兄长，兄长们
de:des	də:dəs	祖先
jexes	jəxəs	官员，大人们
ʋ:las	ʋ:las	山脉
nɔxɔs	nɔxɔs	狗（复数）
njalxas	njalxas	婴儿
erdenis	ərdənis	宝（复数）
xʉmʉ:s	xʉmʉ:s	人们

复数词缀-s 在中国蒙古语基础方言中，常与复数词缀-ʋ:d/-ʉ:d 重叠使用如，ʋlsʋ:d — 大家、ərsʉ:d — 男人们。

蒙古语词缀-s 是复数词缀-d 的变体，是由语音交替的结果出现的互补性词缀演变为独立的词缀。

（五）复数词缀-nar、-ner/-nər

复数词缀-nar、-ner/-nər 加在表示人物或表示拟人事物的名词之后。例如：

蒙古国蒙古语中心方言	中国蒙古语基础方言	汉义
bagʃ nar	bagʃ nar	老师们
ʃaw, nar	ʃɛb, nar	徒弟们
ta: nar	ta: nar	你们
ax nar	ax nar	哥哥们
egtʃ ner	əgtʃ nər	姐姐们
ɔrtʃʋ:lagtʃ nar	ɔrtʃʋ:lagtʃ nar	翻译者们
emtʃ ner	əmtʃ nər	医生们
dʉ:ner	dʉ: nər	弟弟们
bid ner	bid nər	我们
dʑe: ner	dʑə: nər	外甥们

这个词缀在蒙古语许多方言土语中，只有一个-nar 的形式存在。其原因也许是由于这个词缀在书面语（传统蒙古文、基里尔文）中都与其前面的词分写的缘故。这表明，文字的书写规则也可以影响口语。

由于-d、-s、-nar、-ner/-nər 等词缀所表达的复数语法意义的减弱，带有复数成分-d、-s、-nar、-ner/-nər 的词后还要接-ʋ:d 等复数形式才能

够表示复数的语法意义。因此，现在在现代蒙古语方言中形成了-dʊ:d、
-narʊ:d 等表示复数的复合词缀。

目前复数词缀-ʊ:d/-ʉ:d 在蒙古国蒙古语中心方言和中国蒙古语基础方
言复数范畴中已成为主要复数词缀，并且还具有替代其他复数词缀的趋势。

三、领属范畴比较

静词的领属表示某物属于某人。蒙古语领属范畴，有反身领属和人称
领属之分。

(一) 反身领属

蒙古语反身领属表示该事物属于自己。蒙古国蒙古语中心方言反身领
属词缀是-aː、-eː、-ɔː、-ɵː 等，而中国蒙古语基础方言反身领属词缀是 -aːn、
-əːn、-ɔːn、-ɵːn 等。这些词缀，接于长元音、复合元音以及 ŋ 辅音结尾词
根之后，前面增加 g 辅音。例如：

蒙古国蒙古语中心方言	中国蒙古语基础方言	汉义
xʊw,aː bɔdɔx	xʊb,aːn bɔdɔx	考虑自己
adʒila: sain xiːx	adʒila:n sain xiːx	把工作做好
nasa:ra: dʒʉtgex	nasa:ra:n dʒʉtgəx	奋斗一生
bagʃa:sa: sʊrax	bagʃa: sa:n sʊrax	跟（自己的）老师学
gere:se: xɔl	gərə:sə:n xɔl	离（自己）家远
bej beje: xara:d	bəj bəjə:n xara:d	互相看对方
gerle: asa:	dəŋgə:n asa:	把灯打开
mɔr,ɔː ʊnax	mœr,ɔːn ʊnax	骑（自己的）马
ɵːrɵ med	ɵːrɵːn məd	自己定吧
nøgø:gø:sø: asʊː	nøgø:gø:sø:n asʊ:	问对方（另一方）
øwøgdø:sø: sʊrax	øbøgdø:sø:n sʊrax	向年长者学

蒙古国蒙古语中心方言和中国蒙古语基础方言反身领属词缀可以与格
词缀重叠使用。

领格+反身领属：

蒙古国蒙古语中心方言	中国蒙古语基础方言	汉义
aːwiːŋxaː/aːwiːxaː	aːbiːnxaːn/aːbiːxaːn	把父亲的
dʉːgiːŋxeː	dʉːgiːŋxəːn	把自己弟弟的
tʉːniːxeː	tʉːnəixaːn	把他的
ɵːriːŋxeː/ɵːriːxeː	ɵːriːnxeːn/ɵːriːxeːn	把自己的

中国蒙古语基础方言中，领格 + 反身领属后有时还可以重叠宾格词缀。例如：

axnaixa:ni: bas aba:d ir（把你哥哥的也拿过来）、ɵ:ri:xɵ:ni: ʉdʒʉ:lxʉɛ jɵmʊ（你本人的不让看吗？）

宾格+反身领属：

蒙古国蒙古语中心方言	中国蒙古语基础方言	汉义
baɡʃa: xʉndelne	baɡʃa:n xʉndəlnə	尊敬老师
axa: dʊ:d	axa:n dʊ:d	叫你哥哥
ʉ:ni:ge: awa:d jaw	əni:gə:n aba:d jab	你把这个拿走

与位格+反身领属：

蒙古国蒙古语中心方言	中国蒙古语基础方言	汉义
axda: xel	axda:n xəl	跟你哥哥说
dara: xawarta:	dara: xabarta:n	在下一个春季
ene namarta:	ən namarta:n	在今年秋季
ɵdər bɔlɡɔndɔ:	ɵdər bɔlɡɔndɔ:n	每天
ɵwɵldɵ: ir	ɵbɵldɵ:n ir	在冬季来

从比格+反身领属：

蒙古国蒙古语中心方言	中国蒙古语基础方言	汉义
nʊtɢa:sa: xɔl	nʊtga:sa:n xɔl	离家乡远
aŋxana:sa: awa:d	aŋxana:sa:n aba:d	从原先、原来就
xar baɢ nasna:sa:	xar bag nasna:sa:n	从小开始
a:wa:sa: asʊ:ɢa:rai	a:ba:sa:n asʊ:ga:rai	请问你父亲

造格+反身领属：

蒙古国蒙古语中心方言	中国蒙古语基础方言	汉义
axa:ra: xi:lgex	axa:ra:n xi:lgəx	让自己哥哥做
ɢara:ra: nʉde: nʊxlax	gara:ra:n nʉdə:n nʊxlax	用手揉眼睛
ɵ:ri:n ɢara:ra: xi:x	ɵ:ri:n gara:ra:n xi:x	亲自做
ʊna:ɢa: ra: xʉrgex	ʊna:ga:ra:n	用自己的车送

共同格+反身领属：

蒙古国蒙古语中心方言	中国蒙古语基础方言	汉义
naidʑtaiga: xamt	naidʑtai:ga:n xamt	和朋友一起
du:teige: xɔjʊ:l	du:təigə:n xɔjʊ:l:	和弟弟两人

方向格+反身领属：

蒙古国蒙古语中心方言	汉义
xɔn,rʊ:ga: jaw la:	朝羊群方向去了
gerlu:ge: xara:d	往（自己）家看

在蒙古国蒙古语中心方言和中国蒙古语基础方言中，反身领属词缀有时不表示反身领属意义，而表示强调、重视等意义，并且在有些词语中已成固定形式。例如：

蒙古国蒙古语中心方言	中国蒙古语基础方言	汉义
na:ʃa: tsa:ʃa:	na:ʃa:n tʃa:ʃa:n	往这儿往那儿
dʑu:nʃe: barʊ:nʃa:	dʑu:nʃe:n barʊ:nʃa:n	往东往西
de:ʃe: dɔ:ʃɔ:	də:ʃə:n dɔ:ʃɔ:n	往上往下

（二）人称领属

人称领属表示该事物属于第一人称（我）、第二人称（你）、第三人称中的某个人。

1. 第一人称领属

蒙古国蒙古语中心方言和中国蒙古语基础方言的第一人称领属单数词缀形式是-min, /-min ，复数形式是-ma:n, /-ma:n ，但在中国蒙古语基础方言中其复数形式很少用。两者的区别是，蒙古国蒙古语中心方言第一人称领属词缀中的 n 辅音是腭化辅音。例如：

蒙古国蒙古语中心方言	中国蒙古语基础方言	汉义
enerelt e:dʑ min,	ənərəlt ə:dʑ min	我慈祥的母亲
bagʃ min, dʑa:san	bagʃ min dʑa:san	（我的）老师教的
sain naidʑ min,	sain naidʑ min	（我的）好朋友
xɵ:rxən xʉ: min,	xɵ:rxən xʉ: min	我可爱的儿子
erxim xundet dɔtʃid ma:n,	ərxim xundət dʑɔtʃid ma:n	尊贵的客人们
mɔŋgɔltʃo:d ma:n,	mɔŋgɔltʃo:d ma:n	（我的）蒙古人（复数）

2. 第二人称领属

蒙古国蒙古语中心方言和中国蒙古语基础方言第二人称领属词缀形式是-tʃin,/-tʃin/-tan（复数形式），但在中国蒙古语基础方言中其复数形式很少用。两者的区别是，蒙古国蒙古语中心方言第二人称领属词缀中的 n 辅音是腭化辅音。

蒙古国蒙古语中心方言	中国蒙古语基础方言	汉义
nɔm dewter tʃin, end bi:	nɔm tʃin ənd bi:	（你的）书本在这里
ger ərgə: tan, xa:ɡʊ:r baina?	gər ərgə: tʃin xa:ɡʊ:r baina?	你们家住在哪儿？
xʉ: tʃin, xa: jawla:?	xʉ: tʃin xa: jabla:?	你儿子去哪儿了？
ax nar tʃin, irwʉ:?	ax nar tʃin irbʉ:?	（你的）哥哥们来了吗？
bej tʃin, sainʊ:?	bəj tʃin sainʊ:?	你的身体好吗？

3. 第三人称领属

蒙古国蒙古语中心方言第三人称领属词缀形式是-n,。中国蒙古语基础方言的第三人称领属词缀形式是-n ，两者的区别是，蒙古国蒙古语中心方言第三人称领属词缀的 n 是腭化辅音。

蒙古国蒙古语中心方言	中国蒙古语基础方言	汉义
exner n,	əxnər n	（他的）妻子
dʑe:n,	dʑə: n	（他的）外甥
ʉxri:n ewer n,	ʉxri:n əbər n	（他的）牛角
en n, jʊ: bi:?	ən n jʊ: bi:?	这是什么？
	sana: n təndə:n baibatʃ dʑaja: n təndə:n ʉgei	心比天高，命比纸薄
	xələx n tʃaga:n　xi:x n xar	当面笑呵呵，背后毒蛇窝
	gənən n əmnə:n gəmʃil n xɔi:nɔ:n	早知今日，何必当初

蒙古语人称领属词缀可以用在格词缀后边。例如：

蒙古国蒙古语中心方言	中国蒙古语基础方言	汉义
e:dʑi: min, xair	ə:dʑi:n min xair	母亲的爱
dʉ:gi: min, irʉ:l	dʉ:gi: min irʉ:l	让我弟弟来
xadʑʊ:d tʃin, sʊ:x	xadʑʊ:d tʃin sʊ:x	坐在你旁边
gere:s n, ɔir	gərə:s n ɔir	离他家近
egtʃtei tʃin, sain tanil	əgtʃtəi tʃin sain tɛnil	跟你姐姐很熟

总之，从人称领属词缀的使用情况看，蒙古国蒙古语中心方言和中国蒙古语基础方言中的人称领属词缀使用得不多，并且除了表示人称领属意义外，更多地表示逻辑上的强调意义。这可能是蒙古语人称领属词缀的演变趋势。

四、时间范畴比较

蒙古语动词陈述式有时间范畴，分过去时、现在—将来。

（一）过去时

蒙古国蒙古语中心方言过去时词缀形式是-dʒeː/-tʃeː、-laː、-leː、-lɔː、-ləː/-w，中国蒙古语基础方言过去时词缀形式是-dʒai, -dʒəi/-tʃai, -tʃəi、-laː、-ləː、-lɔː、-ləː/-b。例如：

蒙古国蒙古语中心方言	中国蒙古语基础方言	汉义
baɡʃ irdʒeː	baɡʃ irdʒəi	老师来了
tsetsegte: ʋːldædʒeː	tʃətʃəgtəi ʋːldʒadʒai	与其其格见了面
ɡadʋːr dʋʋɡaːldʒeː	ɡadʋːr dʒʋʋɡaːldʒai	在外边游玩了
xelxeː marttʃidʒeː	xəlxəːn marttʃidʒai	忘说了
sʋrɡʋːlaː təɡəstʃeː	sʋrɡʋːlaːn təɡəstʃəi	已经毕业
ert bɔstʃeː	ərt bɔstʃai	早起床了
nɔm awaw	nɔm abab	买了书
tanaixaːr ɔtʃiw	tanaixaːr ɔtʃib	去你们家了
ɔŋɡɔtsɔnd sʋːw	nisɡəld sʋːb	坐了飞机
xumuːs dʋrɡui bɔltʃidʒeː	xumuːs dʋrɡui bɔltʃidʒai	人家不愿意了

蒙古国蒙古语中心方言过去时词缀-dʒeː/-tʃeː接于动词词根时，有时表示说话者不是亲眼看见或不是亲身知道的信息，而是表示听说的、传言中获取的非第一手信息意义。[①] 例如：

xurɡeniːxe: xeden xɔniːɡ tanilɡui əŋɡərtʃeː

没认出女婿的几个羊就过去了。

蒙古国蒙古语中心方言中过去时词缀-dʒeː/-tʃeː也用来表示推断性信息。例如：

bɔrɔː ɔrtʃeː

下雨了。（是看到地湿所得到的推断性信息。）

---

① 策·乌尼日巴音：《现代蒙古语词法》，乌兰巴托，1998 年，第 205 页，基里尔蒙古文版，国际音标为作者转写。

蒙古国蒙古语中心方言和中国蒙古语基础方言中，-laː、-leː(-ləː)、-lɔː、-løː等词缀表示行为的刚刚开始或刚刚结束、快要结束等意义。

蒙古国蒙古语中心方言中过去时词缀-laː、-leː、-lɔː、-løː等接于其动词词根时，表示说话者亲眼看见或亲身知道的信息。例如：

namaig baɢ baixad maniː nʊtagt negen tsetsen tselmeg øwgøn bailaː

在我小时候我们家乡曾经有一位聪明爽朗的老人。

xøːi！jaːnaʔ naːdɑx məd tʃin, tɔlɢɔi deːreːs ʊnalaː

嗨！怎么办？这边的树要倒在我头上了。

（二）现在—将来时

蒙古国蒙古语中心方言现在—将来时的词缀有-na、-ne、-nɔ、-nø，中国蒙古语基础方言的是-n。这些形式用于持续性的动词时，一般表示现在时。此词缀有时也有强调语气的意义。例如：

蒙古国蒙古语中心方言	中国蒙古语基础方言	汉义
erdem nɔm sʊrna	ərdəm nɔm sʊran	掌握学识
ter xelne	tər xələn	他说
ʊdaxɡui ɔtʃinɔ	ʊdaxɡui ɔtʃin	不一会儿就去
eːmeg dʑuːne	əːməg dʑuːn	戴耳环

五、动词人称范畴比较

蒙古语动词祈使式包含了人的主观意愿和意志，因此它必然同第一人称、第二人称、第三人称或者客观环境相联系。祈使式的词缀是说话人主观态度的一种鲜明标志。人称同主观态度密切相关，因而把祈使式同其他动词区别开来。

蒙古语动词祈使式可分为意愿形、命令形、希望形、祝愿形、请求形、放任形、顾虑形等。

（一）意愿形

蒙古国蒙古语中心方言意愿形词缀形式是-ja、-je、-jɔ、-sʊɢai/-sʉɢei，中国蒙古语基础方言的意愿形词缀形式是 -j/-ja、-jə、-jɔ、-jø、-sʊɢai/-sʉɢəi等。这些形式表示第一人称的意愿。其中-sʊɢai/-sʉɢəi形式在两者中较少用，只在一些书面文章中偶尔出现。例如：

蒙古国蒙古语中心方言	中国蒙古语基础方言	汉义
xʊrdan jawija	xʊrdan jabij	（咱们）快走吧
xʊdaldadʒ awja	xʊdaldadʒ abja	（咱们）买吧
bi: xi:je	bi: xi:je	我做吧
awa:d ɔtʃjə	aba:d ɔtʃjə	（咱们）带去吧
bi: dʒasa:d əgjə	bi: dʒasa:d egijə	我给修吧
tsag aɢa:ri:n ʊr,dtʃilan sergi:lex mede:g xʉle:dʒ awa:d al, bɔlɔx tʉrgen damdʒʊ:ldʒ baix dʒʊram tɔɢta:dʒ mərdəxi:g da:lɢasʊɢai		规定并执行接到天气预报预防信息后，必须尽快传达

　　蒙古国蒙古语中心方言和中国蒙古语基础方言以及书面语第一人称意愿形的词缀的使用情况基本一致。

（二）命令形

　　蒙古语动词词干形式表示直接命令。蒙古国蒙古语中心方言和中国蒙古语基础方言还有-gtʊn、-gtʉn/-gtɔn、-gtɵn 等词缀，但使用频率较低，只在电视节目或电影里偶尔使用，它们表示第二人称。例如：

蒙古国蒙古语中心方言	中国蒙古语基础方言	汉义
tsai ʊ:gtʊn	tʃai ʊ:gtʊn	请喝茶
sain dʒɔ:glɔgtʊn	sain dʒɔ:glɔgtʊn	请您好好用餐

（三）希望形

　　蒙古语动词希望形表示对对方的希望和要求。蒙古国蒙古语中心方言和中国蒙古语基础方言中第二人称的希望形词缀有-aːrai、-eːrei（-əːrei）、-ɔːrɔi、-ɵːrei（-ɵːrəi），第三人称的希望形词缀有-aːsai、-eːsei（-əːsəi）、-ɔːsɔi、-ɵːsei（-ɵːsəi）等。例如：

蒙古国蒙古语中心方言	中国蒙古语基础方言	汉义
xitse:le: sain ʊŋʃa:rai	xitʃə:lə:n sain ʊŋʃa:rai	好好学习（读课文）
xɔ:lɔ: xi:ge:rei	xɔ:lɔ:n xi:gə:rəi	请做饭吧
gere: sain tsewerle:rei	gərə:n sain tʃəbərlə:rəi	好好打扫一下屋里卫生
xi:ged əgə:rei	xi:gəd əgə:rəi	请帮忙做吧
xʊrdaŋ ɔtʃɔ:rɔi	xʊrdan ɔtʃɔ:rɔi	快点去吧
xʉ: min, xʊrdaxan xaridʒ ire:sei	xʉ: min xʊrdaxan xɛridʒ irə:səi	希望我儿子快点回来
xʉ: min, ʊxa:n ɔrɔ:sɔi	xʉ: min ʊxa:n ɔrɔ:sɔi	希望儿子长智慧

（四）祝愿形

祝愿形表示对第三人称的祝愿。蒙古国蒙古语中心方言和中国蒙古语基础方言动词祝愿形词缀是-tʊɢai、-tʊɡei/-tʊɢai、-tʊɡəi。两者词缀形式基本一致，只在一些书面文章中偶尔出现。例如：

蒙古国蒙古语中心方言	汉义
uils, bʊjan, xiʃiɡ n, delgertʃ jawax bʊltʊɢai	祝事业兴隆，幸福美满
sain uils delgerex bʊltʊɢai	祝事业兴隆
中国蒙古语基础方言	汉义
urdʒix təl min tala:n bʊrxəxtʊɡəi	（希望）羊群洒满草原
ʊrt nastai bʊltʊɢai	愿您长寿

（五）请求形

请求形表示对第二人称的要求或请求。蒙古国蒙古语中心方言和中国蒙古语基础方言动词请求形词缀基本一致，有-a:tʃ、-e:tʃ（-ə:tʃ）、-ɔ:tʃ、-ɵ:tʃ。例如：

蒙古国蒙古语中心方言	中国蒙古语基础方言	汉义
tʃi xʊrdan jawa:tʃ	tʃi xʊrdan jaba:tʃ	请你快走吧
saixaŋ dʊ:la:tʃ	saixan dʊ:la:tʃ	（您）好好唱吧
mɔrin xʊ:ra: tata:tʃ	mœrin xʊ:ra:n tata:tʃ	（您）拉马头琴吧
nadad eɡe:tʃ	nadad ɵɡe:tʃ	请给我
tʃi: bitʃe:tʃ	tʃi: bitʃe:tʃ	请你写

（六）放任形

第三人称放任形表示对第三者行为的允许或放任。蒙古国蒙古语中心方言和中国蒙古语基础方言中的形式完全一致，都是-ɡ。例如：

蒙古国蒙古语中心方言	中国蒙古语基础方言	汉义
ter xelbel xeleɡ	tər xəlbəl xələɡ	他说就说吧
jawbal jawaɡ	jabbal jabaɡ	（他）走就走吧
ɵɡwel ɵɡeɡ	ɵɡbəl ɵɡeɡ	（他）给就给吧
ʊ:ldʒwal ʊ:ldʒaɡ	ʊ:ldʒbal ʊ:ldʒaɡ	（他）见就见吧
xarwal xaraɡ	xarbal xaraɡ	（他）看就看吧
awbal awaɡ	abbal abaɡ	（他）拿就拿吧

（七）顾虑形

蒙古国蒙古语中心方言和中国蒙古语基础方言第三人称顾虑形词缀基本相同，是-ʋːdʑai、-ʉːdʑei/-ʋːdʑai、-ʉːdʑəi。顾虑形词缀也用于第二人称。例如：

蒙古国蒙古语中心方言：

tedniːd ɔtʃʋːdʑai	担心（他）去他们家
i:ʃe irʉːdʑei	怕（他）往这里来
ba:tart egʉːdʑei	怕（他）给巴特尔

中国蒙古语基础方言：

| nɔxɔi xadʑʋːdʑai | 怕狗咬了 |
| tər ʉdʑʉːdʑəi | 怕他看了 |

上述一些构形词缀的使用范围呈现逐渐缩小的趋势。

六、形动词比较

形动词既表示行为和动作，又表示事物的性质特征，因而既有动词的性质又有形容词的性质，也有时间范畴。

（一）现在—将来时形动词

现在—将来时形动词充当谓语时，可以表示现在—将来时，一般不能结束句子。蒙古国蒙古语中心方言和中国蒙古语基础方言的形动词现在—将来时词缀形式完全一致，都是-x。例如：

蒙古国蒙古语中心方言	中国蒙古语基础方言	汉义
bi: ɔtʃix xeregtei	bi: ɔtʃix xərəgtəi	我有必要去
ʉːni:g sʋrax jɔstɔi	ʉːni:g sʋrax jɔstɔi	这个必须学
dʑa:wal ɔtʃix ʃa:rdlaɢgʉi	dʑa:bal ɔtʃix ʃa:rdlaɢgʉi	没有必要必须去
iŋedʑ xi:dʑ bɔlɔxgʉi	iŋgədʑ xi:dʑ bɔlɔxgʉi	不能这么做
ta: irxʉ:?	ta: irxʉ:?	您来吗？
dʑaw ɢarxʋ:?	dʑab ɢarxʋ:?	有空吗？

（二）过去时形动词

过去时形动词充当谓语时表示过去时，一般单独或后接助词、助动词结束句子。蒙古国蒙古语中心方言和中国蒙古语基础方言的过去时形动词词缀形式基本一致，即-san、-sen（-sən）、-sɔn、-sən。例如：

蒙古国蒙古语中心方言	中国蒙古语基础方言	汉义
ter jawsanʊ:?	tər jabsanʊ:?	他去了吗？
neg aŋgid sʊraltssaŋ	nəg aŋgid sʊraltʃsan	在一个班里学习
ɔrɔs xel sʊrsaŋ	ɔrɔs xəl sʊrsan	学了俄语
sʊrag dʊ:lsaŋ	sʊrag dʊ:lsan	听到消息
aili:n xu:xedtei tɔɡɔlsɔŋ	aili:n xu:xədtəi tɔɡɔlsɔn	跟邻居的孩子玩耍了
tɵ:rsɵn ɢalʊ: ʃig	tɵ:rsɵn ɢalʊ: ʃig	别鹤孤鸾

-san、-sen（-sən）在蒙古语中还可以表示肯定语气。如，ɔtʃix jʊm san（应该去啊），ɔtʃidɔg san（经常去）。

（三）持续时形动词

形动词持续时表示持续进行的动作，多用在过去时。蒙古国蒙古语中心方言和中国蒙古语基础方言的持续时形动词词缀形式基本一致，即-ɑ:、-e:（-ə:）、-ɔ:、-ɵ:，在蒙古国蒙古语中心方言中常用作句子结束形式。例如：

蒙古国蒙古语中心方言	中国蒙古语基础方言	汉义
en nɔm nadad baiɢɑ:		我有这本书
ter xeʤe: ire: we:?	tər xəʤa: irə: bi:?	他什么时候来了？
ʊŋʃa:ɢuil baina	ʊŋʃa:ɢuil bain	还没读呢
tʃi: tɯ:nd xele: ju:?		你跟他说了吗？
ʤimse: tɯ:ge:ɢui	ʤimsə:n tɯ:gə:ɢui	没摘水果
dewtere: ɔlɔ:ɢui	dəbtrə:n ɔlɔ:ɢui	还没找到书本

（四）经常时形动词

经常时形动词充当谓语时表示动作的经常性或习惯性，多用在现在时，充当定语或其他句子成分时也有经常时的意义。蒙古国蒙古语中心方言和中国蒙古语基础方言的经常时形动词词缀形式基本一致，即-dag、-deg（-dəg）、-dɔg、-dɵg。例如：

蒙古国蒙古语中心方言	中国蒙古语基础方言	汉义
ʊ:dag ʊs	ʊ:dag ʊs	喝的水
sɯ:melʤen xaragdadag ʊ:l	sɯ:məlʤən xaragdadag ʊ:l	影影绰绰的山脉
bi: ɔjɔdli:n ɯildwerd aʤilladag	bi: ɔjɔdli:n ɯildbərd aʤilladag	我在服装厂工作
tsag tsaɢa:ra: baidagɢui tsaxildag xɵxɵ:rɵ: baidagɢui	tʃag tʃaɢa:ra:n baidagɢui tʃaxildag xɵxɵ:rɵ:n baidagɢui	此一时，彼一时
ɔtʃdɔg ɢadzar	ɔtʃdɔg ɢadzar	经常去的地方

经常时形动词词缀融入到词根中，构成形容词后，不表示时间，成为构词词缀。如，ʃildeg/ ʃildəg（优秀）、sɔŋɡɔdɔg/ sɔŋɡɔdɔg（经典）。

（五）可行式形动词

可行式形动词表示动作的可能性。蒙古国蒙古语中心方言和中国蒙古语基础方言的可行式形动词词缀形式基本一致，即-m、-maːr、-meːr（-məːr）、-mɔːr、-meːr。例如：

蒙古国蒙古语中心方言	中国蒙古语基础方言	汉义
nʉd aldam saixaŋ nʊtag	nʉd aldam saixan nʊtag	美丽宽广的故乡
amralta: awtʃixaːd saixan amarmaːr bain	amralta:n abtʃixaːd saixan amarmaːr bain	请个假想好好休息
xeːrxeilmeːr am,tan	xeːrxəilmeːr ɛm,tan	可怜的东西
ɔtʃmɔːr ɢadzar	ɔtʃmɔːr gadzar	应该去的地方

七、副动词比较

副动词是蒙古语中变化较多、不太稳定的语法范畴，是蒙古语连接动词与动词的基本形式。由于副动词是连接形式，所以，它不能充当主句的谓语，是典型的非结束形式。

对于副动词的分类及词缀、名称等问题学者们的意见还很不一致。副动词的特点主要在于它的连接性。副动词可按其连接特点分为单纯连接副动词和制约连接副动词两类。

（一）单纯连接副动词

蒙古国蒙古语中心方言和中国蒙古语基础方言的单纯连接形副动词分为：并列副动词、先行副动词、联合副动词、连续副动词。

1. 并列副动词

蒙古国蒙古语中心方言和中国蒙古语基础方言的并列副动词词缀形式完全一致，即-dʒ/-tʃ。例如：

蒙古国蒙古语中心方言	中国蒙古语基础方言	汉义
xeldʒ ɵgɵx	xəldʒ ɵgɵx	告诉
ʉrdʒidʒ essen ɔrɔŋ	ʉrdʒidʒ essen ɔrɔn	生长的地方
adʒila: dʊːsɢadʒ……	adʒila:n dʊːsgadʒ……	完成工作
ɢartʃ ɔrɔx	gartʃ ɔrɔx	进出
xʉrtʃ ɔtʃinɔ	xʉrtʃ ɔtʃin	到达
aŋɢaidʒ ide:d taŋɢaidʒ xewtex	aŋgaidʒ idə:d taŋgaidʒ xəbtex	饱食终日，无所用心

2. 先行副动词

蒙古国蒙古语中心方言和中国蒙古语基础方言的先行副动词词缀形式基本一致，即-a:d、-e:d（-ə:d）、-ɔ:d、-ɵ:d 等。例如：

蒙古国蒙古语中心方言	中国蒙古语基础方言	汉义
ɢara:d jawaw	gara:d jabab	出去了
jawa:d ɔtʃ	jaba:d ɔtʃ	走过去
tailbarla:d ɵg	tailbarla:d ɵg	请讲一下吧
ʉdʒe:d ɵg	ʉdʒə:d ɵg	给我看
xɔ:l ide:d jaw	xɔ:l idə:d jab	吃完饭再走
ɔtʃɔ:d ir	ɔtʃɔ:d ir	去一趟再来
bʊrxand mɵrgə:d……	bʊrxand mɵrgə:d……	拜佛……

先行副动词词缀融入到 bɔlɔ:d（和，以及）、xi:ged /xi:gəd（和，以及）、bʉged /bʉgəd（和，以及）等词中后这些词成了并列连接词。

3. 联合副动词

蒙古国蒙古语中心方言和中国蒙古语基础方言的联合副动词词缀形式基本一致，即-n。例如：

蒙古国蒙古语中心方言	中国蒙古语基础方言
ergen ergen xarna 频频回头看	ərgən ərgən xaran 频频回头看
xaran ine:mseglene 看着微笑	xaran xaran gaixan 看了又看觉得奇怪
alsi:g ʃirtən sʊ:na 瞭望着远处	alsi:g ʃirtən sʊ:n 瞭望着远处
dʊ: ajlan alxana 哼着歌走	dʊ: ajlan alxan 哼着歌走
xɔjʊ:l jariltʃan sʊ:na 两人聊天	xɔjʊ:l jariltʃan sʊ:n 两人聊天
ɵbgɵnei jarisan ʊlgeri:g sɔnsɔ:d setgel xɵdlən nʊlmas ʊnga:dʒe 听了老人讲的故事，不禁潸然泪下	bɔdɔn bɔdɔn ʊ:r xʉran 想着想着就生气

这个词缀融入到 ɔrtʃin（周围）、daxin（重复，重新）、axin daxin（反复）、bain bain（偶尔）、bɔlɔn（和、成为）、ɔrɔn garan（进进出出）、mettʃilen/məttʃilən（像这样）等词语后成为构词词缀。

中国蒙古语基础方言的联合副动词语与现在—将来时形动词连接后可构成复合动词性名词。如：baitʃɑ:n sʊdlɔx（调查研究）、dʒɑ:n sʊrgax（教学）。

4. 连续副动词

连续副动词表示延续的意义。它既有单纯连接的特点，又有制约连接的特点。蒙古国蒙古语中心方言和中国蒙古语基础方言的连续副动词词缀形式基本一致，即-sɑ:r、-se:r（-sə:r）、-sɔ:r、-se:r。例如：

蒙古国蒙古语中心方言	中国蒙古语基础方言
mʊ: bɔr gerte: sʊ:sɑ:r baidʒ ɢada: jʊ: bɔldʒ baiɢa:g tʃʃɔgt andʒa:rsaŋɡui 待在破旧的毡包，一直没有出去走走， 没留意外面的世界变了什么样	sʊ:sɑ:r sʊ:sɑ:r jadartʃila: 坐着坐着（长时间坐着）累了
ter ɔdɔ: bɔltɔl xʊle:se:r baina 他一直在等	tər ɔdɔ: bɔltɔl xʊlə:sə:r bain 他一直在等
xʊ:gi:ŋxe: irxi:g xʊle:se:r baila: 仍然在等儿子的到来	xʊ:gi:ŋxə:n irxi:g xʊlə:sə:r baila: 仍然在等儿子的到来
u:ni: ʊtʃir jɔsi:g bɔdɔsɔ:r bɔdɔsɔ:r saj bɔdɔdʒ ɔldʒe: 想来想去才知道了它的原理	u:nəi ʊtʃir jɔsi:g bɔdɔsɔ:r bɔdɔsɔ:r saj bɔdɔdʒ ɔldʒɔi 想来想去才知道了它的原理

（二）制约连接副动词

制约连接副动词可以表示其后边的主要动词的种种条件。制约连接副动词不能连接普通动词与助动词。蒙古国蒙古语中心方言和中国蒙古语基础方言的制约连接副动词有：假定副动词、让步副动词、跟随副动词、立刻副动词、界限副动词、趁机副动词等。另外，在中国蒙古语基础方言中还有前提副动词。

1. 假定副动词

假定副动词表示前一个动作是假设的动作或者是后一个动作的前提条件。蒙古国蒙古语中心方言假定副动词词缀形式有-bal、-bel、-bɔl、-bəl/-wal、-wel、-wɔl、-wəl 等两组形式，而中国蒙古语基础方言中只有-bal、-bəl、-bɔl、-bəl 形式。例如：

蒙古国蒙古语中心方言	中国蒙古语基础方言	汉义
ja:rwal sa:rna	ja:rbal sa:ran	忙中出错
medwel medeg	mədbəl mədəg	知道就知道吧
dax,a:d dərwen ɔn bɔlbəl……	dexa:d dərben ɔn bɔlbəl……	再过四年后……
əgwel awna	əgbəl aban	给就要

假定副动词词缀-bal、-bel、-bɔl、-bəl/-wal、-wel、-wɔl、-wəl 融入到 eswel/əsbəl（或者）、bɔlbəl（或者）、tegewel/təgəbəl（如果）、dʒiʃe:lbel/dʒiʃə:lbəl（例如）等词后成为固定形式。

2. 让步副动词

让步副动词表示让步和即使的意义。蒙古国蒙古语中心方言和中国蒙古语基础方言的让步副动词词缀形式基本一致，即-wtʃ/-btʃ、-batʃ、-bətʃ……例如：

中国蒙古语基础方言	汉义
tʃi: irbətʃ bɔlnɔ	你来也行
sana: n baibatʃ ʊna: n xttrəxgui	心有余而力不足
xən xəlbətʃ bɔlɔn	谁说也不行
蒙古国蒙古语中心方言	
xeden xɔnɔg ɔrɔldɔwtʃ neg l bʉtex jandʒgui baila:	弄了几天，但没有一点成功的迹象
tu:ntei ʊ:ldʒawtʃ……	虽然跟他见面……

3. 跟随副动词

跟随副动词表示在前一个动作发生的时间和条件下发生后一个动作。蒙古国蒙古语中心方言和中国蒙古语基础方言的跟随副动词词缀形式基本一致，即 -xla:r、-xle:r……/-xla:r、-xlə:r……，此词缀还有 -xa:r、-xe:r……/-xa:r、-xə:r……等变体。例如：

蒙古国蒙古语中心方言	中国蒙古语基础方言
ɵnɵ:dər bi: gert tʃin, ɔtʃɔxlɔ:r ta: baisaŋ gui	ɵnɵ:dər bi: gərt tʃin, ɔtʃɔxlɔ:r ta: baisaŋ gui
昨天我去您家时您不在家	昨天我去您家时您不在家
tani:g xʉrə:d irxe:r bi: ʊgta:d awna	tani:g xʉrə:d irxə:r bi: ʊgta:d aban
您来时我去接	您来时我去接
nar na:ʃildʒ ʊr, ɔrɔxlɔ:r xun baitʊgai baiɡal, delxi: sergex jom	irxlə:rə:n aba:d ir
春暖和煦的季节不只是人类，大自然都会也会苏醒	（你）来时带过来

此词缀在 bɔlxɔ:r（因此，所以）等连词中成为固定形式。

4. 立刻副动词

立刻式副动词表示在前一个动作发生后很快发生后一个动作。蒙古国蒙古语中心方言和中国蒙古语基础方言的立刻式副动词词缀形式基本一致，即-magts、-megts……/-magtʃ、-məgtʃ……。例如：

蒙古国蒙古语中心方言	中国蒙古语基础方言
tʃi: garmagts tər irew 你一出去他就来了	tʃi: garmagtʃ tər irəb 你一出去他就来了
xarmagts taniw 一眼就认出了	bi: tɯːniːg ɯdʒmagtʃ tənisan 我一看就认出了他
tər ɔrdʒ irmegts ʃuːreːd awtʃeː 他一进来就攫取了	irməgtʃ xələb 一来就说了
xɔːləː idmegts mərdəjɔː 吃完饭就出发吧	xɔːləːn idmagtʃ mərdəjɔː 吃完饭就出发吧

立刻式副动词形式在现代蒙古口语中很少用，多用于书面语中。

5. 界限副动词

界限副动词表示动作达到的限度或后一动作继续到前一动作的实现。蒙古国蒙古语中心方言和中国蒙古语基础方言的界限副动词词缀形式基本一致，即 -tal、-tel……/-tal 、-təl……等。例如：

蒙古国蒙古语中心方言	中国蒙古语基础方言
tsɔŋxiːg g,alaldʒtal n, artʃiw 把窗户擦得亮晶晶	tʃɔŋxiːg gelaldʒtal n artʃib 把窗户擦得亮晶晶
xɔjɔr xələː tʃiltel dʒɔgsləː 站得两腿都麻了	xɔjɔr xələːn tʃiltəl dʒɔgsləː 站得两腿都麻了
nar gartal suːsan 一直坐到天亮	nar gartal xɯlaːsən 一直等到天亮
taniːg ɯd bɔltəl xɯleːje ! 把你等到中午！	tər ɯd bɔltəl ɔntab 他睡到中午
tuːniːg sɔrgʊːl təgstəl xɯleːle 一直等到他毕业	tuːniːg sɔrgʊːl təgstəl xɯləːlə 一直等到他毕业

词缀 -tal、-tel……/-tal 、-təl……在融入到 getel/gətəl、bɔltəl、xɯrtel / xɯrtəl、baital、tegetel/təgətəl 等助动词中，已成为固定形式。

6. 趁机副动词

趁机副动词表示顺便做某动作，意义与跟随副动词相近。蒙古国蒙古语中心方言和中国蒙古语基础方言的趁机副动词词缀形式基本一致，即 -ŋgʊːt、-ŋgɯːt/-ŋgaː、-ŋgeː……/-ŋgaːn、-ŋgəːn……等。例如：

蒙古国蒙古语中心方言	中国蒙古语基础方言
jabaŋgaː dairaːd garja 临走的时候路过一下	jabaŋgaːn abaːd jab 回去时拿走吧
ɔrdʒ ireŋgɯːt bʊtsax geːd jaːrna 一进来就急着回去	ɔrdʒ ireŋgɯːt gəːd jaːran 一进来就急着回去

蒙古国蒙古语中心方言	中国蒙古语基础方言
ireŋge: awa:d ir 来的时候拿来吧	irəŋgu:t/irəŋgə:n ʊntala: 一来就睡觉了
dɔx,ɔ: ɵgɵŋgu:t ɢara:d guile: 一给信号就起跑了	dœxiɔ: ɵgɵŋgu:t ɢara:d guilə: 一给信号就起跑了

7. 前提副动词

在中国蒙古语基础方言中有前提副动词。前提副动词表示前一个动作是后一个动作的前提，有了前一个动作才能有后一个动作。中国蒙古语基础方言中有前提副动词词缀 -ma:n、-mə:n、-mɔ:n、-mø:n/-mandʒin、-məndʒin、-mɔndʒin、-møndʒin 等。前提副动词词缀的使用范围较小。例如：

中国蒙古语基础方言：	汉义
uʤmə:n mədən	看了才知道
xəlməndʒin ɔilgɔn	说了后才明白

八、语气词比较

蒙古语语气词本身没有词汇意义，多用来表示整个句子的语气或为某一句子成分及分句增添情态意义。

语气词按其意义和用法可分为：肯定语气词、疑问语气词、否定语气词、推测语气词、禁止语气词、强调语气词、反复语气词、呼唤语气词等。

（一）肯定语气词

蒙古国蒙古语中心方言和中国蒙古语基础方言中均有 ʃu:、da:、de:（də:）、jɵm、mɵn、bile:（bilə:）等肯定语气词。在中国蒙古语基础方言中有 ʃu:də:～ʃidə 等肯定语气词。例如：

蒙古国蒙古语中心方言	中国蒙古语基础方言
tani: sʊmi:n bat tʃ sain xʉn ʃu: 你们苏木的巴图确实是个好人	ɔdɔ: jaban ʃu: 现在要走啦
en ma:n, mini: amdʒilti:n nʊ:ts jɵm ʊ: da: 这也许是我成功的秘诀吧	xədʉin iŋgədʒ xi:sən bɔl dʒʉitəi ʃu:də: 早这样做就对了
ter mɔr,i:g darma: sain medne de: 达尔玛很了解那匹马啊	xa: baisan tʃələ: jɵm da: 哪里有空闲时间呀
bi: ɔdɔ: xʉrtel mede:gui jɵm baina 我一直不知道	xəgərggui jɵmand ʊ:rlan ʃidə: 为不值得的事情生气呢
aw,jalbar mɵn ʉ:? 是音位吗？	ən lab mɵn baixa: 这肯定是吧
bi: tʃamd ʉ:ni:g sanʊ:lsan bile: 这个，我提醒过你	gaŋgama sana: dʒɔbdʒ bilə: 刚嘎玛担心啦

（二）疑问语气词

蒙古国蒙古语中心方言和中国蒙古语基础方言中均有 ʊ:（ʉ:）、be（we）/ bə、bi: 等疑问语气词。另外，中国蒙古语基础方言中还有较常用的疑问语气词 ba:。例如：

蒙古国蒙古语中心方言	中国蒙古语基础方言
bi: tʃamd ʉ:ni:g sanʊ:lsan ʊ:? 这个，我提醒过你吗？	arslaŋ gʊai sain ʊ:? 阿尔斯楞先生您好吗？
beje: da:san aw,jalbar mən ʉ:,biʃ ʉ:? 是否独立音位？	ba:tar ədə: jabtʃixsan gədʒʉ:? 巴特尔现在走了吗？
xetʃine:n sain be! 多好啊！	tər tʃin xənəi nəm bi:? 那是谁的书呀？
aw,jadʑʉin xʊw,d jamar jalgə:tai we? 语音学方面有何区别？	tanai nər tʃin bat gədʒ ba:? 您的名字是巴图吧？

（三）否定语气词

蒙古国蒙古语中心方言和中国蒙古语基础方言中均有 ʉgʉi（gʉi）、biʃ、ʉl、es（əs）等否定语气词，而 ʉl、es（əs）用得不多。例如：

蒙古国蒙古语中心方言	中国蒙古语基础方言
ter ʉjd l bi: bʊrʊ:gʉi gedge: ʉdʑʉ:lex jʊstəi jʊm ʃʊ: 那时我该让他们知道我是没有错的	bid tʃiŋgədʒ xəlsən biʃ 我们没有那样说
tʉ:ni: xelsni:g bi: es əilgəw 我没听懂他说的话	bi: tʉ:nəi jabsni:g mədsəngʉi 我不知道他走
bi: es medew 我不知道	bi: əs mədəb 我不知道

（四）推测语气词

蒙古国蒙古语中心方言和中国蒙古语基础方言中均有推测语气词 bidɮ（bidʒ）。中国蒙古语基础方言还有推测语气词 ba:。例如：

蒙古国蒙古语中心方言	中国蒙古语基础方言
a:w e:dʒ de:re: ətʃə:d baix bidɮ 可能去父母那儿了吧	bi: tʃamd xəlsən bidʒ 我跟你说了吧
jamar tʃ gesen tʉ:n ʃig mergedʒsen xʉn xəwər bidɮ e: 不管怎么说，像他那样熟练的人可能少啊	tər barag irdʒ ba: 他可能来了吧

（五）禁止语气词

蒙古国蒙古语中心方言和中国蒙古语基础方言中均有禁止语气词 bʉ:、bitgi:。例如：

蒙古国蒙古语中心方言	中国蒙古语基础方言
sana:nda: xɔrt setgeli:g bʉ: ʉ:sge 不要怀恶意	tʉ:nd bʉ: xəl 不要跟他说
tʉ:ni: ʉgi:g bʉ: sɔnɔs 不要听他的话	tʉ:nəi ʉgi:g bʉ: sɔnɔs 不要听他的话
ta: nar bitgi: ʉimelde:d bai 你们不要吵	ta: nar bitgi: ʉiməldə:d bai 你们不要吵

（六）强调语气词

蒙古国蒙古语中心方言和中国蒙古语基础方言中均有强调语气词 ʧ、l。另外，在中国蒙古语基础方言中还有强调语气词 xʉ:。例如：

蒙古国蒙古语中心方言	中国蒙古语基础方言
en ʧin, ɵ:x ʧ biʃ,bɔlʧirxai ʧ biʃ jɔm bɔldʒe: 非驴非马	ju: ʧ medexgʉi 什么都不知道
ʧi: xel l de: 你说说嘛！	bi: l ɔʧɔxgʉi 我才不去呢！
	ganʧ xʉ: 唯独，只有

（七）反复语气词

蒙古国蒙古语中心方言和中国蒙古语基础方言中均有反复语气词 bas、mɵn。例如：

蒙古国蒙古语中心方言	中国蒙古语基础方言
ɵnɵ:dər bas bɔrɔ: ɔrɔw 今天又下雨了	ɵnɵ:dər bas bɔrɔ:n ɔrɔb 今天又下雨了
mɵn l tər xewe:re: 还是照旧	bas l tər xəbə:rə:n 还是照旧
ter mɵn təb aimgi:n 他也是中央省的	bi: mɵn iŋgədʒ ʉdʒədʒ bain 我也是这样认为

（八）呼唤语气词

蒙古国蒙古语中心方言和中国蒙古语基础方言都有呼唤语气词 a:、e:（ə:）。例如：

蒙古国蒙古语中心方言	中国蒙古语基础方言
ba:tar a: na:ʃa: ir！ 巴特尔，往这边来！	ba:tar a: na:ʃa:n ir！ 巴特尔，往这边来！
dʒamda: sain xeʧe:dʒ jaw a:！ 一路小心！	dʒamda:n sain xəʧe:dʒ jab a:！ 一路小心！

第三节　词汇比较

一、特殊词

所谓特殊词，指的是只在蒙古国现代蒙古语中使用，中国现代蒙古语中一般不使用的词，包括新词术语。蒙古国现代蒙古语中有许多特殊词。

我们所搜集到的特殊词的来源和构成方式中，部分词与蒙古语的构词法有关；部分特殊词的形成是中蒙两国蒙古语不同的语用习惯的结果。

蒙古国蒙古语特殊词是由蒙古语两个固有词的组合（即复合法）而形成的，而在中国蒙古语中以汉蒙翻译词或者汉语借词表示。例如："小商品"一词在蒙古国蒙古语中是由"axap"（短）+"бараа"（货、商品）二词的复合而成的，而在中国蒙古语中，由"小商品"的直译词"dʒidʒig（小）+ tawaːr（商品）"构成。下面介绍一下这次调查中搜集到的一些特殊词。

蒙古国蒙古语 （基里尔蒙古文）	蒙古国蒙古语 （国际音标）	中国蒙古语 （国际音标）	汉义
ахар бараа	axar baraː	dʒidʒig tawaːr	小商品
ажиллавар	adʒillawar	tʊxailsan adʒil	业务
ам бариз дуулах	am baridʒ dʊːlax	dʊːraːdʒ dʊːlax	假唱
ахуйн үйлчилгэ	axʊin ʉilt∫ilge	ɛmdraliːn ʉilt∫illəg	生活服务
ашидийн төлөвлөг	a∫idiːn tөləwləg	xətiːn tөləbləg	长远规划
арийн алав	ariːn alaw	ar taliːn adʒil	后勤
алтан нутаг	altan nʊtag	nʊtag nəgtən	同乡
ашигт малтамал	a∫igt maltmal	ʊːrxai	矿产
амижирганы төвшин	amidʒirganiː tөw∫in	ɛmdraliːn tөw∫in	生活水平
амлан авах	amlan awax	өrxəd daːt∫ʊːlax	包干
амаржих эмнэлэг	amardʒix emneleg	xөŋgөdʒuːləx əmnələg	妇产医院
аз туршилт	adʒ tʊr∫ilt	ajʊːl tʊg∫uːr	风险
бага яастан	baɢ jastan	t∫ɛːn tɔːt ʉndəstən	少数民族
бага овор	baɢ ɔwɔr	dʒidʒig xəlbər	小型
баруны нуглаа	barʊ ːniː nʊglaː	barʊ ːnai ʉdʒəl	右倾
байнга чидэн	bainga t∫idəŋ	tsaxilgaːn dəŋ	电灯
барлаг	barlag	xʉt∫nɛːiʲ adʒiɭt∫in	苦力

蒙古国蒙古语 （基里尔蒙古文）	蒙古国蒙古语 （国际音标）	中国蒙古语 （国际音标）	汉义
бичилэг	bitʃileg	sɯ:tərləx	摄像
бохир орлого	bɔxir ɔrlɔg	xɔndʒbɔr	毛收入
бодворлох	bɔdwɔrlɔx	dʒɯitʃləx	推理
газарийн тос	gadzari:n tɔs	tʃʊlʊ:n tɔs	石油
ганруулах	ganrʊ :lax	mintʃrɯ:ləx	麻醉性
гар дарха	gar darxa	gar ɯildxɯ:n	手工
гарца	gartsa	garalt	物产
гүүр	gu:r	xɵ:rəg	桥
гэрлэлт цуцлах	gerlelt tsʊtslax	ʊrʊg salax	离婚
дагалдан багш	dagaldan bagʃ	tʊslagtʃ bagʃ	助教
дайлан	dailaŋ	dɯgnəlt	总结
далим худалдах	dalim xʊdaldax	tərəldʒsən xʊdalda:	专卖
дамчин	damtʃin	dʒʊ:tʃlagtʃ	经纪人
дийлэннэх	di:leŋnex	alban tɔ:tʃɔ:	报销
дуу бичилэг	dʊ: bitʃileg	dʊ: ʃiŋgə:lt	录音
дундийн өмчи	dʊndi:n ɵmtʃ	xamti:n xɵrɵŋgə	共有资产
дүрс бичилэг	dɯrs bitʃileg	dɯrs ʃiŋgə:lt	录像
дээж авах	de:dʒ awax	ɯlgər ʃɔŋgɔx	抽样
еронхий эрдэм	jərɵŋxi: erdem	jɵri:n mədləg	常识
журамлал авиа	dʒʊramlal awja:	bɛramdʒa: abja:	标准音
загварчилсан хэл	dʒagwartʃilsan xel	bɛramdʒa: xəl	标准语
замийн хураамж	dzami:n xʊra:mdʒ	dʒam artʃlax sɯitgəl	养路费
ирц	irts	adʒild garax	出勤
иш зүй	iʃ dzɯi	jɔs mɔra:l	道德
итгэмжилэгч	itgemdʒilegtʃ	naidagtʃ	委托人
магадлуур	maɢadlʊ:r	ʃalgan tɔgtɔ:lt	鉴定
матах	matax	nʊ:tʃ dʒa:ldax	告密
мөнгөн барьцаа	mɵŋgɵn baritsa:	taramdʒ mɵŋge	押金
мөроны балчир	mɵrɵni: baltʃir	gʊrwaldʒin xɔig	三角洲
нийлүүлэгч	ni:lɯ:legtʃ	bara: xaŋga:tʃ	供货人
нийтлэл	ni:tlel	mədə:lli:n ʊran dʒɔx,ɔ:l	报告文学

续表

蒙古国蒙古语 （基里尔蒙古文）	蒙古国蒙古语 （国际音标）	中国蒙古语 （国际音标）	汉义
нооромчилах	nɔ:rɔmtʃilax	bɛramdʒaːdʒʊ:lax	标准化
нэгж нэмэх	negdʒ nemex	ʊtasnai sʉitgəl tʊʃaːx	手机充值
онгоц	ɔŋgɔts	nisgəl	飞机
оньс зуй	ɔnis dʑʉi	xʉtʃnəi ʊxaːn	力学
орц	ɔrts	amtlagtʃ	调料
өөдрөг үзэл	ө:drөg ʉdʒel	bajasaŋʊi ʉdʒel	乐观主义
өдөрын бүтээл	ədriːn bʉteːl	ədriːn gargalt	日产量
өгөөмөр ургац	əge:mər ʊrgats	əlbəg xʊraːlt	丰收
өрщөөнгүй үзэл	ərʃe:ŋʉi ʉdʒel	tʉgaːməl xairiːn ʉdʒel	博爱主义
сав ертөнц	saw jertənts	bɔdsiːn jertəntʃ	物质世界
санхүүч	sanxu:tʃ	məŋge gʉilgə:gtʃ	金融家
соёлын ахуй	sɔjɔliːn axʊi	sɔjɔliːn ɛmdral	文化生活
соёлч	sɔjɔltʃ	səxəːrʉːlətʃ	启蒙者
сөрөх нэхэмзээлэл	sөrөx nexemdʑelel	gədrəg dʑaːldax	反诉
сэргэщ	sergeʃ	xө:rəltiːn əm	兴奋剂
сэтгэн зохиогч	setgen dʑɔxiɔgtʃ	ʉ:sgən baigʊlagtʃ	创始人
сэтэгчийн төрх	setegtʃiːn tөrx	ɔjʊnɔi tөrx	精神面貌
тал тохой татах	tal tɔxɔi tatax	ar ʉːd nə:x	走后门
татгалзаа	tatgaldʑa:	ɔndɔːn sanal	异议
тоймоч	tɔimɔtʃ	ʃʉːmdʑləgtʃ	评论家
төлөх газар	tөlex gadʑar	sʉitgəl tʊʃaːx gadʑar	交款处
түүвэрлэх	tʉ:werlex	ʉlgər sɔŋgɔx	抽样
түгщүүр зарлах	tʉgʃʉːr dʑarlax	xərəg mədʉːləx	报警
тэгщ торнолт	tegʃ tɔrnɔlt	əj dʑɔxtʃɔŋgʊi xɵgdʑilt	和谐发展
тэргүүн өгүүлэл	tergʉːn өgʉːlel	xɔrɔːnɔi өgʉːləl	社论
удам бичиг	ʊdam bitʃig	gəriːn tʃadig	家谱
уруул хүрээлэгч	ʊrʊːl xʉre:legtʃ	ʊrʊːliːn bʊdag	唇膏
уулагч пуужан	ʊ:lagtʃ pʊ:dʑaŋ	xɵləgt tiːrəlt sʊm	运载火箭
учирлан дүгнэх	ʊtʃirlan dʉgnex	dʑʉitʃiləx	推论

蒙古国蒙古语 （基里尔蒙古文）	蒙古国蒙古语 （国际音标）	中国蒙古语 （国际音标）	汉义
үзэлгээр явах	ʉʤelge:r jawax	tɔirɔn baitʃa:x	巡视
үйлдвэрчины эвлэл	ʉildwertʃini: ewlel	aʤiltʃnai əbləl	工会
үн болгоох	ʉn bɔlgɔ:x	ʉnlən bɔdɔx	折价
хондолч	xɔndɔltʃ	xə:l idəgtʃ	受贿者
хөнгөлөлт	xøŋgølølt	xargalʤal	优惠
хөндлөн хүн	xøndlən xʉn	ʤɔ:tʃlagtʃ	中介人
хуулбарлах	xʊ:lɓarlax	daramlax	复印
хуурай сүү	xʊ:rai sʉ:	sʉ:n talax	奶粉
хүндэт дэвтэр	xʉndet dewter	jarʊ: aldri:n ʉnəmləl	荣誉证书
хүнсэны дэлгүүр	xʉnseni: delgu:r	idə:n ʊnda:nai dəlgʉ:r	食品店
хүдэр олзворлох	xʉder ɔlʣwɔrlɔx	ʊ:rxai nə:x	采矿
цаглавар	tsaglawar	ədri:n təmdəgləl	日历
цагаач	tsaga:tʃ	xara:t irgən	侨民
цээж мөнгө	tse:ʤ møŋgø	ʊrdtʃilan tʊʃa:x ʤɔ:s	预付款
шинэч	ʃinetʃ	ʃini:g ʉ:dəgtʃ	创新者
шатахгүй щүүгүй	ʃataxgʉi ʃʉ:gʉi	batalgat xɔrɔg	保险柜
шүүлгийн дэвтэр	ʃʉ:lgi:n dewter	xir bʉtəmʤi:n xʊ:das	成绩册
шүүхийн эмч	ʃʉ:xi:n emtʃ	xʊ:li:n əmtʃ	法医
эд бгүлэх	ed bʉglex	xaxʊ:l tʉlxəx	行贿
эмийн сан	emi:n saŋ	əmi:n dəlgʉ:r	药店
энрэнгүй ёс	enreŋgʉi jɔs	xʉmʉ:lig ʉdʒəl	人道主义
эргэлч нохой	ergeltʃ nɔxɔi	tʃagdagtʃ nɔxɔi	警犬
эрэлт оруулах	erelt ɔrʊ:lax	tʊlgan lablax	质询

二、异义词

所谓异义词，指的是语音相同或基本相同而意义有差别的词。蒙古国和中国现代蒙古语有一些异义词。异义词中包括意义扩大的词、意义缩小的词和意义转换的词。下面介绍一下本次调查中搜集到的一些异义词。

传统蒙古文	蒙古国蒙古语（基里尔蒙古文）	蒙古国蒙古语词义	中国蒙古语词义
ᠠᠠᠭ	ааг	茶水渣	糠
ᠠᠶᠢᠷᠠᠭ	айраг	发酵的马奶子	发酵的酸奶汤
ᠠᠶᠠᠭᠠ	аяга	饭碗、茶杯	饭碗
ᠵᠤᠯᠠᠮ	зулам	鸡蛋或果蛋皮、早产儿	早产儿
ᠯᠠᠨᠵᠠ	ланз	印度古文字、印章	印度古文字
ᠮᠣᠯᠼᠤᠭ	молцог	羊脖子下的肉赘、沙漠	羊脖子下的肉赘
ᠮᠣᠨᠤᠭ	моног	糊涂、巨大的	糊涂
ᠨᠠᠯ	нал	红色的宝石、碧玉玺、潮湿	红宝石
ᠣᠨᠭᠤᠴᠠ	онгоц	水槽、轮船、飞机	水槽、轮船
ᠰᠠᠮ	сам	梳子、扫帚	梳子
ᠬᠠᠭᠠᠯᠲᠠ	хаалт	闭幕式	括号（一种标点符号）
ᠬᠠᠮᠠᠷ	хамар	鼻子、田垄	鼻子
ᠬᠠᠨᠭᠢ	ханги	全、全部	精干的、较硬朗的
ᠬᠠᠨᠢᠯᠠᠬᠤ	ханилах	交朋友、正式结婚	不正当男女关系
ᠬᠠᠷᠠᠯᠭᠠᠨ	харалган	办错公事	视力差的
ᠬᠥᠯᠲᠥᠷᠭᠡ	хөлтрөг	套在蒙古包天窗周围、压住包顶的装饰布、富贵人当喇嘛时穿的衣服	套在蒙古包天窗周围、压住包顶的装饰布
ᠬᠤᠳᠠ	худ	亲家、妯娌	亲家
ᠬᠦᠦᠬᠡᠨ	хүүхэн	出嫁的年轻妇女	未出嫁的年轻女子
ᠬᠦᠮᠪᠡᠷ	хүмбэр	鳄鱼、打羊拐（一种玩法）	鳄鱼
ᠴᠠᠮᠬᠠᠭ	цамхаг	灯塔、建筑物尖顶、盖在水井上的物品	灯塔
ᠼᠣᠨᠳᠤᠭ	цондог	蒙古包天窗盖毡的支撑木、一垛干枯后剩在根上的土丘	蒙古包天窗盖毡的支撑木
ᠡᠪᠡᠷᠰᠢᠬᠦ	эвэрших	起趼子、两人和好	起趼子
ᠡᠲᠡᠷᠡᠬᠦ	этрэх	即将结束、翘起、从远处往近处赶	翘起
ᠶᠠᠪᠤᠯᠴᠠᠬᠤ	явалцах	发生不正当的男女关系	交往

三、借词

蒙古国现代蒙古语中有许多借词，在来源、进入时间、使用领域及使用过程等方面与中国现代蒙古语借词有一定的差别。

（一）蒙古国现代蒙古语的借词主要来自俄语和英语。进入蒙古国现代蒙古语里的外语借词在时间上大致可分为 20 世纪 30 年代后和 20 世纪 90 年代后。

1921 年以后，蒙古国政府对外政策的基础是加强和巩固同苏联的友好合作关系。革命胜利不久，他们就同苏联建立了外交关系，签订了友好合作条约及一系列经济和科技等合作协定。俄语在政治、经济、文化教育等领域对蒙古国及蒙古语产生了深刻的影响。因此，蒙古语借入了很多俄语借词，或通过俄语借来的国际通用词。20 世纪 90 年代以后，蒙古国实行多边外交政策，加强了同美国、德国等国家的关系。为适应这种需求，蒙古国各级学校开设了英语课。因此，蒙古语又借入很多英语借词或通过英语借来的国际通用词。

（二）蒙古国现代蒙古语中的借词大部分是自然科学领域的借词。20 世纪 90 年代后，蒙古国与世界很多国家，尤其是与西方国家在政治、经济、科技方面的交往日益频繁，因而表达新事物、新概念的许多借词进入蒙古语中，大部分集中在物理、化学、医学、电子、机械工业、计算机信息、网络通信等自然科学领域中。

（三）蒙古国现代蒙古语的借词在使用中存在一些不规范现象。如上所述，蒙古国蒙古语在 20 世纪 30 年代借入了许多俄语借词，20 世纪 90 年代后借入了许多英语借词。但是，由于对借词的使用未加以规范，因而出现了一些用词混乱的现象。如蒙古国首都乌兰巴托市匾牌中既有俄语借词、又有英语借词；既有用基里尔文书写的借词，也有用英文书写的借词；还有俄语和英语或国际通用词混写的现象。

下面表中列出在这次调查中搜集到的一些借词。

蒙古国蒙古语 （基里尔蒙古文）	蒙古国蒙古语 （国际音标）	汉义
автобаз	awtɔbadʑ	公共汽车站
автовокзал	awtɔwɔkdʑal	汽车运输服务站
автогараш	awtɔɢaraʃ	汽车修理厂
автозавод	awtɔdʑawɔd	汽车工厂
адрес	adres	地址
акт	akt	收据
акци	aktsi	股票
аптек	aptek	药店
арбитр	arbitr	仲裁
атмосфер	atmɔsfer	大气压

蒙古国蒙古语 （基里尔蒙古文）	蒙古国蒙古语 （国际音标）	汉义
аттестат	attestat	毕业文凭
баня	banja	洗浴
бензен	bendʑen	石油
бирж	birdʒ	交易所
бойлер	bɔiler	锅炉
бонд	bɔnd	公债
брокер	brɔker	经纪人
брэнд	brend	品牌
буфет	bʊfet	碗橱
валют	waliʉt	外汇
вокзал	wɔkdzal	火车站
гараж	garadʒ	车库
географи	geɔgrafi	地理
гидрат	gidrat	水化物
глобаль	glɔbɔl	全球化
грузчик	grʉdʒtʃik	装卸工
гуляш	gʉljaʃ	牛肉炒土豆
декан	dekan	高校系主任
депо	depɔ	铁路修理厂
депозит	depɔdʑit	行政区
депутат	depʉtat	人民代表
диагноз	diagnɔdz	诊断
дизайн	didʑain	样品设计员
диктор	diktɔr	播音员
диктофон	diktɔfɔn	手提录音机
динозавр	dinɔdzawr	恐龙
дирижёр	diridʒjɔr	乐队指挥
дуализм	dʉalidʑm	二元论
журнал	dʒʉrnal	统计表

蒙古国蒙古语 （基里尔蒙古文）	蒙古国蒙古语 （国际音标）	汉义
жюри	dʒjʉri	裁判
заказ	dzakadz	订购
закуск	dzakʉsk	凉菜
зоопарк	dzɔːpark	动物园
интурист	intʉrist	旅行社
информаци	infɔrmatsi	信息
ирис	iris	奶糖
камфар	kamfar	樟脑
канун	kanʉn	复印
карантин	karantin	检疫所
кардан	kardan	输送管
касс	kass	保险柜
катализатор	katalidzatɔr	催化剂
каталог	katalɔg	目录
катушк	katʉʃk	弹簧
кенгуру	kengʉrʉ	袋鼠
клиник	klinik	附属医院
кноп	knɔp	摁钉
коктейль	kɔkteiḷ	果酒
колонк	kɔlɔnk	加油站
компас	kɔmpas	指南针
конверт	kɔnwert	信封
кондуктор	kɔndʉktɔr	乘务员
контор	kɔntɔr	办公室
кран	kran	漏斗
кристал	kristal	结晶体
кросс	krɔss	障碍赛
кружка	krʉdʒka	带把的杯子
курс	kʉrs	班级

续表

蒙古国蒙古语 （基里尔蒙古文）	蒙古国蒙古语 （国际音标）	汉义
лаборантори	labɔrantɔri	实验室
лавсан	lawsan	合成物
либерализм	liberalidʑm	自由主义
лифт	lift	电梯
лицензи	litsendʑi	许可证
лож	lɔdʒ	包间
ломбард	lɔmbard	典当行
лотерей	lɔterei	彩票
марихуан	marixʉan	鸦片
мафи	mafi	黑社会集团
мелодрам	melɔdram	歌剧
менежер	menedʒer	指挥
монет	mɔnet	硬币
насос	nasɔs	气筒
неолит	neɔlit	新石器时代
нойл	nɔil	零
ободок	ɔbɔdɔk	发卡
палатк	palatk	帐篷
палаш	palaʃ	U 盘
район	rajɔn	区域
ректор	rektɔr	大学校长
ресторан	restɔran	饭店

附　录

一、五百词测试情况

（一）遴选标准

1. 大部分是基本词汇，包括身体部位类、人物称谓类、工具类、动物类、动作类、数字类、自然现象类、时间季节类、形容词类等。

2. 少量副词和小品词以及书面语词，以便了解测试对象的蒙古语书面语水平。

3. 少量常用借词。

（二）说明

1. 表中每个词都标注了现代蒙古文（传统蒙古文）、基里尔蒙古文和汉义。

2. 用国际音标标记被测试人的发音。

3. 测试对象主要是蒙古国的蒙古族青少年。

（三）测试对象的个人情况

1. 者勒蔑，男，7 岁，小学二年级学生，乌兰巴托市人。

2. 必力棍，男，18 岁，高中生，南戈壁省人。

3. 那仁其其格，女，21 岁，大学生，色楞格省人。

（四）测试结果

1. 大多数词汇都能熟练地掌握。

2. 年龄较小的孩子（7 岁）者勒蔑不懂以下许多基本词汇：Буйл（例词为基里尔蒙古文—以下同，牙龈）、Гэзэг（辫子）、Бөөр（肾）、Нударга（拳头）、Булчин（肌肉）、Ул（脚掌）、Гуя（大腿）、Шөвөг（锥子）、Цурав（鸡雏）、Даага（二岁马）、Ухах（挖）。

3. 与农业经济有关的词汇掌握情况较差。如：Нарим（谷子）、Шиш（高粱）、Буудай（小麦）、Сагаг（荞麦）、Наран хуар（葵花）、Арчуур（锄头）、Ган（缸）、Атар газар（荒地）。

4. 早期曾经使用过的一些词汇三位测试对象都不懂。如：Бумба（道人）、Хоошон（和尚）、Шивэгчин（丫鬟）、Авааль（原配夫人）、Татвар（妾）。

（五）五百词测试结果表

序号	传统蒙古文	基里尔蒙古文	汉义	国际音标	测试对象序号		
					1	2	3
1	ᠲᠣᠯᠣᠭᠠᠢ	Толгой	头	tɔlɡɔi	√①	√	√
2	ᠨᠢᠳᠦ	Нүд	眼睛	nʉd	√	√	√
3	ᠬᠥᠮᠦᠰᠭᠡ	Хөмсөг	眉毛	xɵmsøg	√	√	√
4	ᠰᠣᠷᠮᠤᠰ	Сормуус	睫毛	sɔrmɔːs	√	√	√
5	ᠬᠡᠯᠡ	Хэл	舌	xel	√	√	√
6	ᠠᠮᠠ	Ам	口	am	√	√	√
7	ᠬᠠᠮᠠᠷ	Хамар	鼻子	xamar	√	√	√
8	ᠤᠷᠤᠭᠤᠯ	Уруул	嘴	ʊrʊːl	√	√	√
9	ᠲᠠᠭᠨᠠᠢ	Тагнай	腭	taɡnai	√	√	√
10	ᠮᠠᠩᠨᠠᠢ	Магнай	额头	maɡnai	√	√	√
11	ᠠᠨᠢᠰᠬᠠ	Аньсага	眼睑		×②	×	×
12	ᠴᠡᠴᠡᠭᠡᠢ	Цэчгий	眼珠	tsetsgi	×	√	√
13	ᠪᠤᠢᠯᠠ	Буйл	牙龈	bʊil	×	√	√
14	ᠰᠢᠳᠦ	Шуд	牙齿	ʃʉd	√	√	√
15	ᠴᠢᠬᠢ	Чих	耳朵	tʃix	dʒix③	√	√
16	ᠭᠡᠵᠢᠭᠡ	Гэзэг	辫子	gedʒəg	×	√	√
17	ᠦᠰᠦ	Үс	毛	ʉs	√	√	√
18	ᠭᠠᠷ	Гар	手	ɢar	√	√	√
19	ᠬᠥᠯ	Хөл	脚	xøl	√	√	√
20	ᠬᠣᠳᠣᠭᠣᠳᠤ	Ходоод	胃	xɔdɔːd	√	√	√
21	ᠭᠡᠳᠡᠰᠦ	Гэдэс	肚子	gedəs	√	√	√
22	ᠬᠥᠢᠰᠦ	Хүйс	肚脐	xʉis	√	√	√
23	ᠵᠢᠷᠦᠬᠡ	Зүрх	心脏	dʒʉrəx	√	√	√
24	ᠪᠥᠭᠡᠷᠡ	Бөөр	肾	bøːr	×	√	√
25	ᠬᠥᠯᠦᠰᠦ	Хөлс	汗	xøləs	√	√	√
26	ᠨᠢᠰᠤ	Нус	鼻涕	nʊs	√	√	√

① "√"表示发音相同
② "×"表示不懂
③ 表示不同的发音

序号	传统蒙古文	基里尔蒙古文	汉义	国际音标	测试对象序号		
					1	2	3
27		Нулимс	眼泪	nʊlmas	√	√	√
28		Хүүр	尸体	xʉːr	×	√	√
29		Хуруу	指头	xʊrʊː	√	√	√
30		Хумс	指甲	xʊms	√	√	√
31		Нударга	拳头	nʊdraɢ	×	√	√
32		Булчин	肌肉	bʊltʃiŋ	×	√	√
33		Ш рвэс	筋	ʃʊrməs	×	√	√
34		Арьс	皮	aris~ɛris	√	√	√
35		Max	肉	max	√	√	√
36		Чус	血	tʃʊs	√	√	√
37		Ул	掌	ʊl	×	√	√
38		Борви	踵	bɔrɔw~bœrɔw	×	√	√
39		Өвдөг	膝盖	ɵwdəg	√	√	√
40		Гуя	大腿	gʊi	×	√	√
41		Хас	腿根内侧	xas	×	√	√
42		Сөс	胆	tsɵs	×	√	√
43		Яс	骨	jas	√	√	√
44		Баас	粪	baːs	√	√	√
45		Шээс	尿	ʃeːs	√	√	√
46		Хөнжил	被子	xɵnʤil	√	√	√
47		Дэвсгэр	褥子	dewsgər	×	√	√
48		Дэр	枕头	der	√	√	√
49		Өмд	裤子	ɵmd	əmød	√	√
50		Дээл	上衣	deːl	√	√	√
51		Щаахай	鞋	ʃaːxai	√	√	√
52		Гутал	靴子	gʊtal	√	√	√
53		Оймос	袜子	ɔimɔs	√	√	√
54		Үүд	门	ʉːd	√	√	√
55		Цонх	窗户	tsɔnx	√	√	√
56		Ширээ	桌子	ʃireː	√	√	√
57		Сандал	椅子	sandal	√	√	√

续表

序号	传统蒙古文	基里尔蒙古文	汉义	国际音标	测试对象序号		
					1	2	3
58		Аяга	碗	ajaɢ	√	√	√
59		Савх	筷	sawax	×	√	√
60		Шанага	勺子	ʃanaɢ	√	√	√
61		Пял	碟子	(tawaɢ)	√	√	√
62		Тогоо	锅	tɔgɔ:	√	√	√
63		Цомоо	杯子	(ajaɢ)	×	×	×
64		Ган	缸		×	×	×
65		Сав	器皿	saw	√	√	√
66		Авдар	箱子	awdar	√	√	√
67		Хорго	橱柜		×	×	×
68		Телвис	电视	telwis	√	√	√
69		Сүх	斧头	sʉx	√	√	√
70		Хөрөө	锯子	xørø:	√	√	√
71		Хадуур	镰刀	xadʊ:r	×	√	√
72		Гох	钩	ɢɔx	×	√	√
73		Дэгээ	钩子	dege:	×	√	√
74		Хутга	刀	xʊtaɢ	√	√	√
75		Шөвөг	锥子	ʃuwəg	×	√	√
76		Зүү	针	ʥʉ:	√	√	√
77		Утас	线	ʊtas	√	√	√
78		Арчуур	锄头		×	×	×
79		Трактор	拖拉机	traktər	√	√	√
80		Мотор	摩托车	mɔtər	√	√	√
81		Тэрэг	车	terəg	√	√	√
82		Нохой	狗	nɔxɔi	√	√	√
83		Гахай	猪	ɢaxai	√	√	√
84		Хонь	羊	xɔn,~ xœn,	√	√	√
85		Ямаа	山羊	jama:	√	√	√
86		Ишиг	山羊羔	iʃig	√	√	√
87		Торой	猪崽	tɔrɔi	√	√	√

序号	传统蒙古文	基里尔蒙古文	汉义	国际音标	测试对象序号		
					1	2	3
88		Гөлөг	狗崽	gөlөg	√	√	√
89		Мал	牲畜	mal	√	√	√
90		Үнээ	奶牛	une:	√	√	√
91		Бух	公牛	bʊx	×	√	√
92		Тугал	牛犊	tʊɡal	√	√	√
93		Морь	马	mɔr,	√	√	mœr,
94		Унага	马驹	ʊnaɢ	×	√	√
95		Даага	二岁的马	da:ɢ	×	√	√
96		Илжиг	驴	ildʒig	√	√	√
97		Луус	骡子	lʊ:s	×	×	√
98		Тахиа	鸡	tax,a: ~ tɛxa:	√	√	dɛxa:
99		Цурав	鸡雏	tsʊraʋ	×	×	×
100		Галуу	鹅	ɢalʊ:	√	√	√
101		Загас	鱼	dʒaɢas	√	√	√
102		Жараахай	鱼花，鱼苗	dʒara:xai	√	√	√
103		Мэлхий	青蛙	melxi:	√	√	√
104		Нугас	鸭	nʊɢas	×	√	√
105		Өндөг	蛋	өndөg	√	√	√
106		Зулзага	崽，仔	dzʊldzaɢ	√	√	√
107		Унтах	睡	ʊntax	√	√	√
108		Хэвтэх	躺	xewtex	√	√	√
109		Идэх	吃	idəx	√	√	√
110		Уух	喝	ʊ:x	√	√	√
111		Инээх	笑	ine:x	√	√	√
112		Уйлах	哭	ʊilax	√	√	√
113		Зовох	愁	dzɔwɔx	√	√	√
114		Баярлах	高兴	bajarlax	√	√	√
115		Зогсох	站	dʒɔgsɔx	√	√	√
116		Гүйх	跑	guix	√	√	√
117		Өлсөх	饿	өlsөx	√	√	√

续表

序号	传统蒙古文	基里尔蒙古文	汉义	国际音标	测试对象序号		
					1	2	3
118		Даарах	冷	da:rax	√	√	√
119		Ядрах	累	jadrax	√	√	√
120		Айх	怕	aix	√	√	√
121		Сочих	惊	sɔtʃix	√	×	tʃœtʃix
122		Эмээх	畏惧，恐慌	eme:x	×	√	√
123		Зүрхшээх	胆怯	dzʉrexʃe:x	×	√	√
124		Өвдөх	疼	ɵwdəx	√	√	√
125		Төрөх	生，分娩	tɵrəx	√	√	√
126		Үхэх	死	ʉxəx	√	√	√
127		Хуцах	盖	xʊtsax	√	√	√
128		Бичих	写	bitʃix	√	√	√
129		Сонсох	听	sɔnsɔx	√	√	√
130		Зоогдох	聊		×	×	×
131		Зүүдлэх	做梦，梦见	dzʉ:dləx	√	√	√
132		Хэлэх	说	xeləx	√	√	√
133		Ярих	讲	jarax	√	√	√
134		Дуулах	唱	dʊ:lax	√	√	√
135		Бүжиглэх	跳舞	bədʒigləx	√	√	√
136		Үсрэх	跳	ʉsrəx	√	√	√
137		Харайх	跳，跳跃	xaraix	√	√	√
138		Тонгорох	倒，颠倒	tɔŋɡɔrɔx	×	√	√
139		Гүрэх	编	gʉrəx	×	√	√
140		Өмсөх	穿	ɵmsəx	√	√	√
141		Зүүх	戴	dzʉ:x	√	√	√
142		Тайлах	脱	tailax	√	√	√
143		Амьсгах	呼吸	amisɡa:x	√	√	√
144		Хараах	骂	xara:x	√	√	√
145		Зодох	揍	dzɔdɔx	√	√	√
146		Цохох	打	tsɔxɔx	√	√	√
147		Няцлах	弄碎，破碎	n‚atslax	×	√	√

序号	传统蒙古文	基里尔蒙古文	汉义	国际音标	测试对象序号		
					1	2	3
148	ᠪᠠᠯᠪᠠᠯᠠᠬᠤ	Балбалах	打，捶，擂	balbax	×	√	√
149	ᠡᠪᠳᠡᠬᠦ	Эвдэх	损坏，破坏	ewdəx	√	√	√
150	ᠡᠭᠦᠷᠡᠬᠦ	Үүрэх	背	ʉ:rəx	√	√	√
151	ᠬᠤᠭᠤᠯᠠᠬᠤ	Хугалах	断	xʊɢalax	√	√	√
152	ᠲᠠᠰᠤᠯᠠᠬᠤ	Таслах	弄断，切断	taslax	√	√	√
153	ᠭᠤᠬᠠᠳᠠᠬᠤ	Гохдох	钩	ɢɔxdɔx	√	√	√
154	ᠰᠢᠳᠡᠬᠦ	Шидэх	扔	ʃidəx	√	√	√
155	ᠬᠠᠶᠠᠬᠤ	Хаях	抛弃	xajax	√	√	√
156	ᠭᠤᠭᠤᠵᠢᠬᠤ	Гоожих	漏	ɢɔ:dʒix	√	√	√
157	ᠬᠦᠯᠢᠶᠡᠬᠦ	Хүлээх	等	xʉle:x	√	√	√
158	ᠥᠭᠬᠦ	Өгөх	给	øgøx	√	√	√
159	ᠠᠪᠬᠤ	Авах	取，拿	awax	√	√	√
160	ᠤᠶᠤᠬᠤ	Оёх	缝	ɔjox	√	√	√
161	ᠨᠥᠬᠥᠬᠦ	Нөхөх	补	nøxøx	√	√	√
162	ᠨᠡᠭᠡᠬᠦ	Нээх	打开	ne:x	√	√	√
163	ᠬᠠᠭᠠᠬᠤ	Хаах	关	xɑ:x	√	√	√
164	ᠤᠭᠲᠤᠯᠠᠬᠤ	Огтлох	切，割	ɔgtlɔx	√	√	√
165	ᠨᠢᠰᠬᠦ	Нисэх	飞	nisəx	√	√	√
166	ᠢᠴᠢᠬᠦ	Ичих	害羞	itʃix	√	√	√
167	ᠰᠢᠷᠪᠡᠭᠡᠲᠡᠬᠦ	Ширвээтэх	害臊，难为情		×	×	×
168	ᠡᠷᠭᠢᠬᠦ	Эргэх	转	ergəx	√	√	√
169	ᠵᠢᠭᠠᠬᠤ	Заах	教	dʑɑ:x	√	√	√
170	ᠵᠡᠭᠡᠯᠡᠬᠦ	Зээлэх	借	dʑe:ləx	√	√	√
171	ᠪᠤᠴᠠᠭᠠᠬᠤ	Буцаах	还	bʊtsa:x	√	√	√
172	ᠦᠵᠡᠬᠦ	Үзэх	看	ʉdzəx	√	√	√
173	ᠰᠤᠨᠢᠷᠬᠠᠬᠤ	Сонирхох	欣赏	sɔnirxɔx	√	√	√
174	ᠬᠠᠪᠴᠢᠬᠤ	Хавчих	夹	xawtʃix	√	√	√
175	ᠬᠤᠳᠠᠯᠳᠤᠬᠤ	Худалдах	卖	xʊdaldax	√	√	√
176	ᠲᠡᠮᠲᠡᠷᠢᠬᠦ	Тэмтрэх	摸	temtrəx	√	√	√
177	ᠠᠯᠠᠬᠤ	Алах	杀	alax	√	√	√

续表

序号	传统蒙古文	基里尔蒙古文	汉义	国际音标	测试对象序号		
					1	2	3
178		Шатах	烧	ʃatax	×	√	√
179		Ээх	晒	e:x	√	√	√
180		Долоох	舔	dɔlɔ:x	√	√	√
181		Түлхэх	推	tʉlxəx	√	√	√
182		Татах	拉	tatax	√	√	√
183		Асуух	问	asʊ:x	√	√	√
184		Угаах	洗	ʊɢa:x	√	√	√
185		Ухах	挖	ʊxax	√	√	√
186		Малтах	抛，挖	maltax	×	√	√
187		Өнөртөх	嗅，闻	ɵnɵrtəx	√	√	√
188		Хазах	咬，叮	xadzax	√	√	√
189		Зуух	咬	dzʊ:x	√	√	√
190		Чанах	煮	tʃanax	√	√	√
191		Мэдэх	知道	medəx	√	√	√
192		Алхах	迈，迈步	alxax	√	√	√
193		Гишгэх	踏，踩	giʃgix	√	√	√
194		Нударгадах	拳打		×	×	×
195		Хуурах	炒	xʊ:rax	√	√	√
196		Хайрах	煎	xairax	√	√	√
197		Буцлах	沸，开	bʊtslax	√	√	√
198		Хатгах	扎，插，刺	xatɢax	√	√	√
199		Хийх	做	xi:x	√	√	√
200		Үүрлэх	筑巢，造窝	ʉ:rləx	×	√	√
201		Нэг	一	neg	√	√	√
202		Хоёр	二	xɔjɔr	√	√	√
203		Гурав	三	ɢʊraw	√	√	√
204		Дөрөв	四	dɵrɵw	√	√	√
205		Тав	五	taw	√	√	√
206		Зургаа	六	dzʊrɢa:	√	√	√
207		Долоо	七	dɔlɔ:	√	√	√

续表

序号	传统蒙古文	基里尔蒙古文	汉义	国际音标	测试对象序号		
					1	2	3
208		Найм	八	naim	√	√	√
209		Юс	九	jɵs	√	√	√
210		Арав	十	araw	√	√	√
211		Зуу	百	dzʊ:	√	√	√
212		Мянга	千	miŋga	√	√	√
213		Түм	万	tʉm	√	√	√
214		Сая	百万	sai	√	√	√
215		Бум	千万	bʊm	×	√	√
216		Дүнчүүр	亿	dʉntʃu:r	×	√	√
217		Тэнгэр	天	teŋgər	√	√	√
218		Газар	地	ɢadzar	√	√	√
219		Нар	太阳	nar	√	√	√
220		Сар	月亮	sar	√	√	√
221		Од	星	ɔd	√	√	√
222		Үүл	云	ʉ:l	√	√	√
223		Бутан	云雾	bʊtaŋ	×	√	√
224		Манан	雾气	manaŋ	√	√	√
225		Аянга	雷	ajiŋga	√	√	√
226		Цахилган	电	(tɔg)	√	√	√
227		Салхи	风	sɛlix	√	√	√
228		Хур	甘露	xʊr	×		√
229		Бороон	雨	bɔrɔ:	√	√	√
230		Мөндөр	冰雹	mɵndər	√	√	√
231		Солонго	彩虹	sɔlɔŋɢɔ	√	√	√
232		Шүүдэр	露	ʃu:dər	×	√	√
233		Хяруу	霜	xɛrʊ:	×	√	√
234		Цас	雪	tsas	√	√	√
235		Шуурга	暴风雪	ʃʊ:raɢ	√	√	√
236		Агаар	空气	aɢa:r	√	√	√
237		Гал	火	ɢal	√	√	√

序号	传统蒙古文	基里尔蒙古文	汉义	国际音标	测试对象序号		
					1	2	3
238		Ус	水	ʊs	√	√	√
239		Мөс	冰	mөs	√	√	√
240		Шорой	土	ʃorɔi	√	√	ʃorɔ:
241		Тоос	灰尘	tɔ:s	√	√	√
242		Үнс	灰，灰烬	ʉns	×	√	√
243		Мод	树，树木	mɔd	√	√	√
244		Чулуу	石头	tʃʊlʊ:	√	√	√
245		Алт	金	alt	√	√	√
246		Мөнгө	银	mөŋgө	√	√	√
247		Төмөр	铁	tөmөr	√	√	√
248		Давс	盐	dawas	√	√	√
249		Тосхон	村子	tɔsxɔn	×	√	√
250		Айл	村庄	aĕl	√	√	√
251		Гэр	家	ger	√	√	√
252		Байшин	房子	baiʃiŋ	√	√	√
253		Он	年	ɔn	√	√	√
254		Жил	年，年份	dʒil	√	√	√
255		Уржнон	前年	ʊrdʒinɔn	×	√	√
256		Нөднин	去年	nөdnɔn	×	√	√
257		Хойт жил	后年	xɔit dʒil	×	√	√
258		Хавар	春	xawar	√	√	√
259		Намар	秋	namar	√	√	√
260		Зун	夏	dzʊn	√	√	√
261		Өвөл	冬	өwөl	√	√	√
262		Сар	月	sar	√	√	√
263		Цагаан сар	正月	tsaɢɑ:n sar	×	√	√
264		Лаа сар	腊月		×	×	×
265		Сарийн шинэ	月初		×	×	×
266		Өдөр	天，日	өdөr	√	√	√
267		Өнөөдөр	今天	өnө:dөr	√	√	√

序号	传统蒙古文	基里尔蒙古文	汉义	国际音标	测试对象序号		
					1	2	3
268		Өчигдөр	昨天	etʃigdər	√	√	√
269		Уржигдар	前天	ʊrdʒigdar	×	√	√
270		Маргааш	明天	marɢa:ʃ	√	√	√
271		Нөгөөдөр	后天	nөgө:dər	√	√	√
272		Шинийн нэгэн	初一	ʃini:n negən	×	√	√
273		Арван шинэ	初十	ʃini:n arwan	×	√	√
274		Арван таван	正月十五	arwan tawan	√	√	√
275		Битүүн	除夕	bitʉ:n	×	√	√
276		Өглөө	早晨	өglө:	√	√	√
277		Эрт	早晨	ert	√	√	√
278		Үдэш	晚间，晚上	ʉdəʃ	×	√	√
279		Орой	晚上	ɔrɔi	√	√	œrœ:
280		Шөнө	夜，夜间	ʃөn	√	√	√
281		Шөнө дүл	午夜，半夜	ʃөn dʉl	×	√	√
282		Цаг	时间，时刻	tsag	√	√	√
283		Мөч	刻	mөtʃ	×	√	√
284		Таван махбод	五行		×	×	×
285		Арга	阳	arɑɢ	×	√	√
286		Билэг	阴	bilig	×	√	√
287		Улирал	季节	ʊlril	×	√	√
288		Атар газар	荒地		×	×	×
289		Тариа	田，庄稼	tɛr,a:	√	√	tɛrɛ:
290		Хээр	原野	xe:r	√	√	√
291		Тал	平原，平川	tal	√	√	√
292		Хадлан	草场	xadlaŋ	×	√	√
293		Бэлцээр	牧场，草场	beltse:r	×	√	√
294		Говь	戈壁	ɢɔw,	×	√	√
295		Элс	沙，砂	els	√	√	√
296		Манха	沙岗，沙丘	maŋxan dalai	×	√	√
297		Эрэг	岸，坎，崖	erəg	×	√	√

序号	传统蒙古文	基里尔蒙古文	汉义	国际音标	测试对象序号		
					1	2	3
298	ᠴᠠᠬᠢᠭᠤᠷ	Цахуур	火石，硅		×	×	×
299	ᠬᠠᠳᠠ	Хад	岩	xad	√	√	√
300	ᠪᠦᠳᠦᠭᠦᠨ	Бүдүүн	粗	bʉdu:n	√	√	√
301	ᠨᠠᠷᠢᠨ	Нарийн	细	nɛri:n	√	√	√
302	ᠰᠤᠪᠠᠭ	Суваг	水渠	sʊwag	×	√	√
303	ᠠᠭᠤᠢ	Агуй	洞	aɢʊi	×	√	√
304	ᠨᠡᠭᠦᠷᠡᠰᠦ	Нүүрс	煤炭	nu:rs	×	√	√
305	ᠲᠦᠯᠡᠭᠡ	Түлээ	柴火	tule:	×	√	√
306	ᠠᠷᠰᠢᠶᠠᠨ	Аршаан	温泉	arʃa:n	×	√	√
307	ᠳᠠᠯᠠᠢ	Далай	海	dalai	√	√	√
308	ᠲᠡᠩᠭᠢᠰ	Тангис	大湖	tiŋgis	×	√	√
309	ᠨᠠᠭᠤᠷ	Нуур	湖	nʊ:r	√	√	√
310	ᠪᠤᠯᠠᠭ	Булаг	泉	bʊlag	×	√	√
311	ᠬᠤᠳᠳᠤᠭ	Худаг	井	xʊdag	√	√	√
312	ᠮᠦᠷᠡᠨ	Мөрөн	江	mөrөŋ	×	√	√
313	ᠭᠣᠤᠯ	Гол	河	ɢɔl	√	√	√
314	ᠬᠦᠭᠦᠷᠭᠡ	Хөөргө	桥	gu:r	√	√	√
315	ᠨᠠᠷᠠᠰᠤ	Нарс	松树	nɑrs	×	√	√
316	ᠮᠠᠶᠢᠯᠠᠰᠤ	Майлс	柏		×	×	×
317	ᠬᠤᠯᠤᠰᠤ	Хулс	竹，竹子	xʊls	×	√	√
318	ᠬᠠᠶᠢᠯᠠᠰᠤ	Хайлас	榆	xailas	×	√	√
319	ᠪᠤᠷᠭᠠᠰᠤ	Бургаас	柳，柳条	bʊrɢa:s	×	√	√
320	ᠣᠢ	Ой	林，森林	œ:~ɔĕ	√	√	√
321	ᠰᠢᠭᠤᠢ	Шугуй	林，树林	ʃʊɢʊi	×	√	√
322	ᠨᠠᠪᠴᠢ	Навч	叶子	nawtʃ	√	√	√
323	ᠦᠭᠡ	Уг	根	ʊg	×	√	√
324	ᠡᠰᠢ	Эш	茎	eʃ	×	√	√
325	ᠰᠠᠯᠠᠭᠠ	Салаа	枝	sala:	×	√	√
326	ᠳᠤᠷᠤᠰᠤ	Дурс	榆树皮		×	×	×
327	ᠡᠪᠡᠰᠦ	Өвс	草	өwөs	өwөs	√	√

序号	传统蒙古文	基里尔蒙古文	汉义	国际音标	测试对象序号		
					1	2	3
328		Наран хуар	葵花		×	×	×
329		Нарим	谷子，小米		×	×	×
330		Шиш	高粱		×	×	×
331		Сагаг	荞麦		×	×	×
332		Буудай	小麦	bʊ:dai	×	√	√
333		Ногоо	菜	nɔɢɔ:	√	√	√
334		Монгол ам	蒙古米		×	×	×
335		Цэцэг	花	tsetsəg	√	√	√
336		Цахилдаг	兰花	tsaxildag	×	√	√
337		Эрдэнэ шиш	包米	erdən ʃiʃ	×	√	√
338		Бал	蜂蜜	bal	√	√	√
339		Уд	柳树		×	×	×
340		Улаас	杨树	ʊl,ɑ:s	×	√	√
341		Бурцаг	豆，豆子	bʊ:rtsag	√	√	√
342		Ногоон бурцаг	绿豆		×	×	×
343		Шар бурцаг	黄豆	ʃar bʊ:rtsag	×	√	√
344		Тэмс	土豆	təməs	√	√	√
345		Хаш	茄子		×	×	×
346		Цагаан ногоо	白菜	bai sai	√	√	√
347		Хушга	核桃	xʊʃag	×	√	√
348		Балан	芝麻		×	×	×
349		Лууван	萝卜	lʊ:baŋ	√	√	√
350		Манжан	芥菜	mandʒiŋ	√	√	√
351		Арслан	狮子	arslaŋ	√	√	√
352		Бар	虎	bar	√	√	√
353		Чоно	狼	tʃɔn	√	√	√
354		Буга	鹿	bʊɢ	×	√	√
355		Самж	猴子	samdʒ	×	√	√
356		Үнэг	狐狸	ʉnəg	√	√	√
357		Тарваг	獭	tarwaɢ	√	√	√

续表

序号	传统蒙古文	基里尔蒙古文	汉义	国际音标	测试对象序号		
					1	2	3
358		Булга	貂	bʊlɑɢ	×	√	√
359		Хэрэм	松树	xerəm	√	√	√
360		Хулгана	老鼠	xʊlɡɑn	√	√	√
361		Царцаахай	蝗虫	tsartsaːxɑi	√	√	√
362		Гүрэлзгэнэ	蟋蟀，蛐蛐	ɢɔl,ɔ	×	√	√
363		Хүн	人	xʉŋ	√	√	√
364		Монгол	蒙古	mɔŋɢɔl	√	√	√
365		Манж	满族	mandʒ	×	√	√
366		Хятад	汉族	x,atad	×	√	√
367		Хотон	回族		×	×	×
368		Төвд	藏族	təwd	×	√	√
369		Иргэн	老百姓	irgən	√	√	√
370		Лам	喇嘛	lam	√	√	√
371		Чавганц	尼姑	tʃawɡantʃ ~ gili:ma	×	√	√
372		Бумба	道人		×	×	×
373		Бөх	摔跤手	bəx	√	√	√
374		Хоошон	和尚		×	×	×
375		Үлгэрч	民间艺人	ʉlgərtʃ	×	×	×
376		Дууч	歌唱家	dʊːtʃ	√	√	√
377		Бөө	巫，巫师	bə:	×	√	√
378		Шивэгчин	丫鬟		×	×	×
379		Багш	老师	baɡʃ	√	√	√
380		Щавь	徒弟	ʃɛw,	√	√	√
381		Эр	男人，男子	er	√	√	√
382		Эм	女人，女子	em	√	√	√
383		Бэлэвсэн	寡妇	belewsən	×	√	√
384		Өнчөн	孤儿	əntʃən	×	√	√
385		Өвөг	祖父	əwə:	√	√	√
386		Эмэг	祖母	eme:	√	√	√

序号	传统蒙古文	基里尔蒙古文	汉义	国际音标	测试对象序号		
					1	2	3
387		Эцэг	父亲	etsəg	√	√	√
388		Эх	母亲	ex	√	√	√
389		Авга эх	婶子		×	×	×
390		Нөхөр	朋友、丈夫	nөxər	×	√	√
391		Гэргий	妻子	gergi:	×	√	√
392		Авааль	原配夫人		×	×	×
393		Татвар	妾		×	×	×
394		Ах	哥哥	ax	√	√	√
395		Бэргэн	嫂子	ber egts	×	√	√
396		Дүү	弟弟	du:	√	√	√
397		Хүү	儿子	xu:	√	√	√
398		Бэр	儿媳	ber	×	√	√
399		Ач	侄子	atʃ	×	√	√
400		Уч	孙子	atʃ	×	√	√
401		Төрөл	亲戚	tөrəl	×	√	√
402		Удам	血统，血族	ʊdam	×	√	√
403		Овог	姓	ɔwɔg	×	√	√
404		Үе	辈	ʉi	√	√	√
405		Садан	亲戚	sadaŋ	×	√	√
406		Нагац	舅	naɢats	×	√	√
407		Нагац аав	舅舅		×	×	×
408		Нагац ээж	舅妈		×	×	×
409		Хадам аав	岳父	xadam a:w	×	√	√
410		Хадам ээж	岳母	xadam e:dʒ	×	√	√
411		Би	我	bi:	√	√	√
412		Чи	你	tʃi:	√	√	√
413		Таа	他	ta:	√	√	√
414		Бид	我们	bid	√	√	√
415		Эд	这些人	ednar	×	√	√
416		Тэд	他们	tednar	×	√	√

续表

序号	传统蒙古文	基里尔蒙古文	汉义	国际音标	测试对象序号		
					1	2	3
417	ᠬᠡᠨ	Хэн	谁	xeŋ	√	√	√
418	ᠶᠠᠭᠤ	Юү	什么	jʊː	√	√	√
419	ᠶᠠᠮᠠᠷ	Ямар	什么样的	jamar	√	√	√
420	ᠲᠠᠬᠢᠶᠠᠨ ᠦᠨᠳᠡᠭᠡ	Тахиан өндөг	鸡蛋	tɛxaːni ɵndəg	√	√	√
421	ᠠᠷᠢᠬᠢ	Арих	酒	ɛrix	√	√	√
422	ᠴᠠᠢ	Цай	茶	tsai~tsɛː	√	√	√
423	ᠫᠢᠸᠠ	Пив	啤酒	piːw	√	√	√
424	ᠡᠭᠡᠮᠡᠭ	Ээмэг	耳环	eːməg	√	√	√
425	ᠪᠤᠭᠤᠢ	Бугуу	手镯	bʊɡʊː	√	√	√
426	ᠪᠡᠯᠵᠡᠭ	Бэлзэг	戒指	beldʐəg	×	√	√
427	ᠬᠣᠶᠢᠲᠤ	Хойтой	后面	xoit	×	√	√
428	ᠤᠷᠳᠠᠢ	Урьтай	前面	ʊrd	×	√	√
429	ᠡᠮᠦᠨᠡ	Өмнө	前	emen	×	√	√
430	ᠬᠣᠶᠢᠨᠠ	Хойно	后	xoin	√	√	√
431	ᠵᠡᠭᠦᠨ	Зүүн	东	dʐuːn	√	√	√
432	ᠪᠠᠷᠠᠭᠤᠨ	Баруун	西	barʊːn	√	√	√
433	ᠵᠡᠭᠦᠨᠲᠡᠢ	Зүүнтэй	东边	dʐuːnte	√	√	√
434	ᠪᠠᠷᠠᠭᠤᠨᠲᠠᠢ	Баруунтай	西边	barʊːnte	√	√	√
435	ᠶᠡᠬᠡ	Их	大	ix	√	√	√
436	ᠪᠠᠭᠠ	Бага	小	baɢa	√	√	√
437	ᠦᠨᠳᠦᠷ	Өндөр	高	ɵndər	√	√	√
438	ᠪᠣᠭᠣᠨᠢ	Богино	低	bɔgin	√	√	√
439	ᠨᠢᠮᠭᠡᠨ	Нимгэн	薄	nimgən	×	√	√
440	ᠵᠤᠵᠠᠭᠠᠨ	Зузаан	厚	dʐʊdʐaːn	√	√	√
441	ᠲᠠᠷᠭᠤᠨ	Тарган	肥	tarɢan	√	√	√
442	ᠡᠴᠢᠨᠡᠬᠡᠢ	Эцэнхий	瘦	etsənxiː	×	√	√
443	ᠤᠷᠲᠤ	Урт	长	ʊrt	√	√	√
444	ᠣᠬᠣᠷ	Охор	短	ɔxər	×	√	√
445	ᠳᠦᠭᠦᠷᠡᠩ	Дүүрэн	满	duːrəŋ	√	√	√
446	ᠠᠷᠪᠢᠨ	Арвин	多	ɛrwaŋ	×	√	√

序号	传统蒙古文	基里尔蒙古文	汉义	国际音标	测试对象序号		
					1	2	3
447		Цөөн	少	tsɵ:ŋ	√	√	√
448		Асган	直		×	×	×
449		Морой	歪		×	×	×
450		Хар	黑	xar	√	√	√
451		Цагаан	白	tsaɢa:ŋ	√	√	√
452		Улаан	红	ʊla:ŋ	√	√	√
453		Ногоон	绿	nɔɢɔ:ŋ	√	√	√
454		Хүнд	重	xʉnd	√	√	√
455		Хөнгөн	轻	xɵŋgɵŋ	√	√	√
456		Хатуу	硬	xatʊ:	√	√	√
457		Зөөлөн	软	dzɵ:lɵŋ	√	√	√
458		Шинэ	新	ʃin	√	√	√
459		Хуучин	旧	xʊ:tʃin	√	√	√
460		Гашуун	苦	ɢaʃʊ:n	√	√	√
461		Щорвог	咸	ʃɔrwɔg	×	√	√
462		Исгэлэн	酸	isgelən	×	√	√
463		Халуун	辣	xalʊ: ŋ	×	√	√
464		Амтатай	甜	amtte:	√	√	√
465		Халуун	热	xalʊ:ŋ	√	√	√
466		Хүйтэн	冷	xʉ:təŋ~xʉitəŋ	√	√	√
467		Дүлий	聋	dʉli:	√	√	√
468		Хэлгий	口吃的	xelgʉ:	×	√	√
469		Бүү	别（不）	bʉ:	×	√	√
470		Чөтгөр	鬼	dʒʊtgər	√	√	√
471		Хэзээд	永远	xedze:d	×	√	√
472		Ямагт	时刻	jamagt	×	×	√
473		Үүрд	永远	ʉ:rd	×	×	√
474		Үнь	永久，长久		×	×	×
475		Гэнэт	突然	genət	√	√	gent
476		Хааш яааш	草率地	xa:ʃ ja:ʃ	×	√	√

续表

序号	传统蒙古文	基里尔蒙古文	汉义	国际音标	测试对象序号		
					1	2	3
477		Гялас Гялас	一闪一闪地	gılas gılas	×	√	√
478		Сэр сэр	瑟瑟，习习	ser ser	×	√	√
479		Шивэр Шивэр	叽叽 咕咕	ʃiwər ʃiwər	×	√	√
480		Тун	很，非常		×	×	×
481		Маш	极，很，颇	maʃ	×	√	√
482		Огт	绝对	ɔgt	×	√	√
483		Адил	一样	adil	√	√	√
484		Мэт	犹如，宛如	met	×	√	√
485		Тул	由于		×	×	×
486		Төлөө	为了	tələ	×	√	√
487		Гаруй	多，余	ɡarʋi	×	√	√
488		Бүр	每，各	bʋr	×	√	√
489		Үү	吗	ʉ:	×	√	√
490		Мөн	是	məŋ	×	√	√
491		Биш	不是	biʃ	√	√	√
492		Л	仅，只	l	×	√	√
493		Заа	是，好	ʥa	×	√	√
494		Ба	和	ba:	×	√	√
495		Гэтэл	但是，可是	getəl	×	√	√
496		Хэрэв	如果，假如	xerəw	×	√	√
497		Ёо ёо	啊唷，哎哟	jɔ: jɔ:	√	√	√
498		Хаа хаа	哈哈	xa: xa:	√	√	√
499		Ми ми	咪咪	mi: mi:	√	√	miɔ miɔ
500		Гурай Гурай	咕来 咕来	ɡʋri: ɡʋri:	×	√	√

（六）五百词测试结果统计数据表

测试对象序号	所懂的词数及%	不懂的词数及%
1	309，62%	191，38%
2	450，90%	44，8.8%
3	461，92%	39，7.8%

二、3000 常用词

（一）说明

1. 表中每个词都标注了现代蒙古文（传统蒙古文）、基里尔蒙古文和汉义。

2. 用国际音标标记发音合作人的发音，并注明他们的序号。

3. 发音合作人是从蒙古国不同地区挑选出来的不同年龄、不同性别的蒙古族人。

（二）发音合作人及序号

1. 罗·官布，男，79 岁，南戈壁省诺木根苏木第五巴嘎人。

2. 邓斯玛，女，65 岁，小学毕业，后杭盖省浩同图苏木温都尔桑图巴嘎人。

3. 灿灿勒多拉玛，女，38 岁，高中毕业，后杭盖省浩同图苏木温都尔桑图巴嘎胡希滚乌珠尔浩特人。

4. 乌·额尔德尼朝鲁，男，15 岁，高中生，乌兰巴托市松干海日汗区陶丽图中学生，原籍后杭盖省巴图青格勒苏木。

（三）3000 常用词表

词序号	基里尔蒙古文	传统蒙古文	国际音标	汉义	发音合作人序号			
					1	2	3	4
1	ав	ᠠᠪ	ɑw	围，围猎，狩猎	√	√	√	√
2	ёроол	ᠶᠣᠷᠣᠭᠤᠯ	jɔrɔːl	底；剩底儿	√	√	√	√
3	ёс	ᠶᠣᠰᠤ	jɔs	礼，礼仪；惯例，习俗；道理	√	√	√	√
4	өөг	ᠥᠭ	ө:g	垫衬物	√	√	√	√
5	өөд	ᠥᠭᠡᠳᠡ	ө:d	朝上，向上；顺利，兴旺的	√	√	√	√
6	өөдөн	ᠥᠭᠡᠳᠡᠨ	×	平绒（俗称大绒，旧称倭缎）	×	×	×	×
7	өөдөс	ᠥᠭᠡᠳᠡᠰᠦ	ө:dəs	下脚料	√	√	√	√
8	өөдлөх	ᠥᠭᠡᠳᠡᠯᠡᠬᠦ	ө:dlөx	上升，兴旺；溯，朝上	√	√	√	√
9	өөлд	ᠥᠭᠡᠯᠡᠳ	ө:ld	额鲁特（旧时蒙古族的一部）	√	√	√	√
10	өөр	ᠥᠪᠡᠷ	ө:r	自己，本身；自动，自行	√	√	√	√
11	өөр	ᠥᠭᠡᠷᠡ	ө:r	别的，另外的	√	√	√	√
12	өөрчлөлт	ᠥᠭᠡᠷᠡᠴᠢᠯᠡᠯᠲᠡ	ө:rtʃlөlt	改变，改造，变迁	√	√	√	√

续表

词序号	基里尔蒙古文	传统蒙古文	国际音标	汉义	被测试人序号			
					1	2	3	4
13	өөрчлөх		e:rtʃləx	改，变，变更	√	√	√	√
14	өөхлөх		e:xləx	长脂肪，上膘；发胖	√	√	√	√
15	өөш		×	(捕猎用)网，渔网	×	×	×	өgөʃ
16	өв		we	遗产；衣钵	√	√	√	√
17	өвөөлж		əwe:ldʒ	戴胜（鸟）	√	√	√	√
18	өвөлжөө		əwəldʒe:	冬营地，冬营盘	√	√	√	√
19	өвөр		əwər	向阳处，山阳；前，前边，南	√	√	√	√
20	өвөрлөх		əwərləx	怀；抱有，心怀	√	√	√	√
21	өвөрлөх		əwərləx	顺前边，沿前边；走山阳	√	√	√	√
22	өвөрмөц		əwərməts	独特的，个别的，特殊的	√	√	√	√
23	өвгөн		əwgən	老翁，老人；年迈的（男人）	√	√	√	√
24	өврөх		×	稍干；酥，老化	×		×	×
25	өвч		əwtʃ	全的，全盘的	√	√	√	√
26	өвчих		əwtʃix	剥，扒（动物的皮）	√	√	√	√
27	өвчтөн		əwtʃtəŋ	病人，病号，患者	√	√	√	√
28	өгөөмөр		əge:mər	慷慨的；丰富的，丰盛的	√	√	√	√
29	өгөх		əgəx	给，交给，赋予	√	√	√	√
30	өглөг		əgləg	施舍，布施	√	√	√	√
31	өгсөх		əgsəx	溯，逆；向上，上坡	√	√	√	
32	өгүүбэр		əgu:lber	句子	ugu:lber	ugu:lber	√	ugu:lber
33	өгүүллэг		əgu:lleg	短篇小说	ugu:lleg	ugu:lleg	√	ugu:lleg
34	өгүүлэгч		əgu:legtʃ	发言人，叙述人	ugu:legtʃ	ugu:legtʃ	√	ugu:legtʃ
35	өгүүлэл		əgu:lel	论文，文章	ugu:lel	ugu:lel	√	ugu:lel
36	өгүүлэх		əgu:lex	说，讲，谓；叙述	ugu:lex	ugu:lex	√	ugu:lex
37	өгүүлэхүүн		əgu:lexu:ŋ	谓语；谓词，宾词	ugu:lexu:ŋ	ugu:lexu:ŋ	√	ugu:lexu:ŋ
38	өгцөө		əgtse:	债，债务，欠债；赊欠	√	√	√	√
39	өд		ed	羽，羽毛；翎，翅翎	√	√	√	√

词序号	基里尔蒙古文	传统蒙古文	国际音标	汉义	被测试人序号			
					1	2	3	4
40	өдөөлөг		ödö:leg	挑拨，挑战，策动；引诱	√	√	√	√
41	өдөөх		öde:x	挑动，煽动；勾引，诱惑	√	√	√	√
42	өөдөх		öjödəx	(牲畜跌倒，四肢使不上劲)而站不起来		√	√	√
43	өег		öjəg	饱足的，餍足的；富有营养的		√	√	√
44	өегших		öjəgʃix	饱腹，饱足，不贪食		√	√	√
45	өехий		öjəxi:	乌由赫（宰牛后顺着牛的肚子从咽喉一直到肛门剥下的一条四指宽的皮）		√		
46	өехийлөх		öjəxi:ləx	剥乌由赫	√	√	√	√
47	өж		ödʒ	放荡，荒淫的，腐化的	√	√	√	√
48	өл		öl	耐饥力，抗饿力，饭，饭食	√	√	√	√
49	өл		öl	灰青毛的(动物毛色)	√	√	×	√
50	өлөгчин		öləgtʃin	母狗；母的，雌的(狗，狼等)	√	√	√	√
51	өлөх		öləŋ	饥饿的，饥困的；空肚的	√	√	√	√
52	өлбөрөх		ölbərəx	饿极，饿垮，饿坏，饥馑	√	√	√	√
53	өлгөр		ölgər	(头)昂起的，(脖子)伸长的	√	√	√	√
54	өлгий		ölgi:	摇篮，摇床	√	√	√	√
55	өлзий		öldʒi:	吉，吉祥，幸运；幸福	√	√	√	√
56	өллөх		ölləx	(少吃一点儿)解饿，充饥	√	√	√	√
57	өлмий		ölmi:	(脚，靴，袜等的)面儿；蹠	√	√	√	√
58	өлмийдөх		ölmi:dəx	蹠；踩脚背	√	√	√	√
59	өлсгөлөн		ölsgələŋ	饥饿，饥馑	√	√	√	√
60	өлүүр		ölgu:r	杠杆；挑钩，挑棍	√	√	√	√
61	өлчир		öltʃir	耐冷的，禁冻的	√	√	√	√

续表

词序号	基里尔蒙古文	传统蒙古文	国际音标	汉义	被测试人序号			
					1	2	3	4
62	өмег		ɵmeg	依靠，后盾；辩护；救援	√	√	√	√
63	өмөглөгч		ɵmɵglɵgtʃ	辩护人，辩护士；保护人	√	√	√	√
64	өмөглөл		ɵmɵglɵl	辩护，保护，庇护；祖护	√	√	√	√
65	өмөглөх		ɵmɵglɵx	保护，辩护，祖护；援助	√	√	√	√
66	өмх		ɵmx	朽的，腐烂的	√	√	√	√
67	өмхий		ɵmxi:	臭的；难闻的	√	√	√	√
68	өмхийрөх		ɵmxi:rɵx	发臭，变臭	√	√	√	√
69	өмч		ɵmtʃ	财产，产业，所有物	√	√	√	√
70	өмчлөл		ɵmtʃlɵl	所有制	√	√	√	√
71	өн		ɵŋ	肥沃的；丰饶的，丰稔的	√	√	√	√
72	өнөө		ɵnɵ:	今，现今，如今	ɵn,ɵ:	√	√	√
73	өнөр		ɵnɵr	繁茂的，繁盛的，繁衍的	√	√	√	√
74	өнгө		ɵŋg	色；色彩；光泽；容颜	√	√	√	√
75	өнгөвч		ɵŋgɵwtʃ	表面的，肤浅的	√	√	√	√
76	өнгөр		ɵŋgɵr	（舌）苔；（肠胃的）黏液	√	√	√	√
77	өнгөрөлт		ɵŋgɵrɵlt	经过，过程；经历，阅历	√	√	√	√
78	өнгөрөх		ɵŋgɵrɵx	通过，经过；去世，故去	√	√	√	√
79	өнгөрүү		ɵŋgɵru:	过于，过分，过度	√	√	√	√
80	өнгөршх		ɵŋgɵrʃix	生舌苔；现富裕；变得不吝啬	√	√	√	√
81	өнгөц		ɵŋgɵts	表面的，外表的，肤浅的	√	√	√	√
82	өндөглөх		ɵndɵglɵx	下蛋，生蛋，生卵，产卵	√	√	√	√
83	өндөрлөг		ɵndɵrlɵg	高处，高地，高原	√	√	√	√
84	өндөрлөх		ɵndɵrlɵx	提高；（在高潮中）结束	√	√	√	√

续表

词序号	基里尔蒙古文	传统蒙古文	国际音标	汉义	被测试人序号			
					1	2	3	4
85	өндийх		ɵndi:x	欠，抬，昂（身体，头等）	√	√	√	√
86	өнжих		ɵnʤix	停宿，过夜；隔，间隔	√	√	√	√
87	өнхрөх		ɵŋxrɵx	滚，滚动，翻滚	√	√	√	√
88	өнчөг		ɵntseg	（外部的）角；隅，角落	√	√	√	√
89	өнчрөх		ɵntʃrɵx	变孤单，变孤独	√	√	√	√
90	өр		ɵr	债，债务，债款	√	√	√	√
91	өр		ɵr	正中；心口；（蒙古包火撑子的）围子	√	√	√	√
92	өрөө		ɵrɵ:	房间；（飞机，船等的）舱	√	√	√	√
93	өрөөл		ɵrɵ:l	半边，半面，半扇	√	√	√	√
94	өрөөлдөх		ɵrɵ:ldɵx	分成两扇；（用顺绊）绊住	√	√	√	√
95	өрөөсөн		ɵrɵ:sɵn	单的；（一双，一副中）缺一个	√	√	√	√
96	өрөм		ɵrɵm	钻子	√	√	√	√
97	өрөм		ɵrɵm	稀奶油；奶皮子（一种奶食）	√	√	√	√
98	өрөмдөх		ɵrɵmdɵx	（用钻子）钻	√	√	√	√
99	өрөх		ɵrɵx	摆，布置；砌，垒；排	√	√	√	√
100	өрвөгөр		ɵrwɵgɵr	（毛发等）蓬乱的，蓬松的	√	√	√	√
101	өргөө		ɵrgɵ:	邸，府，府上	√	√	√	√
102	өргөл		ɵrgɵl	供物，供品；（实物）布施	√	√	√	√
103	өргөмжлөх		ɵrgɵmdʒlɵx	封，授予……；拥戴，推戴	√	√	√	√
104	өргөн		ɵrgɵn	宽的，广阔的；广大的	√	√	√	√
105	өргөс		ɵrgɵs	刺，棘刺；刚毛	√	√	√	√
106	өрлөг		ɵrlɵg	主将，猛将；英勇的，常胜的	√	√	√	√

续表

词序号	基里尔蒙古文	传统蒙古文	国际音标	汉义	被测试人序号			
					1	2	3	4
107	өрнөлт		ørnɵlt	展，旺盛，高潮，发展	√	√	√	√
108	өрнөх		ørnɵx	开展，发达，旺盛，增长	√	√	√	√
109	өрнүүн		ørnu:ŋ	蓬勃的，高涨的，兴旺的	√	√	√	√
110	өрсөлдөөн		ørsɵlde:ŋ	竞争	√	√	√	√
111	өрсөлдөх		ørsɵldex	竞争；争先恐后	√	√	√	√
112	өртөө		ørtɵ:	站，驿站	√	√	√	√
113	өртөөлөх		ørtɵ:lɵx	设站；按驿站；走驿道；停驿	√	√	√	√
114	өртөх		ørtɵx	欠债，负债，拉账，亏空	√	√	√	√
115	өрх		ørx	(蒙古包天窗的)幪毡	√	√	√	√
116	өрц		ørts	膈，横隔膜；心怀	√	√	√	√
117	өршөөл		ørʃɵl	仁爱，仁慈；宽恕；保佑；仁	√	√	√	√
118	өршөөх		ørʃɵx	宽恕；恩赐，施恩；保佑	√	√	√	√
119	өсөлт		øsɵlt	增长；成长；增殖率	√	√	√	√
120	өсөх		øsɵx	长，发育；增长；涨，出数	√	√	√	√
121	өсвөр		øsvɵr	发育，成长；增加，增长率	√	√	√	√
122	өсгий		øsgi:	蹬，脚后跟；(鞋，袜等的）后跟	√	√	√	√
123	өт		øt	蛆，蛆虫	√	√	√	√
124	өтөг		øtɵg	粪末儿，粪土；粪肥	√	√	√	√
125	өтөх		øtɵx	生蛆，长蛆	√	√	√	√
126	өтгөн		øtgɵŋ	浓的，稠的；密的	√	√	√	√
127	өтгөс		øtgɵs	长者，长老，老人；老人们	√	√	√	√
128	өтлөх		øtlɵx	老，上年纪	√	√	√	√
129	өчиг		øtʃig	口供，供词；诺言	√	√	√	√
130	өчигдөр		øtʃigdɵr	昨天	√	√	√	√

词序号	基里尔蒙古文	传统蒙古文	国际音标	汉义	被测试人序号			
					1	2	3	4
131	өчих		ətʃix	说，曰	√	√	√	√
132	өчүүхэн		ətʃuːxeŋ	小的；微少的，点滴	√	√	√	√
133	өш		əʃ	仇，仇恨，怨恨，冤仇	√	√	√	√
134	өшөө		əʃəː	仇，仇恨，怨恨，冤仇	√	√	√	√
135	өшөөрхөх		əʃəːrxəx	仇视，作对；报复；记仇	√	√	√	√
136	өшөөтөн		əʃəːtəŋ	仇人，仇敌，冤家	√	√	√	√
137	өших		əʃix	作对，抬杠，闹对立	√	√	√	√
138	аажим		aːdʒim	缓慢的，徐徐的，从容的	aidʒim	√	√	√
139	аваачих		awaːtʃix	拿去，领取，带去	√	√	√	√
140	аварга		awarGa	巨大的；冠军；健将	√	√	√	√
141	авгай		awGai	妻子，夫人；大嫂	√	√	√	√
142	авирах		aw,rax	登，攀	√	√	√	√
143	аврагч		awragtʃ	救星，救命人；救世主	√	√	√	√
144	авхай		awxai	小姐，女士	√	√	×	√
145	авчаа		awtsɑ	债权；债	√	√	√	√
146	авчрах		awtʃrax	拿来，取来	√	√	√	√
147	авьяас		aw,jaːs	才能；兴趣；天赋；癖性	√	√	√	√
148	агнах		agnax	狩猎，渔猎	√	√	√	√
149	агт		agt	（成年的）骟马，骟过的	√	√	√	√
150	агуу		aGʊː	伟大的；庞大的；宽广的	√	√	√	√
151	адгуус		adGʊːs	牲畜，畜类；兽类	√	√	√	√
152	адуучин		adʊːtʃiŋ	牧马人，马倌	√	√	√	√
153	ажил		adʒil	工，职业，业务；（物）工	√	√	ɛdʒil	ɛdʒil
154	ажилтан		adʒiltan	工作人员，职员	√	√	ɛdʒiltan	ɛdʒiltan
155	ажилчин		adʒiltʃiŋ	工人	√	√	√	ɛdʒiltʃiŋ
156	аз		adʒ	幸运，运气；命运	√	√	√	√

词序号	基里尔蒙古文	传统蒙古文	国际音标	汉义	被测试人序号			
					1	2	3	4
157	азарга		adzarɢa	儿马，种马；公的，雄的	√	√	√	√
158	айлчлалт		ailtʃlalt	访问	√	√	√	√
159	аймаг		aimag	盟；部落；宗族；部，部分	√	√	√	√
160	айраг		airag	嗜酸奶子，酸马奶	√	√	√	√
161	ал		al	胯，裆；阴部	√	√	×	√
162	алба		alaw	役，差事；公务；官方	√	√	alab	√
163	алдар		aldar	荣誉；尊姓大名，贵姓	√	√	√	√
164	алдах		aldax	失，违背；遗漏；失盗	√	√	√	√
165	алс		als	远方的；长远的；将来	√	√	√	√
166	алчуур		altʃʊːr	帕，巾	√	√	√	√
167	аль		al,	哪个；什么；最，尽	√	√	√	√
168	амар		amar	容易的；简单的	√	√	√	√
169	амжилт		amdʒilt	成效，成果	√	√	√	√
170	амраг		amrag	亲爱的；亲，恋情；恋人	√	√	√	√
171	амраглах		amraglax	恋爱，相爱，相恋	√	√	√	√
172	амралт		amralt	休息，假期	√	√	√	√
173	амсар		amsar	（物器的）口；盖子	√	√	√	√
174	амь		am,	生命；寿命；个人，本身	√	√	√	√
175	амьдрал		am,dral	生活，生计	√	√	√	√
176	амьсгал		am,sɢal	气息，呼吸；气氛，空气	√	√	√	√
177	амьтан		am,tan	动物；家伙，东西	√	√	√	√
178	анагаах		anɢaːx	治，治疗，治愈	√	√	√	√
179	анги		aŋg,	班；篇章，段，部分；阶级	√	√	√	√
180	анд		and	友伴，盟友，结拜兄弟	√	√	√	√
181	андуурах		andʊːrax	做错，弄错，搞错	√	√	√	√

词序号	基里尔蒙古文	传统蒙古文	国际音标	汉义	被测试人序号			
					1	2	3	4
182	анхаарал		aŋxa:ral	注意，留意；注意力	√	√	√	√
183	анчин		aŋtʃin	猎人，狩猎者，渔猎者	√	√	√	√
184	ар		ar	背，背部；阴面；北面	√	√	√	√
185	аргал		arɢal	干牛粪	√	√	√	√
186	аргацах		arɢatsax	设法；对付，应付	√	√	√	√
187	ард		ard	民，人民	√	√	√	√
188	ардчилал		ardtʃilal	民主	√	√	√	√
189	арилжих		araldʒax	交换，兑换；交易，贸易	√	√	ɛraldʒix	√
190	ариун		ar,ʊn	清洁的，洁净的；神圣的	√	√	ɛrʊːŋ	ɛrʊːŋ
191	арчих		artʃix	擦；锄，铲，清除	ɛrtʃix	√	√	√
192	асгах		asɢax	洒，泼，倒，撒	√	√	√	√
193	асрагч		asraɡtʃ	照料者，服侍者；护理者				
194	атаархах		ata:rxax	嫉妒，争胜；心怀敌意	√	√	√	√
195	ахлагч		axlaɡtʃ	当头儿的，领头的；长	√	√	√	√
196	ачаа		atʃa:	驮子；负载；辎重	√	√	ɛtʃa:	√
197	ашиг		aʃig	利，利益；钱财；利润	√	√	ɛʃig	√
198	аюул		ajʊːl	危险；灾难，祸患	√	√	√	√
199	аягалах		ajɢalax	盛（在碗里）	√	√	√	√
200	аян		ajaŋ	旅行；商队；拉脚	√	√	√	√
201	аяс		ajas	音调，曲调；情势	√	√	√	√
202	бөөлжих		bøːldʒix	哕，呕吐；吐穗，抽穗	√	√	√	√
203	бөөм		bøːm	堆，块，团，群；核	√	bøːn	√	√
204	бөөмнөрөх		bøːmnørøx	聚集，密集，成堆，堆聚；成团	√	bøːgnerex	√	√
205	бөөрөнхий		bøːrøŋxiː	圆的，球形的；圆滑的	√	√	√	√
206	бөөстөх		bøːstøx	长虱子	√	√	√	√

续表

词序号	基里尔蒙古文	传统蒙古文	国际音标	汉义	被测试人序号			
					1	2	3	4
207	бөглөх		bøglex	堵，塞；对付	√	√	√	√
208	бөгс		bøgs	臀，臀部，屁股，后部，尾部	√	√	√	√
209	бөгхөр		bøgxer	弯曲的，伛偻的	√	√	√	begker
210	бөмбө		bømbeg	球；弹丸	√	√	√	√
211	бөмбөгдөх		bømbøgdex	用球打；打球；炸，轰炸	√	√	√	√
212	бөмбөрөх		bømberex	滚动	√	√	√	√
213	бөртийх		berti:x	变得影影绰绰，变得隐隐约约	√	√	√	√
214	бөх		bex	（驼）峰	√	√	√	√
215	бөхөх		bexex	（灯）熄灭	√	√	√	√
216	бөхжих		bexdʒix	变结实，变坚固	√	√	√	√
217	бөхийх		bexi:x	俯身，躬身，弯腰，哈腰	√	√	√	√
218	баавар		ba:war	（鞍座上的）鞍花，压钉	√	√	√	√
219	баавгай		ba:wɢai	熊	√	√	√	√
220	баагих		ba:ɢax	冒，喷（浓烟，雾气等）	√	√	√	√
221	баал		ba:l	巴儿狗	√	√	√	√
222	баатар		ba:tar	英雄；主人公；巴托鲁（蒙古族历史上的一种称号）	√	√	√	√
223	баах		ba:x	大便，拉屎；（钢笔）漏水	√	√	√	√
224	баахан		ba:xaŋ	相当多；较小的；稍微	√	√	√	√
225	баг		bag	帮，队；八嘎（行政区划单位）；面具	√	√	√	√
226	бага		baɢ	小的；少的；年幼的；稍许	√	√	√	√
227	багаж		baɢadʒ	工具，器械，仪器	√	√	√	√
228	багана		baɢan	柱，柱子；桩子	√	√	√	√
229	багачууд		baɢtʃʊ:d	少年，少年们	√	√	√	√
230	багвагай		bagwa:xai	蝙蝠	√	√	√	√
231	багвар		bagwar	带盖儿的圆形木盒	√	√	√	√

词序号	基里尔蒙古文	传统蒙古文	国际音标	汉义	被测试人序号			
					1	2	3	4
232	баглаа		bagla:	包裹，包袱	√	√	√	√
233	баглах		baglax	包，捆；打成捆，弄成束	√	√	√	√
234	багтаамж		bagta:mdʒ	容积，容量；气量，涵养	√	√	√	√
235	багц		bagts	把，包	√	√	√	√
236	багцаа		bagtsa:	大约，大概；估计，估量	√	√	√	√
237	бадаг		badag	段，首	√	√	√	√
238	бадам		badam	荷花，莲花	√	√	√	√
239	бадарлах		badarlax	化缘，募化	√	√	√	√
240	бадарчин		badartʃiŋ	化缘者，募化者	√	√	√	√
241	бадмаараг		badma:rag	红宝石	√	√	√	√
242	бадрангуй		badraŋɡʊě	兴旺的，旺盛的；炽烈的	√	√	√	√
243	бадрах		badrax	兴旺，繁荣；冒，迸发，焕发	√	√	√	√
244	бажмаг		badʒmag	酒糟	√	√	√	√
245	баз		badʒ	连襟	√	√	√	√
246	базаах		badʒa:x	准备，预备；比划，比试	√	√	√	√
247	базах		badʒax	攥；掐；捏，捏巴	√	√	√	√
248	базлах		badʒlax	攥；捏，捏巴	√	√	√	√
249	байгал		baiɢal	贝加尔（湖）	√	√	√	√
250	байгаль		baiɢal,	自然，天然，自然界	√	√	√	√
251	байгуулал		baiɡʊ:la l	制度，建制；结构，构造	√	√	√	√
252	байгуулалт		baiɡʊ:lalt	建立，建设；结构，构造	√	√	√	√
253	байгууламж		baiɡʊ:lamdʒ	结构；机构；制度，体制	√	√	√	√
254	байгуулах		baiɡʊ:lax	建立，成立；建筑，建造	√	√	√	√
255	байдал		baidal	情况，局面，状况；姿态	√	√	√	√
256	байдас		baidas	（三至五岁的）骒马	√	√	√	√

词序号	基里尔蒙古文	传统蒙古文	国际音标	汉义	被测试人序号			
					1	2	3	4
257	байзнах		baiʤnax	少待，略候	√	√	√	√
258	байлгах		bailGax	(байх 的使动态)；保持	√	√	√	√
259	байлдаан		bailda:ŋ	战斗	√	√	√	√
260	байлдагч		baildagtʃ	战士，战斗员，兵	√	√	√	√
261	байлдах		baildax	打仗，作战，征战	√	√	√	√
262	баймгай		baimGai	成年的，大的	√	√	×	×
263	байн		baiŋ	常，经常	√	√	√	√
264	байнга		baiŋg	经常的；不变的，固定的	√	√	√	√
265	байр		bair	位置，地位；住所，宿舍	√	√	√	√
266	байрга		bairaG	成年的；(马的)便秘症	√	√	√	√
267	байргаших		bairGaʃix	成年，定型	√	√	√	√
268	байрлах		bairlax	居住，居留，驻扎；摆阵势	√	√	√	√
269	байрших		bairʃix	住惯，安居下来	√	√	√	√
270	байц		baits	地势，地形；险要；状语	√	√	√	√
271	байцаагч		baitsa:gtʃ	调查者，监察员，检查员	√	√	√	√
272	байцаалт		baitsa:lt	调查，检验，考查；检讨	√	√	√	√
273	байцаах		baitsa:x	查，查勘；检验；审问；考察	√	√	√	√
274	бал		bal	蜜；石墨，铅条；锈物，锈迹	√	√	√	√
275	балай		balai	蒙昧的；昏聩的；盲目的	√	√	√	√
276	балайрхуу		balairxʊ:	丧失理智，糊涂；瞎，盲	√	√	√	√
277	балархай		balarxai	模糊的，朦胧的，不清的	√	√	√	√
278	балбархай		balbarxai	碎的，碎裂的，破碎的	√	√	√	√
279	балбах		balbax	(频频)打，砸；糟践	√	√	√	√

续表

词序号	基里尔蒙古文	传统蒙古文	国际音标	汉义	被测试人序号			
					1	2	3	4
280	балгас		balɢas	镇，城堡；废墟，遗址	√	√	√	√
281	балгах		balɢax	大口喝，满口喝	√	√	√	√
282	балин		baliŋ	巴灵（用米，面等做的供品）	√	bɛlaŋ	bɛlaŋ	bɛlaŋ
283	баллах		ballax	除，涂抹；消除；毁，糟蹋	√	√	√	√
284	баллуур		ballʊːr	橡皮，黑板擦等	√	√	√	√
285	балмад		balmad	狂妄的，蛮横的，野蛮的	√	√	√	√
286	балмадлах		balmadlax	妄为，妄动，野蛮	√	√	√	√
287	балхайх		balxaix	变矮胖	√	√	√	√
288	балчиг		baltʃig	泥泞；沮洳；泥潭，泥坑	√	√	√	√
289	балчир		baltʃir	幼，幼小的，幼年的	√	√	√	√
290	бамбарууш		bambarʊːʃ	胸崽，小熊	bamburewʃ	√	√	√
291	банди		band,	班第（小喇嘛）	√	bɛnd,	√	√
292	банзал		bandzal	（喇嘛穿的）裙衣；裙子	√	√	√	√
293	банк		baŋk	银行	√	√	√	√
294	бар		bar	版，印版，刻板	√	√	√	√
295	бараа		baraː	影子；（目所能见的）景物	√	√	√	√
296	бараа		baraː	货，商品；东西；衣料	√	√	√	√
297	бараавтар		baraːwtar	浅黑的	√	√	√	√
298	бараалах		baraːlax	发黑	√	√	√	√
299	бараалах		baraːlax	望，眺望；望影尾随	√	√	√	√
300	бараан		baraːŋ	乌黑的，黝黑的；深色的；黑	√	√	√	√
301	бараг		barag	约，大概，大体	√	√	√	√
302	бараглах		baraglax	估计，估量；差不多；略知	√	√	√	√
303	барагцаа		baragtsaː	大约，大概；估计，估量	√	√	√	√
304	барайх		baraix	阴暗起来；变得忧郁；沉下脸	√	√	√	√

续表

词序号	基里尔蒙古文	传统蒙古文	国际音标	汉义	被测试人序号			
					1	2	3	4
305	барах		barax	尽，完，费；穷尽；失去	√	√	√	√
306	барвагар		barwaɢar	浓密的（毛）；粗糙的	√	√	√	√
307	барвайх		barwaix	变得粗糙，显得毛糙	√	√	√	√
308	баргар		barɢar	黳黑的，青紫色的；沉闷的	√	√	√	√
309	бардам		bardam	骄傲的，自傲的，有仗恃的	√	√	√	√
310	бардах		×	骄傲，傲慢；自夸，夸耀	×	×	×	×
311	бариа		bar,a	押金；骨疡；正骨术；（拴在牛角上的）牵绳	√	bɛr,a	bɛr,a	bɛr,a
312	бариач		bar,a:tʃ	正骨师，接骨师；助产士	√	bɛr,a:tʃ	bɛr,a:tʃ	bɛr,a:tʃ
313	баривчлах		bariwtʃlax	抓，逮，捕，捉拿	√	bɛriwtʃlax	bɛriwtʃlax	bɛriwtʃlax
314	барилга		bar,laɢ	建造，建筑，建筑工；建筑物	√	bɛr,laɢ	bɛr,laɢ	bɛr,laɢ
315	барилгачин		barilɢatʃin	建筑家，建筑工	√	berilɢatʃin	berilɢatʃin	berilɢatʃin
316	барилдах		barildaɢ	（барих 的互动态）；结；摔跤	√	bɛrildaɢ	bɛrildaɢ	bɛrildaɢ
317	барилдлага		barildlax	连接，结合，关系；缘分	√	bɛrildlax	bɛrildlax	bɛrildlax
318	баримал		bar,mal	雕塑，塑像，雕塑品	√	bɛr,mal	bɛr,mal	bɛr,mal
319	баримадч		bar,maltʃ	雕塑者，雕塑家		bɛr,maltʃ	bɛr,maltʃ	bɛr,maltʃ
320	баримт		barimt	根据，依据；收条；论据	√	bɛrimt	bɛrimt	bɛrimt
321	бариу		bar,ʊ:	紧瘦的，紧窄的，紧束的	√	bɛr,ʊ:	bɛr,ʊ:	bɛr,ʊ:
322	бариул		bar,ʊ:l	把儿，拉手，柄	√	bɛr,ʊ:l	bɛr,ʊ:l	bɛr,ʊ:l
323	барлах		barlax	制版，套版；上版；印刷	√	√	√	√
324	бартаа		barta:	蛮有把握的；绰绰有余的	√	√	√	√
325	бартаа		barta:	险要，险峻	√	√	√	√
326	баруй		×	阴暗的	×	×	×	baɾai
327	бархирах		barxirax	号，喝，吼，喊，呼	√	√	√	√
328	барьц		bar,tsa:	贡品，贡物；布施；抓的本领	√	bɛr,tsa:	bɛr,tsa:	bɛr,tsa:

续表

词序号	基里尔蒙古文	传统蒙古文	国际音标	汉义	被测试人序号			
					1	2	3	4
329	барьцаа	ᠪᠠᠷᠢᠴᠠᠠ	bar,tsa:	贡品，贡物；布施；典押品	√	bɛr,tsɑ:	bɛr,tsɑ:	bɛr,tsɑ:
330	барьцаалах	ᠪᠠᠷᠢᠴᠠᠯᠠᠬᠤ	bar,tsa:lax	扣押，抵押，典押，作质	√	bɛr,tsɑ:lɑx	bɛr,tsɑ:lɑx	bɛr,tsɑ:lɑx
331	бас	ᠪᠠᠰᠠ	bas	也，亦；又，再；并且；仍然	√	√	√	√
332	басах	ᠪᠠᠰᠤᠬᠤ	basax	轻视，蔑视，鄙视，瞧不起	√	√	√	√
333	бат	ᠪᠠᠲᠤ	bat	牢固的，坚固的；坚贞的；信	√	√	√	√
334	баталбар	ᠪᠠᠲᠤᠯᠠᠪᠤᠷᠢ	batalbar	保证，包票；证，证明	√	√	√	√
335	баталгаа	ᠪᠠᠲᠤᠯᠠᠭᠠ	batalga:	保险；证实；证书；把握	√	√	√	√
336	баттана	ᠪᠠᠲᠠᠭᠠᠨᠠ	batgan	蚊；蝇	√	√	√	√
337	батлах	ᠪᠠᠲᠤᠯᠠᠬᠤ	batlax	巩固；保障；肯定；求证	√	√	√	√
338	бах	ᠪᠠᠬᠠ	bax	喜好，趣味；爱慕，羡慕	√	√	√	√
339	бахархах	ᠪᠠᠬᠠᠷᠬᠠᠬᠤ	baxarxax	欣赏，赞叹；自豪	√	√	√	√
340	бахдах	ᠪᠠᠬᠠᠳᠠᠬᠤ	baxdax	羡慕；感兴趣；欢喜，愉快	√	√	√	√
341	бахрам	ᠪᠠᠬᠠᠷᠠᠮ	baxa:ram	令人倾慕的	√	√	√	√
342	бацаг	ᠪᠠᠴᠠᠭ	×	斋戒（特指不吃肉食）	×	×	×	×
343	бацаглах	ᠪᠠᠴᠠᠭᠯᠠᠬᠤ	×	吃斋，吃素	×	×	×	×
344	бач	ᠪᠠᠴᠢ	×	狡猾，滑头，诡计	×	×	×	×
345	бачим	ᠪᠠᠴᠢᠮ	batʃim	紧的，急的	√	bɛtʃim	bɛtʃim	bɛtʃim
346	бачимдах	ᠪᠠᠴᠢᠮᠳᠠᠬᠤ	batʃimdax	急躁，着急	√	bɛtʃimdɑx	bɛtʃimdɑx	bɛtʃimdɑx
347	бачимдуу	ᠪᠠᠴᠢᠮᠳᠠᠭᠤ	batʃimdʊ:	迫切的，急促的；急性的	√	bɛtʃimdʊ:	bɛtʃimdʊ:	bɛtʃimdʊ:
348	бачуу	ᠪᠠᠴᠢᠭᠤ	×	狭窄的；急促的，匆忙的	×	×	×	×
349	баширлах	ᠪᠠᠰᠢᠷᠯᠠᠬᠤ	baʃirlax	用奸计，耍花招	√	√	√	√
350	баяжих	ᠪᠠᠶᠠᠵᠢᠬᠤ	bajdʒix	发财，致富；丰富起来	√	√	√	√
351	баялаг	ᠪᠠᠶᠠᠯᠢᠭ	bajlag	富的，富饶的，丰富的	√	√	√	√

续表

词序号	基里尔蒙古文	传统蒙古文	国际音标	汉义	被测试人序号			
					1	2	3	4
352	баян		bajaŋ	富；富人；巴彦（指财主）	√	√	√	√
353	баяр		bajar	喜，欣喜；喜庆，喜事，节日	√	√	√	√
354	баясангуй		bajsaŋɡuě	乐观的	√	√	√	√
355	баясах		bajsax	快活，愉快	√	√	√	√
356	баясгалан		bajsɢalaŋ	欢乐，欣喜	√	√	√	√
357	бие		bej	身，体，身体；躯，躯壳；自己	√	√	√	√
358	биелэх		bejlex	体现，实现；跳贝尔格舞	√	√	√	√
359	биз		bidʐ	啊，吧（表示推断）	√	√	√	√
360	билэг		bileg	天资，天赋；必勒格（蒙古族历史上的一种称号）	√	√	√	√
361	битгий		bitgi:	别，莫，勿，甭，不要	√	√	√	√
362	битүүлэх		bitu:lex	封闭，捂住；封锁；捧，掬	√	√	√	√
363	битүүмжлэх		bitu:mdʒlex	封，封闭；封锁	√	√	√	√
364	битүүрэх		bitu:rex	闭合，塞住；憋，窒息，闷	√	√	√	√
365	бичиг		bitʃig	文，文字；书本；信函；文件	√	√	√	√
366	бичмэл		bitʃmel	手写的，手抄的；书写	√	√	√	√
367	бичн		bitʃiŋ	猴；（十二属的）猴，（十二支的）申	√	√	√	√
368	бичээс		bitʃe:s	书简，字条；题词，铭文	√	√	√	√
369	бичээч		bitʃe:tʃ	文书，书记员；笔帖式（书吏）	√	√	√	√
370	бишрэл		biʃrel	钦佩，景仰；信奉，信仰	√	√	√	√
371	бишрэх		biʃrex	钦佩，敬仰；信服，信仰	√	√	√	√
372	бог		bɔgˈ	烂干草；粪土；（牲畜的）胎盘，小畜（特指山羊和绵羊）	√	√	√	√

词序号	基里尔蒙古文	传统蒙古文	国际音标	汉义	被测试人序号			
					1	2	3	4
373	богд	ᠪᠣᠭᠳᠠ	bɔgd	圣人；博格多（活佛中之最高者）	√	√	√	√
374	богино	ᠪᠣᠭᠣᠨᠢ	bɔgin	矮小的，短小的；短粗的	√	√	√	bœgɔn
375	бод	ᠪᠣᠳᠠ	bɔd	大畜（特指牛，马，骆驼）	√	√	√	√
376	бодитой	ᠪᠣᠳᠣᠲᠠᠢ	bɔd,tɔi	具体的，实际的，现实的	√	√	√	√
377	бодлоготон	ᠪᠣᠳᠣᠯᠣᠭᠠᠲᠠᠨ	×	思想家	×	bɔdɔlɔgɔtəŋ	×	bɔdɔlɔgɔtəŋ
378	бодол	ᠪᠣᠳᠣᠯ	bɔdɔl	想法，念头，打算	√	√	√	√
379	бодох	ᠪᠣᠳᠣᠬᠣ	bɔdɔx	想，思考；打算；计算	√	√	√	√
380	бойжилт	ᠪᠣᠢᠵᠢᠯᠲᠠ	bɔidʒilt	发育，成长	√	√	√	√
381	бойжих	ᠪᠣᠢᠵᠢᠬᠣ	bɔidʒox	长大，成长，发育；成活	√	√	√	√
382	бойлох	ᠪᠣᠢᠯᠠᠬᠣ	×	护理，照料，服侍；干粗重活	×	×	×	×
383	бойтог	ᠪᠣᠢᠲᠤᠭ	bɔitɔg	软底皮靴；婴儿连袜鞋	√	√	√	√
384	болгоомж	ᠪᠣᠯᠭᠣᠮᠵᠢ	bɔlgɔ:mdʒ	慎重，谨慎，提防，警惕	√	√	√	√
385	болгох	ᠪᠣᠯᠭᠠᠬᠤ	bɔlgɔx	弄熟，煮熟	√	√	√	√
386	болд	ᠪᠣᠯᠤᠳ	bɔld	与，同，和；钢	√	√	√	√
387	болжмор	ᠪᠣᠯᠵᠢᠮᠤᠷ	bɔldʒmər	雀	√	√	√	√
388	болзоо	ᠪᠣᠯᠵᠤᠭ᠎ᠠ	bɔldʒɔ:	约会，约定	√	√	√	√
389	боловсон	ᠪᠣᠯᠤᠪᠰᠤᠨ	bɔlɔwsɔŋ	文明的；熟练地；成熟的	√	√	√	√
390	боловсрол	ᠪᠣᠯᠤᠪᠰᠤᠷᠤᠯ	bɔlɔwsrɔl	训练；修养，涵养	√	√	√	√
391	болор	ᠪᠣᠯᠤᠷ	bɔlər	水晶	√	√	√	√
392	болох	ᠪᠣᠯᠬᠣ	bɔlox	成为；可以，成；熟，成熟	√	√	√	√
393	болхи	ᠪᠣᠯᠬᠢ	bɔlx,	鲁钝的，鲁莽的；庸俗的	√	√	bœlx,	bœlx,
394	бондгор	ᠪᠣᠨᠳᠤᠭᠤᠷ	bɔndgər	圆鼓鼓的，圆滚伦敦的	√	√	√	√
395	боодол	ᠪᠣᠭᠣᠳᠣᠯ	bɔ:dɔl	包袱，包裹；包袱皮；包，束	√	√	√	√
396	боол	ᠪᠣᠭᠣᠯ	bɔ:l	奴隶；奴才	√	√	√	√

续表

词序号	基里尔蒙古文	传统蒙古文	国际音标	汉义	被测试人序号			
					1	2	3	4
397	боолт		bɔ:lt	包袱皮；绷带；捆，捆子	√	√	√	√
398	боомт		bɔ:mt	关，关键；闸；海关	√	√	√	√
399	боорцог		bɔ:rtsɔg	点心，糕点	√	√	√	√
400	боох		bɔ:x	包，裹，扎，捆，束，缠	√	√	√	√
401	борви		bɔrw,	踵，脚后跟	√	bœr,w	bœriw	bœrew
402	боргоцой		×	球果	×	×	×	×
403	боргоших		bɔrgɔʃix	（孩子）逐渐长大；逐渐老练	√	√	√	√
404	бордох		bɔrdɔx	喂料，喂肥；施肥；灌（肠子）	√	√	√	√
405	борлох		bɔrlɔx	发紫；变棕色；发灰；发青	√	√	√	√
406	борогчин		×	青灰色的（雄，母兔等的颜色）；雌雄，母野兔	×	×	×	×
407	борц		bɔrts	肉条	√	√	√	√
408	борцлох		bɔrtslɔx	切成肉条	√	√	√	√
409	босоо		bɔsɔ:	立的，竖直的；长大成人的	√	√	√	√
410	босох		bɔsɔx	起来，站起；起身，起床	√	√	√	√
411	ботго		bɔtɔG	驼羔	√	√	√	√
412	бохир		bɔxir	脏的，污秽的；僵的，笨拙的	√	bœxir	bœx,ir	bœx,ir
413	бохь		bɔx,	烟油子；树脂；（公驼发情时脑后流出来的）分泌物		bœx,	bœx,	bœx,
414	бүгд		buɣd	俱，均，皆；共，共计；整个	√	√	√	√
415	бугуй		buɡʊ̌	腕，手腕；手镯，镯子	√	√	√	√
416	бугуйвч		buɡʊ̌wtʃ	手镯，镯子，钏，手钏；护腕	√	√	√	√
417	будаа		bʊda:	米；饭，米饭，粮食	√	√	√	√
418	будах		bʊdax	染，染色；弄脏，染污	√	√	√	√

续表

词序号	基里尔蒙古文	传统蒙古文	国际音标	汉义	被测试人序号			
					1	2	3	4
419	бүжиг	ᠪᠦᠵᠢᠭ	buʤig	舞，舞蹈	√	√	√	√
420	бузар	ᠪᠤᠵᠠᠷ	buʣar	脏的，肮脏的；下流的；很	√	√	√	√
421	буйд	ᠪᠤᠶᠢᠳ	buĕd	偏僻的，背的，边远的	√	√	√	√
422	буйлах	ᠪᠤᠶᠢᠯᠠᠬᠤ	buĕlax	（骆驼）嗥叫；（老鹰）呼啸	√	√	√	√
423	буйллах	ᠪᠤᠶᠢᠯᠠᠬᠤ	buĕllax	（给骆驼）穿鼻勒	√	√	√	√
424	бул	ᠪᠤᠯ	bul	砣，砧子，碾子；毂，车轮头	√	√	√	√
425	булаах	ᠪᠤᠯᠠᠭᠠᠬᠤ	bula:x	夺，枪；抢劫，	√	√	√	√
426	булагдац	ᠪᠤᠯᠠᠭᠳᠠᠴᠠ	×	埋葬量，蕴藏量	×	×	×	bulagdats
427	булан	ᠪᠤᠯᠠᠩ	bulaŋ	（内部的）角，偶；湾	√	√	√	√
428	булах	ᠪᠤᠯᠠᠬᠤ	bulax	埋，埋葬；葬	√	√	√	√
429	бүлгэм	ᠪᠦᠯᠭᠡᠮ	bulgem	团，团体，集团	√	√	√	bolgem
430	бүлт	ᠪᠦᠯᠲᠡ	bult	全盘，全部，一切	√	√		√
431	бүлтийх	ᠪᠦᠯᠲᠡᠶᠢᠬᠦ	bulti:x	凸出，突出，鼓起，隆起				bolti:x
432	бүлтрэх	ᠪᠦᠯᠲᠡᠷᠡᠬᠦ	bultrex	脱出，甩出，进出，蹦出	√	√	√	boltrex
433	бүлүүр	ᠪᠦᠯᠦᠭᠦᠷ	bulu:r	杆杆，搅拌杆；活塞，鞲鞴	√	√	√	√
434	булчирхай	ᠪᠤᠯᠴᠢᠷᠬᠠᠢ	bultʃirxai	腺，腺体，分泌腺	√	√	√	√
435	бүлэг	ᠪᠦᠯᠦᠭ	buleg	帮，伙，派，集团；篇，章	√	√	√	√
436	бүлээн	ᠪᠦᠯᠦᠭᠡᠨ	bule:ŋ	温的，温热的	√	bulien	√	√
437	бүргэд	ᠪᠦᠷᠭᠡᠳ	burged	雕，鹫	√	√	√	√
438	бүрд	ᠪᠦᠷᠳᠡ	burd	（沙漠中的）绿洲；淀	√	√	√	√
439	бүрдэх	ᠪᠦᠷᠳᠡᠬᠦ	burdex	具备，齐全，齐备	√	√	√	√
440	буриад	ᠪᠤᠷᠢᠶᠠᠳ	bur,a:d	布里亚特（蒙古族之一部）	√	√	buriad,	√
441	бүрий	ᠪᠦᠷᠦᠢ	buri:	昏暗，朦胧；黄昏，傍晚	√	√	√	√
442	бүртгэл	ᠪᠦᠷᠲᠦᠭᠡᠯ	burtgel	统计；清点；登记；注册	√	√	√	√
443	буруу	ᠪᠤᠷᠤᠭᠤ	buru:	错的，错误的；反的；左，左边的；（车，马等的右边的）	√	√	√	√

词序号	基里尔蒙古文	传统蒙古文	国际音标	汉义	被测试人序号			
					1	2	3	4
444	буруулах		bɔrʊːlax	背过，转过；不让看见；匿（名）	√	√	√	√
445	бурхан		bɔrxaŋ	佛，佛爷	√	√	√	√
446	бүрэн		buren	全的，十足的；整的，充分的	√	√	√	√
447	бүс		bus	带子，腰带；地带	√	√	√	
448	бусад		bɔsad	别的，其他的；别人，他人	√	√	√	√
449	бүсгүй		busgui	女人，女子，妇女；女性的	√	√	√	bɵsgui
450	бутан		bɔtaŋ	坛子	√	√	√	
451	бутрах		bɔtrax	飞散，飞扬，分散	√	√	√	√
452	бутрах		bɔtrax	(雪花等）纷飞，漫天飘落	√	√	√	√
453	бүтэмж		butemdʒ	成绩，成就，成果，成效	√	√	√	√
454	бүтэх		butex	成，成功；形成，成为	√	√	√	√
455	бүтэц		butets	结构，构造	√	√	√	√
456	бүтээл		buteːl	创作，作品；创举；成果	√	√	√	√
457	бүтээлч		buteːltʃ	创造性的，建设性的	√	√	√	√
458	буу		bʊː	枪；炮;（中国象棋的）炮	√	√	√	√
459	буу		bʊː	枪；炮;（中国象棋里的）炮	√	√	√	√
460	бүү		buː	不，别，勿，莫，不要	√	√	√	√
461	буудал		bʊːdal	旅馆，宾馆；止宿处，宿营地	√	√	√	√
462	буудах		bʊːdax	射击，开枪；开炮；吹牛	√	√	√	√
463	бууз		bʊːdz	包子	√	√	√	√
464	буулгаах		bʊːlɢax	(буух 的使动态）；弄下	√	√	√	√
465	буур		bʊːr	种公驼	√	√	√	√
466	буурай		bʊːrai	虚的，弱的	√	√	√	√
467	буурал		bʊːral	苍白的；苍老的	√	√	√	√

词序号	基里尔蒙古文	传统蒙古文	国际音标	汉义	被测试人序号			
					1	2	3	4
468	буурах	ᠪᠠᠭᠤᠷᠠᠬᠤ	bʊ:rax	衰弱；退，减退，低落	√	√	√	√
469	буурилах	ᠪᠠᠭᠤᠷᠢᠯᠠᠬᠤ	bʊěr,lax	安家，定居	√	√	√	√
470	буурь	ᠪᠠᠭᠤᠷᠢ	bʊěr,	住处；遗址；（蒙古包的）地基	√	√	√	√
471	буух	ᠪᠠᠭᠤᠬᠤ	bʊ:x	下；下降	√	√	√	√
472	бууч	ᠪᠠᠭᠤᠴᠠ	bʊ:tʃ	驻地，宿营地；遗址，废址	√	√	√	√
473	бүх	ᠪᠦᠬᠦ	bʉx	全，总，全体，所有	√	√	√	√
474	бухадай	ᠪᠤᠬᠠᠳᠠᠢ	bʊxadai	（貌似牤牛的）公牛；牤牛	√	√	√	√
475	буцах	ᠪᠤᠴᠠᠬᠤ	bʊtsax	回，返，归；召回；回击	√	√	√	√
476	буян	ᠪᠤᠶᠠᠨ	bʊjaŋ	福，福气；善，慈善；遗产	√	√	√	√
477	бэвийх	ᠪᠡᠪᠡᠢᠬᠦ	bewi:x	缩头缩脑；发蔫；踌躇不前	√	√	√	√
478	бэл	ᠪᠡᠯ	bel	（山）腰；佩（腰带上的坠饰）	√	√	√	√
479	бэл	ᠪᠡᠯᠢ	bel	本儿，本钱，资金，股本	√	√	√	√
480	бэлтгэл	ᠪᠡᠯᠡᠳᠭᠡᠯ	beltgel	预备，准备，筹备；储备，后备	√	√	√	√
481	бэлхүүс	ᠪᠡᠯᠬᠡᠭᠦᠰᠦ	belxʉ:s	腰围，腰部	√	√	√	√
482	бэлхэвч	ᠪᠡᠯᠬᠡᠪᠴᠢ	×	腹部；腰围子，护腰甲，缠腰	×	×	×	×
483	бэлчих	ᠪᠡᠯᠴᠢᠬᠦ	beltʃix	（牲畜在牧场上自行）散开吃草	√	√	√	√
484	бэлчээрлэх	ᠪᠡᠯᠴᠢᠭᠡᠷᠯᠡᠬᠦ	beltʃe:rlex	（牲畜）放青，去牧场吃草	√	√	√	√
485	бэлэг	ᠪᠡᠯᠡᠭ	beleg	礼，礼物，礼品，献礼，赠物	√	√	√	√
486	бэлэг	ᠪᠡᠯᠭᠡ	beleg	象征；吉祥；标记；性，性别	√	√	√	√
487	бэлэглэх	ᠪᠡᠯᠡᠭᠯᠡᠬᠦ	beleglex	（作为礼物）赠，赠送，馈赠	√	√	√	√
488	бэлэн	ᠪᠡᠯᠡᠨ	beleŋ	现成的，准备好的，现有的	√	√	√	√
489	бэрвийх	ᠪᠡᠷᠪᠡᠢᠬᠦ	berwi:x	（冻得）缩头缩脑；怯懦	√	√	√	√

续表

词序号	基里尔蒙古文	传统蒙古文	国际音标	汉义	被测试人序号			
					1	2	3	4
490	бэрс	ᠪᠠᠷᠰ	bers	（国际象棋中的）后，（蒙古象棋中的）帅	√	√	√	√
491	бэрсүү	ᠪᠠᠷᠰᠤᠤ	bersʉ:	（特别敏感的）疤瘌；疙瘩	√	√	√	√
492	бэртэгчин	ᠪᠠᠷᠲᠠᠭᠴᠢᠨ	bertegtʃiɲ	小市民；庸人，鼠目寸光的人	√	√	√	√
493	бэртэх	ᠪᠠᠷᠲᠠᠬᠤ	bertex	受内伤；挫伤；（骨）折	√	√	√	√
494	бэрх	ᠪᠠᠷᠬᠡ	berx	难，困难；（羊拐的）四面；四样（玩羊拐四面的游戏）	√	√	√	√
495	бэрхтэх	ᠪᠠᠷᠬᠡᠲᠠᠬᠤ	berxtex	为难；劳累，疲倦	√	√	√	√
496	бэрхшээл	ᠪᠠᠷᠬᠡᠰᠢᠶᠠᠯ	berxʃe:l	难，艰难，困难	√	√	√	√
497	бэсрэг	ᠪᠠᠰᠤᠷᠠᠭ	besreg	混血的，杂种的	√	√	√	√
498	бэтэг	ᠪᠠᠲᠠᠭ	×	痞，痞块，痞积；脾肿大	×	×	×	×
499	бэх	ᠪᠠᠬᠡ	bex	坚固的，坚实的	√	√	√	√
500	бэхжих	ᠪᠠᠬᠡᠵᠢᠬᠤ	bexdʒix	巩固起来，变得坚实	√	√	√	√
501	бэхлэлт	ᠪᠠᠬᠡᠯᠠᠯᠲᠠ	bexlelt	堡垒，壁垒；巩固	√	√	√	√
502	бээлий	ᠪᠠᠭᠡᠯᠡᠢ	be:li:	手套	√	√	√	√
503	бээрэх	ᠪᠠᠭᠡᠷᠠᠬᠤ	be:rex	受冻，冻僵	√	√	√	√
504	бядуу	ᠪᠢᠶᠠᠳᠠᠭᠤ	×	笨的，迟钝的	×	×	×	×
505	бялдууч	ᠪᠢᠶᠠᠯᠳᠠᠭᠤᠴᠢ	byaildʊ:tʃ	奉承的，讨好的	√	√	√	√
506	бялдуучлах	ᠪᠢᠶᠠᠯᠳᠠᠭᠤᠴᠢᠯᠠᠬᠤ	byaldʊ:tʃlax	拍马屁，阿谀	√	√	√	√
507	бялуу	ᠪᠢᠶᠠᠯᠠᠭᠤ	×	布鲁棒（一种猎具）	×	×	×	×
508	бялуудах	ᠪᠢᠶᠠᠯᠠᠭᠤᠳᠠᠬᠤ	×	掷布鲁棒；投掷，甩出	×	×	×	×
509	бямба	ᠪᠢᠮᠪᠠ	bjamb	土（七曜之一）；星期六	√	√	√	√
510	бяцхан	ᠪᠢᠴᠢᠬᠠᠨ	bitsɢaɲ	小的；幼小的；少些，少许	√	√	√	√
511	гөвүүр	ᠭᠣᠪᠢᠭᠤᠷ	guwʉ:r	掸子，拂尘	√	√	√	√
512	гөлөг	ᠭᠥᠯᠥᠭᠡ	gøleg	狗崽子；嫩叶	√	√	√	√
513	гөлөглөх	ᠭᠥᠯᠥᠭᠡᠯᠠᠬᠤ	gøleglex	生崽；结骨朵	√	√	√	√
514	гөлөм	ᠭᠥᠯᠥᠮᠡ	gøløm	�，做鞴用的熟皮；薄片	√	√	√	√
515	гөлийх	ᠭᠥᠯᠡᠢᠬᠦ	gøli:x	变得光滑，变滑溜	√	√	√	√

词序号	基里尔蒙古文	传统蒙古文	国际音标	汉义	被测试人序号			
					1	2	3	4
516	гөлрөх		gөlrөx	呆视，出神，睃睁	√	√	√	√
517	гөрөөлөх		gөrө:lөx	打猎，狩猎	√	√	√	√
518	гөрөөс		gөrө:s	兽	√	√	√	√
519	гөрөөчин		gөrө:tʃin	打猎人，狩猎人，猎户	√	√	√	√
520	гөрөх		gөrөx	编织，编成	√	√	√	√
521	гөрмөл		gөrmөl	编织的，编成的	√	√	√	√
522	гөхий		gөxi:	钓鱼钩	×	dege:	×	×
523	гөхийдөх		gөxi:dөx	钓	×	×	×	×
524	гаа		ɢa	公顷（一万平方米）；呱呱叫声；姜；薄荷；毛病，瑕疵	√	√	√	√
525	гаали		ɢa:l	关税，税；税务局，海关	√	√	√	√
526	гаалилах		ɢa:llax	征收关税，征税，抽税	√	√	√	√
527	гав		ɢaw	裂缝，裂口；手铐	√	√	√	√
528	гавал		ɢawal	头盖骨，天灵盖，颅	√	√	√	√
529	гавиа		ɢawja:	功，功劳，功绩	√	√	√	√
530	гавияархах		ɢawja:rxax	居功自傲，以功臣自居	√	√	√	√
531	гавиятан		ɢawja:taŋ	立功者，功臣	√	√	√	√
532	гавшгай		ɢawʃɢai	敏捷的，伶俐的；前锋的	√	√	√	√
533	гадаа		ɢada:	外面，在房子外面；在旷野	√	√	√	√
534	гадаад		ɢada:d	表面的；外国，外交的	√	√	√	√
535	гадагш		ɢadagʃ	向外，向外国；反着，翻着	√	√	√	√
536	гадагшлах		ɢadagʃlax	外出，出国；突出来，露出	√	√	√	√
537	гадар		ɢadar	外壳，面子；外表的	√	√	√	√
538	гадарга		ɢadaraɢ	外部，外表；地势，地形	√	√	√	√
539	гадас		ɢadas	桩子，木栓，木柱，撅子	√	√	√	√

续表

词序号	基里尔蒙古文	传统蒙古文	国际音标	汉义	被测试人序号			
					1	2	3	4
540	гадна		ɡɑdan	外面；外部的，外貌的；别的	√	√	√	√
541	гадуур		ɡɑdʊːr	在外面；外面的，外部的	√	√	√	√
542	гажих		ɡɑdʒax	歪扭，歪曲；违反；曲解	√			
543	гажуу		ɡɑdʒʊː	偏的，歪斜的；邪恶的	√			
544	гажууд		ɡɑdʒʊːd	偏的，弯曲的；不公正的	√			
545	газар		ɡɑdzar	土地，土壤；大地；地方	√			
546	газарч		ɡɑdzartʃ	向导，导游者；熟谙地行者	√	√	√	√
547	гай		ɡɑi	灾难，不幸；街，街道	√	√	√	√
548	гайтах		ɡɑitax	遭灾，遭灾祸，受损害，倒霉	√	√	√	√
549	гайхал		ɡɑixal	奇妙，惊讶；怪癖人；讨厌的	√	√	√	√
550	гайхамшиг		ɡɑixamʃig	奇迹，怪事；绝妙的，卓越的	√	√	√	√
551	гайхах		ɡɑixax	惊奇，奇怪；赞扬，欣赏	√	√	√	√
552	гал		ɡɑl	火，火焰；炮火；雷管	√	√	√	√
553	галав		ɡɑlaw	代，时代，期；劫	√	√	√	√
554	галдах		ɡɑldax	放火，烧火	√	√	√	√
555	галзуу		ɡɑldzʊ	狂犬病，疯病；疯的，狂的	√	√	√	√
556	галзуурах		ɡɑldzʊːrax	发疯，疯癫；狂暴，猖狂	√			√
557	галиг		ɡɑlig	音标，音符，注音	√	√	√	ɡɛlig
558	галуу		ɡɑlʊː	鹅，雁	√	√	√	√
559	галч		ɡɑltʃ	火夫；司炉，锅炉工	√			
560	гамнах		ɡɑmnax	节约；保护，保重	√	√	√	√
561	гамшиг		ɡɑmʃig	灾，灾难	√	√	√	√
562	ган		ɡɑŋ	旱，干旱；钢；刚强的；裂缝；缸，木桶；狗嗓叫，哀号	√	√	√	√

词序号	基里尔蒙古文	传统蒙古文	国际音标	汉义	被测试人序号			
					1	2	3	4
563	ганга		ɢaŋɢ	山谷，断崖；百里香；恒河	√	√	√	√
564	гангалах		ɢaŋɢalax	修饰打扮，追逐时尚	√	√	√	√
565	ганган		ɢaŋɢaŋ	艳丽的，华丽的	√	√	√	√
566	гангар		ɢaŋɢar	细瓷，细瓷器；碗；刚刚嘎嘎（群雁鸣声）	√	√	√	√
567	гандах		ɢanadax	干旱，枯萎；退色；狼狈，恶化	√	√	√	√
568	гандах		ɢanatax	裂，裂缝，出裂口	√	√	√	√
569	гандуун		ɢandʊːŋ	倔，古怪的，固执的；刚强的	√	√	√	√
570	ганзага		ɢandʑʊːr	甘珠尔（藏文大藏经之"佛语部"）	√	√	√	√
571	ганзага		ɢandʑaɢ	鞍带，鞍梢绳	√	√	√	√
572	ганзагалах		ɢandʑaɢlax	系在鞍上，系在鞍梢绳上	√	√	√	√
573	гани		ɢan,	孤独的；愚笨的	√	√	√	√
574	гантиг		ɢantig	大理石，大理岩	√	√	√	√
575	ганхах		ɢaŋxax	摆动，摇动，飘动，跳动	√	√	√	√
576	ганч		ɢantʃ	唯一的，单独的；仅仅，只	√	√	√	√
577	ганчаар		ɢantsaːr	独自地，单独地	√	√	√	√
578	гар		ɢar	手；侧面；把手，扶手	√	√	√	√
579	гарал		ɢaral	发源，起源，出身	√	√	√	√
580	гаралт		ɢaralt	出现，产生；出产，产品	√	√	√	√
581	гарам		ɢaram	港口，渡口；路口	√	√	√	√
582	гарамгай		ɢaramɢai	杰出的，卓越的，精干的	√	√	√	√
583	гарах		ɢarax	出现，产生 ；出去	√	√	√	√
584	гаргалга		ɢarɢalaɢ	后记，跋，跋文	√	√	√	√
585	гарди		ɢard	凤，凤凰	ɢardi	√	√	ɡɛr,d
586	гарз		ɢardʑ	亏损，损耗；徒劳	√	√	√	√
587	гарлага		ɢarlaɢ	费用，开支；损失，损耗	√	√	√	√

续表

词序号	基里尔蒙古文	传统蒙古文	国际音标	汉义	被测试人序号			
					1	2	3	4
588	гарлах		ɢarlax	亲手做，亲手完成；用手做	√	√	√	√
589	гартаам		ɢarta:m	手续，路条	√	√	√	√
590	гартах		ɢartax	被难住，被制服	√	√	√	√
591	гаруй		ɢarʊĕ	多余，超过，更多	√	√	√	√
592	гарх		ɢarix	铁环，耳环，戒指；环形的	gɛrix	√	√	√
593	гарч		ɢartʃ	出口，路口；输出；出产量	√	√	√	√
594	гарчаглах		ɢartʃiglax	编写目录，题名，编索引	√	√	√	√
595	гарчиг		ɢartʃig	目录，目次，标题	gɛrtʃig	√	√	√
596	гарших		ɢarʃix	习惯，惯熟，用惯	√	√	√	√
597	гаслан		ɢasalaŋ	悲惨，悲痛；灾难，不幸	√	√	√	√
598	гаслах		ɢasalax	悲伤，伤心；遭难；号叫	√	√	√	√
599	гаталгаа		ɢatalɢa:	渡口，码头	√	√	√	√
600	гатлах		ɢatlax	渡过，涉过；克服，战胜困难	√	√	√	√
601	гахай		ɢaxai	猪；亥	√	√	√	√
602	гачаа		ɢatʃa:	噶查(行政区划单位，相当于村)	√	√	√	√
603	гачах		ɢatsax	逼迫，刁难；卡主，阻拦	√	√	√	√
604	гачиг		ɢatʃig	贫困；灾难	√	√	√	√
605	гачигдал		ɢatʃigdal	贫穷，缺乏	√	√	√	√
606	гачигдах		ɢatʃigdax	贫困；受苦	√	√	√	√
607	гашлах		ɢaʃlax	发酸，腐坏，变味	√	√	√	√
608	гашуу		ɢaʃʊ:	痛苦，哀伤，哀痛	√	√	√	×
609	гашуудал		ɢaʃʊ:dal	悲伤，哀伤，致哀，服丧	√	√	√	√
610	гашуудах		ɢaʃʊ:dax	悲伤，忧愁；送殡	√	√	√	√
611	гашуун		ɢaʃʊ:ŋ	苦的，辣的；痛苦的，不幸的	√	√	√	√
612	гийгүүлэгч		gi:gʉ:legtʃ	辅音，子音	√	√	√	√

续表

词序号	基里尔蒙古文	传统蒙古文	国际音标	汉义	被测试人序号			
					1	2	3	4
613	гийгүүлэх		giguːlex	照耀，照亮；使快乐	√	√	√	√
614	гийчин		giːtʃin	贵人，宾客，贵客	√	√	√	√
615	гилбар		gilbɑr	箭镞	√	√	√	√
616	гилтгэнэх		giltgenex	变得有光泽，光润的	√	√	√	√
617	гишгэх		giʃgex	踩，踏，践；指马的交配	√	√	√	√
618	гишүү		geʃuː	关节，肢体	√	√	√	√
619	гишүүн		geʃuːn	成员，委员；成分	√	√	√	√
620	гиюүрэх		gejuːrex	（因寂寞无聊而）到处游荡	gijuːrex	√	√	√
621	гоё		Gɔj	漂亮的，美丽的	√	√	√	√
622	гоёо		Gɔjɔ	槟榔	√	√	√	√
623	гоёх		Gɔjox	化妆，打扮	√	√	√	√
624	говь		gœb	戈壁，戈壁滩	gœw	√	√	√
625	годгонох		Gɔdgɔnɔx	频频摆动；乱动乱窜的	√	√	√	√
626	гозойх		Gɔdʒiːx	竖起，立起；挺，勃起	Gɔdʒɔĕx	√	√	√
627	гойд		gœːd	格外，分外	Gɔĕd	√	√	√
628	гол		Gɔl	中心，心，瓤，蕊；河流，川	√	√	√	√
629	голомт		Gɔlɔmt	灶台；发祥地，发源地	√	√	√	√
630	голох		Gɔlox	嫌弃，鄙视	√	√	√	√
631	голч		Gɔltʃ	公平的；正直的	√	√	√	√
632	гомдох		Gɔmdox	怨恨，抱怨；懊丧；委屈	√	√	√	√
633	гонж		Gɔndʒ	休想，枉然	√	√	√	√
634	гоожих		Gɔːdʒix	漏，流，淌	√	√	√	√
635	гоонь		Gɔːn,	鳏夫	√	Gɔːŋ,	√	√
636	горилох		gœrlɔx	指望，期盼；动心，企图	√	√	√	√
637	горхи		Gɔrx	小溪，小河	√	√	√	√
638	гох		Gɔx	钩，吊钩	√	√	√	√
639	гохдох		Gɔxdox	钩住	√	√	√	√

续表

词序号	基里尔蒙古文	传统蒙古文	国际音标	汉义	被测试人序号			
					1	2	3	4
640	гоцлох		ɢɔtʃlɔx	出众，出类拔萃	ɢɔtslɔx	✓	✓	✓
641	гуа		gʊa	美丽的，秀丽的	✓	✓	✓	✓
642	гуа		gʊa	瓜	✓	✓	✓	✓
643	гуай		gʊɛ	对于老者的尊称	gʊai	✓	✓	✓
644	гувай		gʊbai	秀丽的，标致的	×	×	×	×
645	гувшуур		gʊbtsʊ:r	赋税，捐税	gʊwtsʊ:r	✓	✓	✓
646	гувэх		gʉwex	掸，抖搂	✓	✓	✓	✓
647	гудамж		gʊdamdʒ	走廊，胡同，巷子，街道	✓	✓	✓	✓
648	гудас		gʊdas	沿着，顺着	✓	✓	✓	✓
649	гүдгэр		gʉdger	鼓起的，凸起的	✓	✓	✓	✓
650	гүдийх		gʉdi:x	鼓起，凸起	✓	✓	✓	✓
651	гүехэн		gʉixen	浅的，浅薄的，肤浅的	×	×	×	gʉjxen
652	гүжирлэх		gʉdʒirlex	诬赖，抵赖	✓	✓	✓	✓
653	гүзээ		gʉdze:	瘤胃	✓	✓	✓	✓
654	гүзээлзгэнэ		gʉdze:ldzgen	草莓	✓	✓	✓	✓
655	гүзээлэх		gʉdze:lex	将东西装入瘤胃	✓	✓	✓	✓
656	гуйвах		gʊĕbăx	动摇	gʊĕwax	✓	✓	✓
657	гуйвууллага		gʊĕwʊ:llaɢ	汇兑	✓	✓	✓	✓
658	гүйдэл		gʉidel	跑法，流动流转	✓	✓	✓	✓
659	гуйлга		gʊĕlag	请求，申请	gʊĕlag	✓	✓	✓
660	гүйлгээ		gʉilge:	流通，周转	✓	✓	✓	✓
661	гүйлс		gʉiles	杏，杏树	✓	✓	✓	✓
662	гуйранч		gʊĕrantʃ	乞丐	gʊĕrantʃ	✓	✓	✓
663	гуйх		gʊĕx	请求，恳求	gʊĕx	✓	✓	✓
664	гүйх		gʉix	跑，奔跑	✓	✓	✓	✓
665	гүйцэд		gʉitsed	完整的，充分的，足够的	gʉitsed	✓	✓	✓
666	гүйцэтгэл		gʉitsetgel	完成，实现，指标	✓	✓	✓	✓
667	гүйцэх		gʉitsex	赶，追上	gʉitsex	✓	✓	✓
668	гулгах		gʊlɢax	滑行，出溜	✓	✓	✓	✓
669	гулд		gʊld	纵的，竖的	✓	✓	✓	✓

词序号	基里尔蒙古文	传统蒙古文	国际音标	汉义	被测试人序号			
					1	2	3	4
670	гүн		gʉn	深的，高深的	√	√	√	√
671	гуна		gʊna	三岁的牛马等	√	√	√	√
672	гунж		gʊndʒ	三岁母牛等畜	√	√	√	√
673	гүнзгий		gʉndʒgi:	深刻的	√	√	√	√
674	гуниг		gʊnag	悲伤，苦闷，忧伤	√	√	√	√
675	гурвалжин		gʊrwaldʒin	三角形	√	√	√	√
676	гүрвэл		gʉrwel	壁虎	√	gʉrwu:l	√	√
677	гургалдай		gʊrɢaldai	勺鸡	√	√	√	√
678	гургуул		gʊrgʊ:l	雉，野山鸡	√	√	√	√
679	гурил		gʊril	面，面粉	√	√	√	√
680	гурилдах		gʊrildax	沾上面粉；刷浆	√	√	√	√
681	гутал		gʊtal	鞋子，靴子	√	√	√	√
682	гуталчин		gʊtaltʃi	鞋匠	√	√	√	√
683	гүтгэл		gʉtgel	诬蔑，诽谤，诋毁	√	√	√	√
684	гүтгэх		gʉtgex	诬蔑，诋毁	√	√	√	√
685	гүү		gʉ:	母马，骒马	√	√	√	√
686	гүү		gʉ:	骒马	√	√	√	√
687	гуужих		gʊ:dʒix	脱毛，蜕皮	√	√	√	√
688	гуули		gʊ:l	黄铜	√	√	√	√
689	гүүр		gʉ:r	小桥，独木桥	√	√	√	√
690	гуч		gʊtʃ	三十	√	√	√	√
691	гуя		gʊj	大腿，臀	√	√	√	√
692	гэвч		gewtʃ	然而，但是	√	√	√	√
693	гэгээ		gege:	光亮；光明的	√	√	√	√
694	гэгээвч		gege:wtʃ	窗户，床上通风孔	√	√	√	√
695	гэгээн		gege:ŋ	光亮，光辉的，清的；活佛	√	√	√	√
696	гэгээрэл		gege:rel	教育，启蒙	√	√	√	√
697	гэгээрэх		gege:rex	黎明，天亮	√	√	√	√
698	гэдгэнэх		gedgenex	胳肢	√	√	√	√
699	гэдийх		gedi:x	昂首，挺	√	√	√	√
700	гэдрэг		gedreg	反，倒	√	√	√	√

续表

词序号	基里尔蒙古文	传统蒙古文	国际音标	汉义	被测试人序号			
					1	2	3	4
701	гэдэс		gedes	腹；肠子；（蒙古语）字肚	√	√	√	√
702	гэдэслэх		gedeslex	出肚子	√	√	√	√
703	гэзгэвч		gedʒgewtʃ	马嚼子的环箍	×	×	×	×
704	гэзэг		gedʒeg	辫子；头发；（蒙古语）字辫	√	√	√	√
705	гэм		gem	病症；恶习，弊端，毛病	gem	√	√	√
706	гэмтэл		gemtel	创伤；毛病，故障	gemtel	√	√	√
707	гэмших		gemʃix	悔恨，后悔	gemʃix	√	√	√
708	гэнгэрэх		geŋgerex	忧愁，忧伤，郁闷；难耐	√	√	√	√
709	гэнэдэл		genedel	忽略，疏忽；失策，上当	√	√	√	√
710	гэнэн		geneŋ	幼稚的，天真的；疏忽的	√	√	√	√
711	гэнэт		geŋet	突然，出乎意料，偶然，遽然	√	√	√	√
712	гэр		ger	房子；家，家宅；室，房间	√	√	√	√
713	гэргий		gergi:	妻子，妻室	√	√	√	√
714	гэрлэх		gerlex	成婚，成亲	√	√	√	√
715	гэрч		gertʃ	证明，证据，见证	√	√	√	√
716	гэрчлэх		gertʃlex	作证，证明	√	√	√	√
717	гэрэл		gerel	光，光线，光芒，光亮	√	√	√	√
718	гэрэлтэх		gereltex	发光，发亮，照耀	√	√	√	√
719	гэрээ		gere:	条约，合同	√	√	√	√
720	гэрээлэх		gere:lex	达成合约，条约等	√	√	√	√
721	гэрээс		gere:s	遗物，家传旧物；遗嘱	√	√	√	√
722	гэсэр		geser	花蕊	√	√	√	√
723	гэсэх		gesex	化冻，融化	√	√	√	√
724	гэтэгч		getegtʃ	跟踪者，尾随着	√	√	√	√
725	гэтэх		getex	跟踪，尾随	√	√	√	√
726	гэх		gex	说，告诉；所谓	√	√	√	√

词序号	基里尔蒙古文	传统蒙古文	国际音标	汉义	被测试人序号			
					1	2	3	4
727	гээх		ge:x	丢失，失落	√	√	√	√
728	гялалзах		gilaldzax	闪烁，闪耀；灿烂，辉煌	√	√	√	√
729	гялбаа		gilba:	闪电，闪光，太阳光辉	√	√	√	√
730	гялс		gils	闪烁，一闪	√	√	√	√
731	гярхай		girxɛ:	过目不忘的；目光敏锐的	girxai	√	√	√
732	дөрвөлж		dərwelʤ	方形框，方形器皿；立方体	√	√	√	√
733	дөхөмхөн		dəgəmxən	便利一些的，方便一些的	√	√	√	√
734	даамал		da:mal	看管的，负责人；头子	√	√	√	√
735	даваа		dawa:	岭，山岭；关，难关	√	√	√	√
736	давслах		dawslax	腌，渍（菜，肉）	√	√	√	√
737	давтлага		dawtlaɢ	复习，温习	√	√	√	√
738	давхар		dawxar	双层的；重叠的；有孕的	√	√	√	√
739	дадлага		dadlaɢ	习惯，素养；技巧，熟练	√	√	√	√
740	дайллага		daĕllaɢ	招待会，宴会	√	√	√	√
741	дайн		daĕn	战争	√	√	√	√
742	дайсан		daĕsan	敌，敌人	√	√	√	√
743	данс		daŋs	单子，档案；帐，帐簿	√	√	√	√
744	данслах		daŋslax	记账，注册	√	√	√	√
745	дараа		dara:	其次，然后；次，下	√	√	√	√
746	дараалал		dara:lal	顺序，次序	√	√	√	√
747	дархан		darxan	匠人，工匠；有手艺的	√	√	√	√
748	дасгал		dasɢal	练习，习题	√	√	√	√
749	даяар		daja:r	遍，全	√	√	√	√
750	доор		dɔ:r	下，底下；立即，立刻	√	√	√	√
751	дорнодахин		dɔrnɔdɛxin	东方	√	√	√	√
752	доройтох		dɔrɔĕtɔx	衰弱，衰落，堕落，没落	√	√	√	√
753	дотночлох		xɔlʧncɔtɔb	诚挚的	√	√	√	√

续表

词序号	基里尔蒙古文	传统蒙古文	国际音标	汉义	被测试人序号			
					1	2	3	4
754	дотоод		dɔtɔːd	内，里面的，内部的，内在的	√	√	√	√
755	дотор		dɔtɔr	里子；内脏	√	√	√	√
756	дотор		dɔtɔr	内，内部，里边，里面	√	√	√	√
757	доторлох		xlɔtɔrlɔx	做里子，挂里子	√	√	√	√
758	дугаар		dʊʁaːr	号吗，号数，次第	√	√	√	√
759	дугараг		dʊʁrag	圆的，圆形的；圆	√	√	√	√
760	дулаан		dʊlaːn	暖，温暖的；顺的，温和的	√	√	√	√
761	дүн		duŋ	成果，结果；总结，总额，综合	√	√	√	√
762	дунд		dʊnd	中，中心，中部；中等，中流	√	√	√	√
763	дур		dʊr	爱好；志愿；感情，情绪；欲念	√	√	√	√
764	дурлах		dʊrlax	喜欢，喜爱，爱好，爱慕	√	√	√	√
765	дусал		dʊsal	点，滴；水珠，水点	√	√	√	√
766	дуслах		dʊslax	滴，滴水，漏水，滴嗒	√	√	√	√
767	дутах		dʊtax	缺，缺少，缺乏	√	√	√	√
768	дутуу		dʊtʊː	缺的，缺乏的，缺少的	√	√	√	√
769	дуу		dʊː	歌，歌曲	√	√	√	√
770	дуугарах		dʊʁrax	响，发出声音；说，谈话	√	√	√	√
771	дүэм		durem	规则，章程，法则	√	√	√	√
772	дэвтэр		dewter	册，卷，簿子，本子；史册	√	√	√	√
773	дэлгүүр		delguːr	门市，商店，商行，商场	√	√	√	√
774	дэлхий		delxiː	世界，天下	√	√	√	√
775	дэмжих		demdʒix	支持，支援，援助，撑腰	√	√	√	√
776	дэмжлэг		demdʒleg	支援，援助，支持	√	√	√	√
777	дэс		des	次序，次第，等级；其次	√	√	√	√
778	дээгүүр		deːguːr	上面，表面上；自大的	√	√	√	√
779	дээж		deːdʒ	头份，头道；良，珍品	√	√	√	√

词序号	基里尔蒙古文	传统蒙古文	国际音标	汉义	被测试人序号			
					1	2	3	4
780	дээс	ᠳᠡᠭᠡᠰᠦ	de:s	毛鬃绳；绳子，绳索	√	√	√	√
781	дээш	ᠳᠡᠭᠡᠰᠢ	de:ʃ	向上，往上	√	√	√	√
782	дээшлэх	ᠳᠡᠭᠡᠰᠢᠯᠡᠬᠦ	de:ʃlex	昂扬，向上，提高；起床（敬辞）	√	√	√	√
783	ерөөл	ᠢᠷᠦᠭᠡᠯ	jərø:l	祝词，祝愿；缘分	√	√	√	√
784	ерөнхийлэгч	ᠶᠡᠷᠦᠩᠬᠡᠢᠯᠡᠭᠴᠢ	jərønxi:legtʃ	总统，总裁	√	√	√	√
785	жаалт	ᠵᠢᠭᠠᠯᠲᠠ	dʒa:lt	指标	√	√	√	√
786	жаахан	ᠵᠢᠭᠠᠬᠠᠨ	dʒa:xan	小的，年幼的；少许的，稍微的	√	√	√	√
787	жижүүр	ᠵᠢᠵᠢᠭᠦᠷ	dʒidʒu:r	值日，值班	√	√	√	√
788	жимс	ᠵᠢᠮᠢᠰ	dʒims	水果，果实	√	√	√	√
789	жолооч	ᠵᠢᠯᠤᠭᠤᠴᠢ	dʒɔlɔ:tʃ	司机，驾驶员	√	√	√	√
790	жүжиг	ᠵᠦᠵᠦᠭᠡ	dʒudʒig	剧，戏，戏剧	√	√	√	√
791	жуулчин	ᠵᠢᠭᠤᠯᠴᠢᠨ	dʒʊ:ltʃin	游客	√	√	√	√
792	зөөвөр	ᠵᠦᠭᠡᠭᠦᠷ	dzø:wər	搬运，输送；（所运的）货物	√	√	√	√
793	зөөлөн	ᠵᠦᠭᠡᠯᠡᠨ	dzø:lən	软的；柔和的，温和的	√	√	√	√
794	зөв	ᠵᠦᠪ	dzøw	对，正确；正，顺，正面	√	√	√	√
795	зөвлөгч	ᠵᠦᠪᠯᠡᠭᠴᠢ	dzøwlegtʃ	参赞，顾问，参事	√	√	√	√
796	зөвлөл	ᠵᠦᠪᠯᠡᠯ	dzøwlel	理事会，委员会；苏维埃	√	√	√	√
797	зөвлөх	ᠵᠦᠪᠯᠡᠬᠦ	dzøwlex	商议，协商；恰好，恰如其分	√	√	√	√
798	зөвшөөрөл	ᠵᠦᠪᠰᠢᠶᠡᠷᠡᠯ	dzøwʃø:rel	批准，核准，承认，同意	√	√	√	√
799	зөндөө	ᠵᠦᠨᠳᠡᠭᠡ	dzønde:n	众多，有的是	√	√	√	√
800	за	ᠵᠠ	dza:	是，嗻；嗨	√	√	√	√
801	заалдлага	ᠵᠠᠭᠠᠯᠳᠤᠯᠭᠠ	dza:ldlaɢ	诉讼，讼事，起诉	√	√	√	√
802	завсар	ᠵᠠᠪᠰᠠᠷ	dzawsar	间隙，裂缝；闲暇，空闲；中间	√	√	√	√
803	завхай	ᠵᠠᠪᠬᠠᠢ	dzawxaĕ	放荡的，淫佚的，淫荡的	√	√	√	√
804	завшаан	ᠵᠠᠪᠰᠢᠶᠠᠨ	dzawʃa:n	机会，幸运，良机	√	√	√	√
805	загвар	ᠵᠠᠭᠪᠤᠷ	dzagwar	形式；模型	√	√	√	√
806	загнах	ᠵᠠᠭᠨᠠᠬᠤ	dzagnax	呵斥，叱责；发脾气	√	√	√	√

词序号	基里尔蒙古文	传统蒙古文	国际音标	汉义	被测试人序号			
					1	2	3	4
807	залбирах		ʣɛlbirax	祷告，祈祷	√	√	√	√
808	залгиур		ʣɛlgiʊːr	咽，咽头	√	√	√	ʣɛlgˌʊːr
809	залуу		ʣalʊː	年轻的，青春的；青年	√	√	√	√
810	залхуу		ʣalxʊː	懒惰的，怠惰的	√	√	√	√
811	заль		ʣɛl,	奸狡，奸计，诡计，狡黠	√	√	√	√
812	зам		ʣam	道，路；轨道；路程；路线	√	√	√	√
813	зан		ʣaŋ	性格，品质，性情；丈（十尺）	√	√	√	√
814	заншил		ʣaŋʃil	风俗，习惯，习俗	√	√	√	√
815	зарах		ʣarax	使，使用；雇佣；消费；出售	√	√	√	√
816	зарга		ʣaraɢ	诉讼（案件）	√	√	√	√
817	зарлиг		ʣɛrlag	令，命令；令	√	√	√	√
818	засвар		ʣaswar	修理，修改，修正，校正	√	√	√	√
819	зах		ʣax	领子，边，边界；市场；件，袭	√	√	√	√
820	захиа		ʣɛxiaː	信件；委托；嘱咐	√	√	√	√
821	захирал		ʣɛxiral	信，函，书信，信件，书简	√	√	√	√
822	захиргаа		ʣɛxirɢaː	行政，管辖；公输	√	√	√	√
823	заяа		ʣajaː	命运，宿命，天命	√	√	√	√
824	зовох		ʣowɔx	悲伤，痛苦，忧愁	√	√	√	√
825	зодог		ʣɔdɔg	角力手坎肩；摔跤服	√	√	√	√
826	золголт		ʣɔlɢɔlt	拜年；会面，晤面	√	√	√	√
827	зориг		ʣœrig	意志，志气；勇气	√	√	√	√
828	зорилго		ʣœrlɔɢ	目的，目标，企图	√	√	√	√
829	зорчигч		ʣɔrtʃigtʃ	游客	√	√	√	√
830	зохиолч		ʣœxiɔːltʃ	作者，作家	√	√	√	√
831	зочлох		ʣœtʃlox	招待，请客	√	√	√	√
832	зугаацал		ʣʊɢaːtʃil	消遣，游逛，游玩，野游	√	√	√	√
833	зугаацах		ʣʊɢaːtʃix	散步，消遣，消闲，闲游	√	√	√	√

续表

词序号	基里尔蒙古文	传统蒙古文	国际音标	汉义	被测试人序号			
					1	2	3	4
834	зүгэлтэн		ʣʉtgelten	活动家	√	√	√	√
835	зуд		ʣʊd	风雪灾害	√	√	√	√
836	зузаан		ʣʊʣaːn	厚的；多的，众多的	√	√	√	√
837	зул		ʣʊl	油灯；佛灯	√	√	√	√
838	зураг		ʣʊrag	画，绘画，图画；相片，照片	√	√	√	√
839	зуслан		ʣʊslaŋ	夏营地；夏令营，避暑地，别墅	√	√	√	√
840	зүүд		ʣuːd	梦	√	√	√	√
841	зэмдэг		ʣemdeg	残伤的，残废的，残缺的	√	√	√	√
842	зэрэг		ʣereg	衔；程度；等级；同时，等等	√	√	√	√
843	зэрлэг		ʣerleg	野的，野生的；野蛮的；不知来路的	√	√	√	√
844	зээл		ʣeːl	街，街道；市场	√	√	√	√
845	зээллэг		ʣeːlleg	借贷，贷款	√	√	√	√
846	ивээх		iweːx	保佑，保护	√	√	√	√
847	ид		id	力气，劲头；兴头	√	√	√	√
848	идэр		ider	强壮的，健壮的；壮年的	√	√	√	√
849	идэш		ideʃ	食物，食品	√	√	√	√
850	ижил		idʒil	相同的；成对的	√	√	√	√
851	ийм		iːm	这样的，如此的	√	√	√	√
852	ил		il	明显的；公开的，公然的	√	√	√	√
853	илттэл		iltgel	报告，演讲	√	√	√	√
854	илүү		iluː	多，余；剩余的；胜于	√	√	√	√
855	илч		iltʃ	热，热量，热能；温暖	√	√	√	√
856	ингэх		iŋgex	这样，如此	√	√	√	√
857	иттэл		itgel	信任，威信；信心；信念	√	√	√	√
858	ихэр		ixer	孪生的；连理的；双伴儿	√	√	√	√
859	ихэс		jexes	长辈；达官，贵人，高官	√	√	√	√

续表

词序号	基里尔蒙古文	传统蒙古文	国际音标	汉义	被测试人序号			
					1	2	3	4
860	ичгүүр		itʃguːr,	羞耻，羞愧	√	etʃguːr,	√	√
861	кино		kinɔ	电影；影片	√	√	√	√
862	лаа		lɑ:	蜡烛	√	√	√	√
863	лавдуун		lawdʊ: ŋ	确实的，肯定的；稳重的	√	√	√	√
864	лам		lam	喇嘛	√	√	√	√
865	лан		laŋ	两（量词）	√	√	√	√
866	лантуу		laŋtɷ:	榔头	√	√	√	√
867	ларжаа			架子，排场，派头	×	×	×	×
868	ларжаалах			摆架子，摆排场，摆谱儿	×	×	×	×
869	латин			拉丁	×	×	×	lɛti:n
870	лац		lats	火漆，封蜡	√	√	√	√
871	лацдах		latsdax	蜡封	√	√	√	√
872	лимбэ		limbe	笛子，横笛	√	√	√	√
873	лимбэдэх		limbedex	吹笛子	√	√	√	√
874	лонх		lɔŋx	瓶子，坛子	lɔŋk	√	√	√
875	луу		lʊ:	龙；辰；向……，朝向……	√	√	√	√
876	лууван		lʊ:waŋ	萝卜	√	√	√	√
877	лянхуа		linxʋa	莲花，荷花	√	√	√	√
878	мөөг		mө:g	蘑菇	√	√	√	√
879	мөөрөх		mө:rөx	牛叫声	√	√	√	√
880	мөгүү		mөgu:	枢轴；边框	×	×	×	×
881	мөлжих		mөldʒix	赌博，打赌	√	√	√	√
882	мөлхөх		mөlxөx	爬行，爬	√	√	√	√
883	мөн		mөn	即，是；对的	mөŋ	√	√	√
884	мөнгө		mөŋgө	银子；金钱，货币	√	√	√	√
885	мөнгөлөх		mөŋgөlөx	镀银，镶银，装银的	√	√	√	√
886	мөндөр		mөndөr	冰雹	√	√	√	√
887	мөнх		mөŋx	永远的，永生的	√	√	√	√
888	мөр		mөr	痕迹，足迹；行，排	√	√	√	√
889	мөр		mөr	肩膀；刀背	√	√	√	√

词序号	基里尔蒙古文	传统蒙古文	国际音标	汉义	被测试人序号			
					1	2	3	4
890	мөрөөдөл		mөrө:dөl	思念，想念；憧憬，向往	√	√	√	√
891	мөрөөдөх		mөrө:dөx	思念，缅怀；憧憬，向往	√	√	√	√
892	мөрөн		mөrөn	河流，江河	mөrəŋ	√	√	√
893	мөргөл		mөrgөl	叩拜	√	√	√	√
894	мөргөлчин		mөrgөltʃin	教徒，信徒	mөrgөltʃiŋ	√	√	√
895	мөргөх		mөrgөx	磕头，叩首；碰，撞	√	√	√	√
896	мөрдөх		mөrdөx	跟踪，尾随；遵循	√	√	√	√
897	мөрийцөх		mөri:tsөx	打赌；比高低，输赢	√	√	√	√
898	мөс		mөs	冰	√	√	√	√
899	мөхөл		mөxөl	灭亡，覆灭	√	√	√	√
900	мөхөх		mөxөx	衰竭，灭亡	√	√	√	√
901	маажих		ma:dʒix	挠，抓	√	√	√	√
902	маажуур		ma:dʊ:r	瘙痒耙	√	√	√	√
903	магад		maɢad	可能，或许	√	√	√	√
904	магадлах		maɢadlax	说别人坏话，奚落	√	√	√	√
905	магнай		magnai	额头，前额	√	√	√	√
906	магтал		magtal	赞歌，赞赏	√	√	√	√
907	магтах		magtax	夸奖，赞赏	√	√	√	√
908	майжгар		maidʒɢar	歪的，斜的	maidʒɢar	√	√	√
909	майлах		mailax	咩咩叫	√	√	√	√
910	маймай		maimai	买卖	naimai	√	√	√
911	майхан		maixan	帐篷，帐房	maixaŋ	√	√	√
912	мал		mal	牲畜	√	√	√	√
913	малгай		malɢai	帽子，顶	√	√	√	√
914	малжих		maldʒix	放牧，经营牧业	√	√	√	√
915	малтах		maltax	挖，掘	√	√	√	√
916	малчин		maltʃin	牧人	√	√	√	√
917	манаач		mana:tʃ	守夜人，看守人	√	√	√	√
918	манан		manan	雾，雾霭	manaŋ	√	√	√
919	манантах		manantax	降雾	√	√	√	√

续表

词序号	基里尔蒙古文	传统蒙古文	国际音标	汉义	被测试人序号			
					1	2	3	4
920	манарах		manarax	晕倒，昏迷	√	√	√	√
921	манах		manax	守夜，打更，看守	√	√	√	√
922	мангас		maŋgas	妖魔，鬼怪	√	√	√	√
923	мандах		mandax	升起，兴起	√	√	√	√
924	манлай		maŋlai	先锋，冠军	manlai	√	√	√
925	манлайлах		maŋlailax	夺冠，领先	√	√	√	√
926	мануул		manʊ:l	傀儡	√	√	√	√
927	манх		maŋx	沙漠	√	√	√	√
928	маргаан		marɢa:n	争执，辩论	marɢa:ŋ	√	√	√
929	маргааш		marɢa:ʃ	明天	√	√	√	√
930	маргах		marɢax	辩论，雄辩	√	√	√	√
931	мартах		martax	忘记	√	√	√	√
932	мах		max	肉，肉类	√	√	√	√
933	махчин		maxtʃin	肉食动物	maxtʃin	√	√	√
934	машин		maʃin	机械，机器	√	√	√	√
935	маяглах		majaglax	装模作样，矫饰	√	√	√	√
936	минут		minʊt	分钟	√	√	√	√
937	минчүүрэх		mintʃɯ:rex	麻木，麻醉；微醉；麻木不仁	√	√	√	√
938	могой		mɔgɔĕ	蛇；巳	√	√	√	√
939	мод		mɔd	树；木头	√	√	√	√
940	модчин		mɔdtʃin	木匠；樵夫	mɔdtʃin	√	√	√
941	мойл		mɔĕl	稠李	√	√	√	√
942	монгол		mɔŋgɔl	蒙古；蒙古语，蒙文	√	√	√	√
943	монголч		mɔŋgɔltʃ	蒙古学的，蒙古通的	√	√	√	√
944	мондгор		mɔndɢɔr	蒜头状的	√	√	√	√
945	мордох		mɔrdɔx	上马，骑马；出嫁	√	mœrdɔx	√	mœrdax
946	морилох		mɔrlɔx	起驾；逝世	√	√	√	mœrlɔx
947	морь		mœr	马；十二支的午	√	√	√	√
948	мотор		mɔtɔr	摩托，马达	√	√	√	√
949	мохох		mɔxɔx	变钝；力竭	√	√	√	√
950	муж		mʊdʒ	省份	√	√	√	√

续表

词序号	基里尔蒙古文	传统蒙古文	国际音标	汉义	被测试人序号			
					1	2	3	4
951	музей		mʊdzei	博物馆	mʊdze:	√	√	√
952	мунхаг		mʊŋxag	愚蠢，糊涂	√	√	√	√
953	мунхаграх		mʊŋxarax	便蠢，变糊涂；受迷惑	√	√	√	√
954	мурий		mori:	歪曲的，弯曲	√	√	√	√
955	муу		mʊ:	坏的，不好的	√	√	√	√
956	муур		mʊ:r	猫	√	√	√	√
957	мухардал		mʊxardal	竭力，衰竭	√	√	√	√
958	мушгих		mʊʃgix	拧，纽，绞	√	√	√	√
959	мэдлэг		medleg	知识，学识	√	√	√	√
960	мэдэгдэл		medegdel	通知，告示	√	√	√	√
961	мэдэх		medex	知道，明白	√	√	√	√
962	мэдээ		mede:	消息，情报；通知，公告	√	√	√	√
963	мэдээлэх		mede:lex	通知，报道；传送情报	√	√	√	√
964	мэлзээ		meldze:	打赌，赌注	meldze:	√	√	√
965	мэлхий		melxi:	蛙，青蛙	√	√	√	√
966	мэнд		mend	安然，健康	√	√	√	√
967	мэндлэх		mendlex	问候，请安	√	√	√	√
968	мэнэрэх		menerex	发愣，发呆	√	√	√	√
969	мэргэжил		mergedʒil	技能，专长；业务	√	√	√	√
970	мэргэжилтэн		mergedʒilten	技术人员，专家	mergedʒilten	√	√	√
971	мэргэжих		mergedʒix	擅长；专业化	√	√	√	√
972	мэргэн		mergen	聪明的，明智的	√	√	√	√
973	мэх		mex	狡诈，狡黠；技巧	√	√	√	√
974	мэхлэх		mexlex	欺骗，欺诈	√	√	√	√
975	мялаах		milɑ:x	涂抹；祝福；堵上，封上	√	√		
976	мянга		minɢ	一千；千户	√	√	√	√
977	мяралзах		miraldzax	潺潺流动；飘扬	√	√	√	√
978	нөөлөг		nø:løg	(突然刮起的)倒卷旋风	√	√	√	√
979	нөөц		nø:ts	储备，储藏；储藏力；蕴藏	√	√	√	√
980	нөөцлөх		nø:tsløx	积蓄，储备，保藏	√	√	√	√

词序号	基里尔蒙古文	传统蒙古文	国际音标	汉义	被测试人序号			
					1	2	3	4
981	нɵгɵɵ		nɵgɵ:	另，彼，另外的；那个	√	√	√	√
982	нɵгчих		nɵgtsɵx	过去，消失；逝世，去世	√	nɵxtsɵx	√	√
983	нɵмɵр		nɵmɵr	背风处，避风处	√	√	√	√
984	нɵмгɵн		nɵmgɵŋ	披着的；穿袍不系带的	√	√	√	√
985	нɵхɵɵс		nɵxɵ:s	补钉	√	√	√	√
986	нɵхɵр		nɵxɵr	同志；朋友，伴侣；爱人	√	√	√	√
987	нɵхɵрлɵх		nɵxɵrlɵx	相交，结交，交友，友好	√			
988	нɵхɵрсɵг		nɵxɵrsɵg	友好的，亲善的；善于交际的	√			
989	нɵхɵх		nɵxɵx	补，缝补；补充；补偿	√			
990	нɵхвɵр		nɵxwɵr	补充，补偿，补助	√			
991	нɵхцɵл		nɵxtsɵl	条件；附加成分	√			
992	нɵхцɵх		nɵxtsɵx	结交，亲近；依附	√			
993	наадам		na:dam	游戏；那达慕（蒙古族的群众性体育，娱乐集会）；玩笑	√			
994	наадах		na:dax	玩，娱乐；开玩笑；赌博	√	√	√	√
995	наалт		na:lt	浆糊；粘合	√	√	√	√
996	наамал		na:mal	粘贴的；（用绸缎剪贴的）贴花	√	√	√	√
997	наана		na:n	这边；在……以前；少于，低于	√	√	√	√
998	наанги		na:ŋ,	黏性的，胶性的，胶质的	√	√	√	√
999	наах		na:x	贴，粘，糊，裱糊，胶着	√	√	√	√
1000	нааш		na:ʃ	往这边，向这面；以内，以里	√	√	√	√
1001	наашлах		na:ʃlax	往这边，靠这边；临近，挨近	√	√	√	√
1002	навчлаг		naw,tʃlag	多叶的；叶状的	√	nɛwtʃlag	√	√
1003	нагал		naɢal	承装须（长在唇下洼处的胡须）；（小孩顶凹里留的）小辫	√	√	√	√

词序号	基里尔蒙古文	传统蒙古文	国际音标	汉义	被测试人序号			
					1	2	3	4
1004	над		nad	我（би 的变格用语）	✓	✓	✓	✓
1005	нажигнах		nadʒignax	轰鸣，震响，轰隆作响	✓	nɛdʒginex	✓	✓
1006	назгай		nadʒɢai	消极的，怠慢的	✓	naidʒɢai		✓
1007	назгайрах		nadʒɢairax	消极，怠惰	✓	nɛdʒɢairex		✓
1008	найгах		naĕɢax	摇，摇晃，摆动	✓	✓	✓	✓
1009	найдах		naidax	依靠，信任，委托；指望	✓	✓	✓	✓
1010	найдвар		naidwar	信赖，委托，期望，指望	✓	✓	✓	✓
1011	найз		naidz	朋友，伴侣；干亲	✓	✓	✓	✓
1012	найланхай		na:laŋxai	软磨儿；情意绵绵的，柔媚的	✓	✓	✓	✓
1013	найлзуур		naildʒʊ:r	柔枝，细枝；颏下腺；幼嫩的	✓	✓	✓	✓
1014	наймалж		naimaldʒ	蟹，螃蟹	✓	✓	✓	✓
1015	найр		nair	喜庆，盛会；友谊，情面	✓	✓	✓	✓
1016	найраг		nairag	成分，（药）味；韵文	✓	✓	✓	✓
1017	найраглал		nairaglal	长诗	✓	✓	✓	✓
1018	найрал		nairal	和谐	✓	✓	✓	✓
1019	найрамдал		nairamdal	友好，和睦，亲善；和平	✓	✓	✓	✓
1020	найрамдах		nairamdax	和，讲和，亲善	✓	✓	✓	✓
1021	найрамдуу		nairamdʊ:	友好的，融洽的；和善的	✓	✓	✓	✓
1022	найрах		nairax	配，调合；研成粉末；连结	✓	✓	✓	✓
1023	найрлага		nairlaɢ	组成，成分，（药）味；配制	✓	✓	✓	✓
1024	найрлах		nairlax	相好，和好，亲善；欢聚	✓	✓	✓	✓
1025	найруулагч		nairʊ:lagtʃ	编辑，编写者，编纂者	✓	✓	✓	✓
1026	найруулал		nairʊ:lal	散文，特写，随笔	✓	✓	✓	✓
1027	найруулах		nairʊ:lax	调制，调配；编辑，编纂	✓	✓	✓	✓
1028	найруулга		nairʊ:laɢ	配制，调配；编纂；修辞	✓	✓	✓	✓

词序号	基里尔蒙古文	传统蒙古文	国际音标	汉义	被测试人序号			
					1	2	3	4
1029	найтаах		naita:x	打喷嚏	√	√	√	√
1030	налайх		nalaix	变现笨拙，变现迟缓，表现懒散	√	√	√	√
1031	налах		nalax	斜靠，斜依，考住，依靠	√	√	√	√
1032	налгар		nalɢar	笨拙的，迟缓的，懒散的	√	√	√	√
1033	налдаа		nalda:	黏的，黏性的，胶状的	√	√	√	√
1034	налуу		nalʊ:	斜的，倾斜的	√	√	√	√
1035	налчийх		naltʃi:x	软塌；扁塌；瘫软，绵软	√	√	√	√
1036	нам		nam	党；伙，帮；类；矮的；静的	√	√	√	√
1037	намаа		nama:	叶簇，叶丛；枝条，嫩枝	√	√	√	√
1038	намаг		namag	泥沼，沼泽；漫撒地	√	√	√	√
1039	намайх		namaix	陷下，凹下；风和日丽，温和	√	√	√	√
1040	наманчлал		namantʃlal	祈祷，祷告，默祷	√	√	√	√
1041	наманчлах		namantʃlax	祈祷，默祷，合十祈祷	√	√	√	√
1042	намаржаа		namardʒa:	秋营地，秋营盘	√	√	√	√
1043	намарших		namarʃix	入秋	√	√	√	√
1044	намба		namba	风格	√	√	√	√
1045	намдах		namdax	缓和，减轻；显得太矮；显得太静	√	√	√	√
1046	намжир		namdʒir	排场，派头，架子		nεmdʒir		√
1047	намжих		namdʒix	平静，静止，缓和，平息，安静	√	nεmdʒix		nεmdʒix
1048	намжуун		namdʒʊ:ŋ	安静的；缓和的；缓慢的	√	nεmdʒʊ:n	√	nεmdʒʊ:n
1049	намиа		namia	雁翅（古代铠甲保护肩背的部分）；架子，派头	√	√	nam,a	nεma:
1050	намилхай		namixai	荐部垂肉	√	√	×	nεmilxai
1051	намираа		namira:	露珠	√	√	√	nεmira:

词序号	基里尔蒙古文	传统蒙古文	国际音标	汉义	被测试人序号			
					1	2	3	4
1052	намирах		namirax	飘，飘扬，飘动，飞舞，招展	√	√	nam,rax	nɛmirax
1053	намнах		namnax	骑射	√	√	√	√
1054	намс		nams	黄水疮	√	√	√	√
1055	намтар		namtar	传，传记	√	√	√	√
1056	намуун		namʊ:ŋ	安静的，静悄悄的；安稳的	√			
1057	намхан		namxaŋ	矮的，矮矮的，锉的	√	√		
1058	намхрах		namxrax	平息，平静；减轻，消释	√	√		
1059	нандигнах		nandignax	珍视，珍重，珍惜，爱惜	√	√		
1060	нандин		nandiŋ	珍贵的，尊贵的，崇贵的	√	√		
1061	наргиа		nargia	欢腾的，热闹的，欢乐地	√	nɛrgia	√	nɛrgia
1062	наргил		nargil	椰子	√	nɛrgil	√	nɛrgil
1063	наргих		nargix	欢腾，欢乐；闹腾，耍闹	√	nɛrgix	√	nɛrgix
1064	нарийвчлах		nari:wtʃlax	细究，详究，精益求精	√	nɛri:wtʃlax	nɛri:wtʃlax	nɛri:wtʃlax
1065	нарийлаг		nari:lag	细致的，精美的	√	nɛri:lag	nɛri:lag	nɛri:lag
1066	нарийлах		nari:lax	弄细，细作；节俭；吝啬	√	nɛri:lax	nɛri:lax	nɛri:lax
1067	нармай		narmai	全，泛；软腭	√	√	√	√
1068	наршх		narʃix	中暑；晒太阳；风和日丽	√	√	√	√
1069	нас		nas	岁，年岁，岁数，年龄，年纪	√	√	√	√
1070	наслах		naslax	长到，活到(……岁)；享年	√	√	√	√
1071	настан		nastaŋ	老人，老年人，上了岁数的人	√	√	√	√
1072	натгах		×	(马，驴等)发毛，受惊	×	×	×	×
1073	нахиа		naxia	萌，萌芽，幼芽，嫩芽	√	nɛx,a	nɛx,a	nɛx,a

续表

词序号	基里尔蒙古文	传统蒙古文	国际音标	汉义	被测试人序号			
					1	2	3	4
1074	нахиалах	ᠨᠠᠬᠢᠶᠠᠯᠠᠬᠤ	naxialax	发芽，萌芽，长芽，生芽	√	nɛx,ɑ:lax	nɛx,ɑ:lax	nɛx,ɑ:lax
1075	начин	ᠨᠠᠴᠢᠨ	natʃiŋ	游隼（也叫鸦虎）；隼（蒙古族摔跤优胜者的一种传统称号）	√	√	√	√
1076	ная	ᠨᠠᠶᠠ	naj	八十	√	√	√	√
1077	нигүүлсэл	ᠨᠢᠭᠦᠯᠡᠰᠡᠯ	nugu:lsel	恩惠，仁慈，慈悲，善心	√	√	√	√
1078	нигүүлсэх	ᠨᠢᠭᠦᠯᠡᠰᠡᠬᠦ	nugu:lsex	发慈悲，发善心	√	√	√	√
1079	нигших	ᠨᠢᠭᠰᠢᠬᠦ	×	（肉，奶等）变质，变味	×	×	×	×
1080	нийгэм	ᠨᠡᠶᠢᠭᠡᠮ	ni:gem	社会；普遍，全部，整个	√	√	√	√
1081	нийгэмлэг	ᠨᠡᠶᠢᠭᠡᠮᠯᠢᠭ	ni:gemleg	协会	√	√	√	√
1082	нийдэм	ᠨᠡᠶᠢᠳᠡᠮ	ni:dem	普遍的，广泛的；全部的	√	√	√	√
1083	нийлбэр	ᠨᠡᠶᠢᠯᠪᠦᠷᠢ	ni:lber	总数，总和；和；复合，组合	√	√	√	√
1084	нийлмэл	ᠨᠡᠶᠢᠯᠮᠡᠯ	ni:lmel	复合的，合并的，混成的	√	√	√	√
1085	нийлэмж	ᠨᠡᠶᠢᠯᠡᠮᠵᠢ	ni:lemdʒ	适应，适宜，吻合，相投	√	√	√	√
1086	нийлэх	ᠨᠡᠶᠢᠯᠡᠬᠦ	ni:lex	合，混合；符合；调；衔接	√	√	√	√
1087	нийслэл	ᠨᠡᠶᠢᠰᠯᠡᠯ	ni:slel	首都，京都，京城	√	√	√	√
1088	нийт	ᠨᠡᠶᠢᠲᠡ	ni:t	总，总合，总计；公共，全体	√	√	√	√
1089	нийтгэх	ᠨᠡᠶᠢᠲᠭᠡᠬᠦ	ni:tgex	（把绳，线等）捻合，搓合	√	√	√	√
1090	нийтлэг	ᠨᠡᠶᠢᠲᠯᠢᠭ	ni:tleg	共同的，普遍的；典型的	√	√	√	√
1091	нийтлэх	ᠨᠡᠶᠢᠲᠯᠡᠬᠦ	ni:tlex	颁布，宣告，发表；刊登	√	√	√	√
1092	нийх	ᠨᠡᠶᠢᠬᠦ	ni:x	擤鼻涕	√	√	√	√
1093	нийц	ᠨᠡᠶᠢᠴᠡ	ni:ts	适合，恰当；投合，融洽	√	√	√	√
1094	нийцвэр	ᠨᠡᠶᠢᠴᠡᠪᠦᠷᠢ	ni:tswer	和谐，融洽	√	√	√	√
1095	нийцэх	ᠨᠡᠶᠢᠴᠡᠬᠦ	ni:tsex	吻合，适合，谐和，相称	√	√	√	√

续表

词序号	基里尔蒙古文	传统蒙古文	国际音标	汉义	被测试人序号			
					1	2	3	4
1096	нилнил		nil	暖烘烘地；黏糊糊地	√	√	√	√
1097	нимгэлэх		nimgelex	弄薄；换单薄的（衣服）	√	√	√	√
1098	нимгэрэх		nimgelex	变薄，变单薄；变稀疏	√	√	√	√
1099	нинжин		nindʒiŋ	有良心的，有慈悲心的	√	√	√	√
1100	ниргэлт		nirgelt	雷击，雷劈；击毁，摧毁	√	√	√	√
1101	ниргэх		nirgex	轰的一声	√	√	√	√
1102	ноёлох		nojlɔx	统治，管辖；占首位；当官	√	√	√	√
1103	ноён		nojɔŋ	官，官僚；诺颜（也译作那颜，蒙古族历史上的一种称号）	√	√	√	√
1104	ноёнтон		nojɔntɔŋ	阁下	√	√	√	√
1105	ноёнч		nojɔntʃ	官僚的，官气重的	√	√	√	√
1106	ноёрхох		nɔjɔrxɔx	统治，控制；耍官僚派头	√	√	√	√
1107	новш		nɔwʃ	赃物，垃圾；垫丑，丢脸	√	√	√	√
1108	ногдвор		nɔ:gdwer	分得数，摊派数；商	√	√	√	√
1109	ногдох		nɔ:gdɔx	分得，摊得；(除法的)得	√		√	nɔ:gdber
1110	нойл		nɔil	藜，灰菜	√	√	√	√
1111	нойр		nɔir	觉，眠，睡眠	√	√	√	√
1112	нойрмог		nɔirmɔg	昏沉欲睡的，半醒半睡的	√	√	√	√
1113	нойрмоглох		nɔirmɔglɔx	倦睡，困，打瞌睡	√	√	√	√
1114	нойрсох		nɔirsɔx	就寝，安寝	√	√	√	√
1115	нойтон		nɔitɔŋ	湿的，湿润的，潮湿的	√		√	√
1116	ном		nɔm	书，书籍；经，经典，经卷	√	√	√	√
1117	номин		nɔmiŋ	青金石	√	√	√	√
1118	номлол		nɔmlɔl	教义，经义；教条	√	√	√	√
1119	номлох		nɔmlɔx	讲经，传经；训诫，说教	√	√	√	√

续表

词序号	基里尔蒙古文	传统蒙古文	国际音标	汉义	被测试人序号			
					1	2	3	4
1120	номой		nɔːmɔi	委靡的，无生气的；懦弱的	√	√	√	√
1121	номхон		nɔmxɔn	老实的，温和的；驯服的	√	√	√	√
1122	номхрох		nɔmxrɔx	变老实，变驯服	√	√	√	√
1123	номч		nɔmtʃ	经师，法师；好说教的人	√	√	√	√
1124	ноорог		nɔːrɔg	草稿，破烂物；初浮稀奶油	√	√	√	√
1125	ноороглох		nɔːrɔglɔx	起草，打底稿；撕烂，弄碎	√	√	√	√
1126	ноорох		nɔːrɔx	穿烂，破烂，破烂不堪	√	√	√	√
1127	ноорс		nɔːrs	毳，羴毛	√	√	√	√
1128	ноорхой		nɔːrxɔi	褴褛的，破烂的	√	√	√	√
1129	ноос		nɔːs	（羊，驼等的）毛	√	√	√	√
1130	ноот		nɔːt	音符，乐谱	√	√	√	√
1131	ноохой		nɔːxɔi	（旱獭，野鼠等的）巢，窝	√	√	√	√
1132	ноохойлох		nɔːxɔilɔx	（旱獭，野鼠等用杂草）筑窝	√	√	√	√
1133	норм		nɔːrəm	率，额，定额	√	√	√	√
1134	норох		nɔrɔx	湿，淋，淋湿，浸湿	√	√	√	√
1135	ноцоох		nɔtsɔːx	点，点燃	√	√	√	√
1136	ноцох		nɔtsɔx	着，燃，起火；扑，猛打	√	√	√	√
1137	ноцтой		nɔtstɔi	恰当的；严重的	√	√	√	√
1138	нугалаа		nʊɡlaː	褶痕，褶子；弯曲，折弯；（旋律的或音调的）曲折音	√	√	√	√
1139	нугалах		nʊɡlax	折；（搂腰）后压（摔跤技巧）	√	√	√	√
1140	нугалбар		nʊɡalbar	皱褶，褶纹；折子；节奏	√	√	√	√
1141	нугарах		nʊɡrax	屈，折，弯曲；屈服；倒伏	√	√	√	√
1142	нугархай		nʊɡarxai	弯的，曲折的	√	√	√	√

续表

词序号	基里尔蒙古文	传统蒙古文	国际音标	汉义	被测试人序号			
					1	2	3	4
1143	нугачах		nʊɡtʃax	（按关节）卸骨；折叠	√	√	√	√
1144	нугдайх		nʊɡdaix	缩，蜷缩；耷拉，软瘫	√	√	√	√
1145	нугдгар		nʊɡdɢar	缩脖的；耷拉的，软瘫的	√	√	√	√
1146	нүгэл		nuɡel	孽，孽障，罪孽，罪过	√	√	√	√
1147	нудрах		nʊdrax	（用拳）捣，捅；（羔、犊等吮不出奶时用嘴）拱（母畜乳房）	√	√	√	√
1148	нулимах		nʊl,max	吐，唾，吐唾沫	√	√	√	√
1149	нум		nʊm	弓；弓子	√	√	√	√
1150	нумдах		nʊmdax	（用弓子）弹（棉花，毛等）	√	√	√	√
1151	нумлах		nʊmlax	（用弓）丈量	√	√	√	√
1152	нумч		nʊmtʃ	弓匠	√	√	√	√
1153	нунтаг		nʊntag	粉，粉末，面子，面儿	√	√	√	√
1154	нураа		nʊra:	陡崖，断壁；坍塌，崩塌	√	√	√	√
1155	нурам		nʊram	余烬，热灰	√	√	√	√
1156	нурах		nʊrax	塌，倒塌；倒闭，破产	√	√	√	√
1157	нургих		nʊrgix	（在文火上）开，沸，滚	√	√	√	√
1158	нуруу		nʊrʊ:	背，脊；山脊	√	√	√	√
1159	нуруувч		nʊrʊ:wtʃ	腰垫，护腰	√	√	√	√
1160	нурших		nʊrʃix	罗嗦，喋喋不休，废话连篇	√	√	√	√
1161	нуршуу		nʊrʃʊ:	胶黏的；罗嗦的	√	√	√	√
1162	нутаг		nʊtag	家乡，原籍；当地	√	√	√	√
1163	нутаглах		nʊtaglax	落户，居住，安家落户	√	√	√	√
1164	нутагших		nʊtagʃix	住惯，服水土；落户，定居	√	√	√	√
1165	нуугдмал		nʊ:gdmal	隐藏的，潜伏的，潜在的	√	√	√	√

续表

词序号	基里尔蒙古文	传统蒙古文	国际音标	汉义	被测试人序号			
					1	2	3	4
1166	нүүдэл		nʉ:del	迁移，流动；（棋的）走法	√	√	√	√
1167	нүүдэллэх		nʉ:dellex	迁，移；回游	√	√	√	√
1168	нүүдэлчин		nʉ:deltʃiŋ	移民；游牧民	√	√	√	√
1169	нуур		nʊ:r	湖，泊，湖沼	√	√	√	√
1170	нүүр		nʉ:r	脸面；外貌；表面；页面	√	√	√	√
1171	нүүрдэх		nʉ:rdex	当面，面对面	√	√	√	√
1172	нүүрлэх		nʉ:rlex	装饰外表；修饰门面；面对面	√	√	√	√
1173	нүүрс		nʉ:rs	炭；煤	√	√	√	√
1174	нуух		nʊ:x	躲，隐蔽；瞒，隐瞒；窝藏	√	√	√	√
1175	нуух		nʊ:x	眼眵，眵目糊，眼屎	√	√	√	√
1176	нүүх		nʉ:x	移动；走（棋）；（指甲）脱落	√	√	√	√
1177	нууцгай		nʊ:tsɡɑi	潜在的；神秘的，不公开的	√	√	√	√
1178	нүх		nʉx	孔，眼儿，洞；窝，穴；坑	√	√	√	√
1179	нухах		nʊxɑx	揉，和，搓；调和；宰（羊）	√	√	√	√
1180	нүхлэх		nʉxlex	钻孔；（把东西）放入窖里	√	√	√	√
1181	нүцгэлэх		nʉtsgelex	袒露，脱光	√	√	√	√
1182	нүцгэн		nʉtsgeŋ	裸体的；光秃的；赤贫的	√	√	√	√
1183	нэвсгэр		newsger	庞大垂披的，低沉欲坠的	√	√	√	√
1184	нэвсийх		newsi:x	显得庞大垂披，显得低沉欲坠	√	√	√	√
1185	нэвсрэх		newsrex	过头，过度；绵延不断	√	√	√	√
1186	нэвт		newt	穿，通，透	√	√	√	√
1187	нэвтлэх		newtlex	弄穿，凿通；渗透；突破	√	√	√	√
1188	нэвтрүүлэг		newtrʉ:leg	广播，播音；广播节目	√	√	√	√

续表

词序号	基里尔蒙古文	传统蒙古文	国际音标	汉义	被测试人序号			
					1	2	3	4
1189	нэвтрүүлэгч		newtru:legtʃ	传播者；播音员；发射机	√	√	√	√
1190	нэвтрэх		newtrex	透；通行；贯串；精通；流传	√	√	√	√
1191	нэвтэрхий		newterxi:	通达的，透彻的；贯通的	√	√	√	√
1192	нэвчих		newtʃix	浸，渗，浸透；孵出；扩散	√	√	√	√
1193	нэгжих		neŋdʒix	搜，搜查，搜索，搜寻	√	√	√	√
1194	нэлгэр		nelger	茫茫的，辽阔无变的	√	√	√	√
1195	нэлийх		neli:x	变成一片汪洋	√	√	√	√
1196	нэлэлзэх		neleldʒex	渺茫动荡	√	√	√	√
1197	нэлэнхий		nelenxi:	普遍的，全面的	√	√	√	√
1198	нэлээд		nele:d	甚，颇，相当，颇为	√	√	√	√
1199	нэмнэх		nemnex	（用毡子或毛皮等）苫盖（弱畜的背部）	√	√	√	√
1200	нэмнээ		nemne:	（给弱畜盖的）苫盖物，护腰	√	√	√	√
1201	нэмүүн		nemu:ŋ	嫩的，柔软的；柔顺的	√	√	√	√
1202	нэмэгдэл		nemegdel	增加率，增加额	√	√	√	√
1203	нэмэгдэх		nemegdex	增加，增多，增长，增高	√	√	√	√
1204	нэмэлг		nemelt	增加率，增长率；补充	√	√	√	√
1205	нэмэр		nemer	补益，帮助；贡献；礼物	√	√	√	√
1206	нэмэрлэх		nemerlex	增加，添入；献，捐献	√	√	√	√
1207	нэмэх		nemex	增；补；加（四则运算之一）	√	√	√	√
1208	нэн		neŋ	更，尤，愈发，越发	√	√	√	√
1209	нэнт		nent	愈，益，愈加，尤其是	√	√	√	√
1210	нэр		ner	名，名字；名义，名目；招牌	√	√	√	√
1211	нэрвэгдэх		nerwegdex	遭受，沉涵；患，染	√	√	√	√

续表

词序号	基里尔蒙古文	传统蒙古文	国际音标	汉义	被测试人序号			
					1	2	3	4
1212	нэрвэх		nerwex	加深（灾害等）；加重（病情）	√	√	√	√
1213	нэрийдэл		neri:del	名称，定名；称号，称谓	√	√	√	√
1214	нэрийдэх		neri:dex	命名；称呼；点名，指名	√	√	√	√
1215	нэрлэх		nerlex	命名；称呼，呼名	√	√	√	√
1216	нэрмэл		nermel	酿制的；蒸馏的	√	√	√	√
1217	нэршүх		nerʃix	得名，（绰号等）叫出名	√	√	√	√
1218	нэрэлхүү		nerelxu:	爱虚荣的；讲客气的	√	√	√	√
1219	нэрэлхэг		nerelxeg	好面子的；讲究可套的	√	√	√	√
1220	нэрэх		nerex	酿；蒸馏；装（烟），斟（酒）	√	√	√	√
1221	нэтгэр		netger	（庞然大物）黑糊糊的	√	√	√	√
1222	нэтийх		neti:x	岿然呈现；呈现阴影，呈现黑影	√	√	√	√
1223	нэхдэс		nexdes	（生物）组织	√	√	√	√
1224	нэхий		nexi:	老羊皮，大羊毛皮，晚冬羊皮	√	√	√	√
1225	нэхмэл		nexmel	织品，编织物	√	√	√	√
1226	нэхэл		nexel	追赶，追逐，追随	√	√	√	√
1227	нэхэмжлэх		nexemdʒlex	追，索取，讨取；追究	√	√	√	√
1228	нэхэх		nexex	织，纺；追；催，催促	√	√	√	√
1229	нээлхий		ne:lxi:	窗，气窗；扇；盖子	√	√	√	√
1230	нээлэг		ne:leg	开关	√	√	√	√
1231	нягт		nyagt	精细的；密的；密切的	√	√	√	√
1232	нягтлах		nyagtlax	仔细研究，探究	√	√	√	√
1233	нягтрал		nyagtral	紧密，稠密	√	√	√	√
1234	нягтрах		nyagtrax	密切起来；变稠密，变紧凑	√	√	√	√
1235	нядлах		nidlax	宰，宰杀，屠宰	√	√	√	√

词序号	基里尔蒙古文	传统蒙古文	国际音标	汉义	被测试人序号			
					1	2	3	4
1236	нялах		nyalax	涂，抹，塓	√	√	√	√
1237	нялгар		nyalɢar	黏糊的；磨人的	√	√	√	√
1238	нялзрай		nyaldʐrai	幼稚的，幼嫩的，幼弱的	√		√	√
1239	нялтаг		nyaldag	黏的，胶性的	√	√	√	njaltag
1240	нялтагших		nyaltagʃix	发黏，变黏，黏着	√	√	√	√
1241	нялуун		nyaluːŋ	腥的，发臭味的；淡而无味的；蔫的，黏软的	√	√	√	√
1242	нялуурах		nyaluːrax	变腥，变腥臭；变黏软；腻	√	√	√	√
1243	нялх		nyalx	初生的；幼稚的；婴儿	√	√	√	√
1244	нялхсаг		nyalxsag	幼稚的，天真的	√	√	√	√
1245	нялцгай		nyaltsɢai	黏的，黏稠的，黏糊糊的	√	√	√	√
1246	нялцгар		nyaltsɢar	黏的，黏软的，黏稠的	√	√	√	√
1247	ням		nyam	日（七曜之一）；星期日	√	√	√	√
1248	нямбай		nyambai	严谨的，认真的，慎重的	√	√	√	√
1249	нямбайлах		nyambailax	严密，认真（进行某种行为）	√	√	√	√
1250	нярай		nyarai	幼，新生的	√	√	√	√
1251	няслах		nyaslax	（用手指）弹；（用指甲盖儿）挤，掐	√	√	√	√
1252	оёдол		ɔjdɔl	缝纫；针线活；针法；缝道	√	√	√	√
1253	ов		ɔw	诡计，狡诈；假装，伎俩	√	√	√	√
1254	овог		ɔwɢɔg	姓，姓氏	√	√	√	√
1255	овоо		ɔwɔː	敖包；鼓包；堆	√	√	√	√
1256	овор		ɔwɔr	态度，派头；面貌；气质	√	√	√	√
1257	огзом		ɔgdʐɔm	急促的，短促的；骤然的	√	√	√	√
1258	огтлох		ɔgtlɔx	切，砍，截断；横贯	√	√	√	√

续表

词序号	基里尔蒙古文	传统蒙古文	国际音标	汉义	被测试人序号			
					1	2	3	4
1259	огторгуй		ɔgtɔrgʊ̆	天空，太空；空间	√	√	√	√
1260	од		ɔd	星，星球；（秤）星	√	√	√	√
1261	одоо		ɔdɔ:	现在；这一回	√	√	√	√
1262	ойлгох		ɔilɢɔx	理解，领悟	√	√	√	√
1263	ойр		ɔir	近的；相近的；短的；亲戚	√	√	√	√
1264	ойрдох		ɔirdɔx	（时间，空间上）临近；亲近	√	√	√	√
1265	ойролцоо		ɔirɔltsɔ:	近处的；近似的	√	√	√	√
1266	ойртох		ɔirtɔx	变近，靠近	√	√	√	√
1267	ойчих		ɔiʧie	掉落，坠落；摔倒	√	√	√	√
1268	ойшоох		x:ɛʃie	理睬，理会；理会；看得起	√	√	√	√
1269	олбог		ɔlbɔg	垫子，褥垫	√	√	√	√
1270	олгох		ɔlɢɔx	使获得，授予	√	√	√	√
1271	олдой		×	粗笨的；愚（谦称）	×	×	×	×
1272	олдох		ɔldɔx	找得到；发现，见到；领会	√	√	√	√
1273	олз		ɔldz	获得物，猎获物；利；虏获	√	√	√	√
1274	олон		ɔlɔŋ	多的；大量的；群众	√	√	√	√
1275	олох		ɔlɔ	找到；得到，接到；赚；丰收	√	√	√	√
1276	олшрох		ɔlʃrɔx	多起来，增多，增加	√	√	√	√
1277	омог		ɔmɔg	自豪，傲慢；威武；姓	√	√	√	√
1278	омогшил		ɔmɔgʃil	自豪感	√	√	√	√
1279	он		ɔŋ	年；年代；年级	√	√	√	√
1280	онгойх		ɔŋɢɔix	开，敞开；敞亮；（眼）明	√	√	√	√
1281	онгоц		ɔŋɢɔts	（喂饮牲口的）槽；船；畦	√	√	√	√
1282	ондоо		ʊ:tɔʊne	别的，其他；特别的	√	√	√	√
1283	онийх		ɔnie:x	眯，眯缝	√	√	œni:x	œni:x
1284	онол		ɔnɔl	理论	√	√	√	√

词序号	基里尔蒙古文	传统蒙古文	国际音标	汉义	被测试人序号			
					1	2	3	4
1285	онц		ɔnts	特殊的；优异的，特等的	√	√	√	√
1286	онь		ɔn,	缺口（两峰间）凹处	√	√	√	œn,
1287	оньсого		ɔn,sɔɢ	谜语	√	√	√	œn,sɔɢ
1288	оосор		ɔːsɔr	带子，拉绳；链儿	√	√	√	√
1289	оочих		ɔːtʃix	（一口一口地）呷，呪吸	√	√	√	√
1290	ор		ɔr	位置，席位；床；迹	√	√	√	√
1291	оргил		ɔrgil	喷泉；顶，巅；高潮	√	√	√	œrgil
1292	оргилох		ɔrgilɔx	沸腾；喷，冒；激发	√	√	√	œrgilɔx
1293	оргих		ɔrgix	喷，涌，沸；吹嘘	√	√	√	œrxix
1294	оргох		ɔrɢɔx	逃亡，潜逃	√	√	√	√
1295	орд		ɔrd	宫，宫殿，府，官邸	√	√	√	√
1296	орилох		ɔrˌlɔx	痛哭，嚎啕；喊叫	√	œrˌlɔx	œrˌlɔx	œrˌlɔx
1297	орлого		ɔrlɔɢ	收入，进项	√	√	√	√
1298	орлогч		ɔrlɔgtʃ	代理人；代替的	√	√	√	√
1299	орой		ɔrɵi	顶，端，头；晚上	√	√	√	œrɵ̆
1300	оролцох		ɔrɔltsɔx	（ɔpox 的同动态）；参与	√	√	√	√
1301	орон		ɔrɔŋ	区，地点；空间；位；国家	√	√	√	√
1302	ороо		ɔːrɵ	桀骜不驯的；发情	√	√	√	√
1303	ороолт		ɔrɵːlt	缠裹物；成卷的东西	√	√	√	√
1304	орос		ɔrɔs	俄罗斯；俄语，俄文；俄国人	√	√	√	√
1305	орох		ɔrɔx	进，进入；加入；花费	√	√	√	√
1306	орхирох		ɔrxirɔx	啸，叫，咆哮，怒吼	√	√	√	œrxirɔx
1307	орхих		ɔrxix	抛弃；掷，投；（牲畜）流产	√	√	√	√
1308	орхиц		ɔrxits	（织布机上的）梭子；梭镖	√	√	×	œrxits
1309	орхоодой		×	人参	×	×	×	×
1310	орц		ɔrts	（楼房）单元，入口	√	√	√	√

续表

词序号	基里尔蒙古文	传统蒙古文	国际音标	汉义	被测试人序号			
					1	2	3	4
1311	орчим		ɔrtʃim	附近，四周；左右；最近	√	√	√	√
1312	орчин		ɔrtʃiŋ	环境，周围；附近	√	√	√	√
1313	орчлон		ɔrtʃlɔŋ	宇宙，世间，人间；轮回	√	√	√	√
1314	орчуулагч		ɔrtʃɔ:lagtʃ	翻译，译者，译员	√	√	√	√
1315	орших		ɔrʃix	存在，居住；（鬼神）附身	√	√	√	√
1316	орь		ɔr,	年轻的；朝气，精力	œr,	√	œr,	œr,
1317	осол		ɔsɔl	过错；疏漏	√	√	√	√
1318	отгон		ɔtgɔŋ	季，最小的，最末的	√	√	√	√
1319	отор		ɔtɔr	敖特尔（逐水草流动放牧的一种方式）	√	√	√	√
1320	оторлох		ɔtɔrlɔx	走敖特尔，游动放牧	√	√	√	√
1321	охин		œxiŋ	女儿；姑娘；母的（幼畜等）	√	√	√	√
1322	оцойх		ɔtsɔix	蹲，蹲踞；满载；获暴利	√	√	√	√
1323	оч		ɔtʃ	火星，星火，火花	√	√	√	√
1324	очих		ɔtʃix	去，赴，往	√	√	√	œtʃix
1325	оюу		ɔjʊ	绿松石	√	√	√	√
1326	оюун		ɔjʊ:ŋ	智慧，智力；理性；脑力	√	√	√	√
1327	оюутан		ɔjʊ:taŋ	有学识者；生员；大学生	√	√	√	√
1328	пөмбөгөр		pөmbөgөr	圆鼓鼓的，圆滚滚的	√	√	√	√
1329	пүүс		puːs	铺子	√	√	√	√
1330	саад		sa:d	障碍，故障；篱笆；障碍物	√	√	√	√
1331	саальчин		sa:ltʃiŋ	挤奶员，挤奶者	sa:ltʃiŋ	√	√	√
1332	саарал		sa:ral	灰色的，土白色的，灰褐色的	√	√	√	√
1333	саатал		sa:tal	阻碍，耽搁；故障，干扰；急停	√	√	√	√
1334	саатах		sa:tax	耽搁，拖延；消遣；游玩；居留	√	√	√	√
1335	саахалт		sa:xalt	邻村，近邻	√	√	√	√

续表

词序号	基里尔蒙古文	传统蒙古文	国际音标	汉义	被测试人序号			
					1	2	3	4
1336	сав		saw	器，材	√	√	√	√
1337	савах		sawax	打，鞭打，抽打；敲，击，摔	√	√	√	√
1338	савлах		sawlax	包装，盛；注灌，斟	√	√	√	√
1339	савх		sawx	筷子；短棒似的装饰品	√	√	√	√
1340	садан		sadaŋ	亲戚，亲属	√	√	√	√
1341	сайд		said	部长，相；大臣 сайн 的复数	√	√	√	√
1342	сайжрах		saidʒrax	好转，提高，改进	√	√	√	√
1343	сайн		saiŋ	好的，美好的，善良的；良好	√	√	√	√
1344	сайхан		saixaŋ	美好的，美丽的，优美的	√	√	√	√
1345	сайшаах		saiʃa:x	赞扬，夸奖，嘉奖	√	√	√	√
1346	салаа		sala:	分支，支流；支派；分叉；分枝	√	√	√	√
1347	салаалах		sala:lax	分支，出枝，分叉；分开	√	√	√	√
1348	салбар		salbar	分支，支流；分叉；分枝；部门	√	√	√	√
1349	салганах		salɢanax	战栗，发抖，震颤，摇晃	√	√	√	√
1350	салхи		sɛlx	风；空气，气	√	√	√	√
1351	самбар		sambar	板，牌；黑板；展览台	√	√	√	√
1352	самнах		samnax	梳，梳理	√	√	√	√
1353	самнуур		samnʊ:r	(用以梳刷毛的)刮具，刮泥器，刮刀	√	√	√	√
1354	самуун		samʊ:ŋ	骚乱的，动乱的；乱子；放荡的	√	√	√	√
1355	самуурал		samʊ:ral	混乱，紊乱	√	√	√	√
1356	сан		saŋ	香；焚香；国库，财政；仓库	√	√	√	√
1357	санаа		sana:	思想，念头，想法	√	√	√	√
1358	санагалзах		sanɢaldzax	想念，怀念，耿耿于怀，忆念	√	√	√	√

续表

词序号	基里尔蒙古文	传统蒙古文	国际音标	汉义	被测试人序号			
					1	2	3	4
1359	санал		sanal	意见，见解；投票；相思，怀念	√	√	√	√
1360	сандал		sandal	椅子，凳子	√	√	√	√
1361	сансар		sansar	宇宙，世界，尘世；轮回	√	√	√	√
1362	сараалан		sara:laŋ	百合花	√	√	√	√
1363	саравч		sarawtʃ	棚圈，草棚；屋檐；帽遮，帽沿	√	√	√	√
1364	саравчлах		sarawtʃilax	用手遮光远望；做房檐	√	√	√	√
1365	сауул		sarʊ:l	明亮的，光明的；敞亮的	√	√	√	√
1366	сархад		sarxad	酒；葡萄酒	√	√	√	√
1367	сахал		saxal	胡子，须；卷须，蔓；芒	√	√	√	√
1368	сахиул		saxʊ:l	看守者，守护者，卫兵	√	√	√	sɛxʊ:l
1369	сахиулсан		sax,ʊ:lsaŋ	守神，守护神；神祇，护法	√	√	√	sɛxʊ:lsaŋ
1370	сахих		saxix	卫护，防守；遵守，保持	sɛxix	√	√	sɛxix
1371	сая		saj	百万	√	√	√	√
1372	сая		saj	刚才，刚刚，不久前	√	√	√	√
1373	секунд		sekund	秒	√	√	√	√
1374	сийлбэр		si:lber	雕刻，雕纹；木刻，版画	√	√	√	√
1375	сийлмэл		si:lmel	雕刻的，雕刻品	√	√	√	√
1376	соёл		sojol	文化，文明；教化	√	√	√	√
1377	согтуу		sogtʊ:	喝醉的，沉醉的，醉醺醺的	√	√	√	√
1378	сод		sod	英明的；翼之竖羽；羽箭	√	√	√	√
1379	содлох		sodlox	杰出，突出；特别赏识	√	√	√	√
1380	солгой		solɡoi	左面的，左手的；反手的	√	√	√	√
1381	солилцоо		soliltso:	交换，交易，代谢	√	√	√	sœliltsœ:

词序号	基里尔蒙古文	传统蒙古文	国际音标	汉义	被测试人序号			
					1	2	3	4
1382	солиорох	ᠰᠣᠯᠢᠶᠠᠷᠠᠬᠤ	sɔlɔ:rɔx	发狂，发疯	√	√	√	sœlɔ:rɔx
1383	солир	ᠰᠣᠯᠢᠷ	sɔlir	陨石，流星	√	√	√	sœlir
1384	солонго	ᠰᠣᠯᠣᠩᠭᠠ	sɔlɔŋɢ	虹，虹霓；鼬鼠	√	√	√	√
1385	солонгорох	ᠰᠣᠯᠣᠩᠭᠣᠷᠠᠬᠤ	sɔlɔŋɢɔrɔx	现出虹霓般色彩，呈虹样闪光	√	√	√	√
1386	сонгох	ᠰᠣᠩᠭᠣᠬᠤ	sɔŋɢɔx	选择，择优；选举	√	√	√	√
1387	сонин	ᠰᠣᠨᠢᠨ	sɔniŋ	新闻，消息；报纸；新奇的	sœniŋ	√	√	√
1388	сонирхох	ᠰᠣᠨᠢᠷᠬᠠᠬᠤ	sɔnirxɔx	感兴趣；欣赏；惊奇，奇怪	√	√	√	sœnirxɔx
1389	сонсох	ᠰᠣᠨᠣᠰᠬᠤ	sɔnsɔx	听，听见，听到，闻	√	√	√	√
1390	сорилт	ᠰᠣᠷᠢᠯᠲᠠ	sœrilt	试验，试探，演习，操练	√	√	√	√
1391	сохор	ᠰᠣᠬᠣᠷ	sɔxɔr	失明的，瞎的；盲目的；空白的	√	√	√	√
1392	суварга	ᠰᠦᠪᠤᠷᠭᠠ	sʊwrɑɢ	塔	√	√	√	√
1393	сувилагч	ᠰᠦᠪᠢᠯᠠᠭᠴᠢ	sʊwilɑgtʃ	护士，护理者，护理员	√	√	√	√
1394	судал	ᠰᠤᠳᠠᠯ	sʊdal	管，血管；脉；线条，花纹	√	√	√	√
1395	судар	ᠰᠤᠳᠤᠷ	sʊdar	书，经卷；著史书，写史册	√	√	√	√
1396	судас	ᠰᠤᠳᠠᠰᠤ	sʊdas	血管，脉，脉络	√	√	√	√
1397	сүйх	ᠰᠦᠶᠢᠬᠡ	sʉix	轿；椅轿	√	√	√	√
1398	сүлд	ᠰᠦᠯᠳᠡ	sʊld	生命力；威严；精神；象征	√	√	√	√
1399	сүлжээ	ᠰᠦᠯᠵᠢᠶᠡ	sʉldʒe:	编织，编造；交织，交叉；线卷	√	√	√	√
1400	суллах	ᠰᠤᠯᠠᠯᠬᠤ	sʊllax	解脱，解放；腾出，空出	√	√	√	√
1401	сум	ᠰᠤᠮᠤ	sʊm	箭；子弹；苏木（蒙古国行政单位)	√	√	√	√
1402	сүм	ᠰᠦᠮᠡ	sʉm	庙，寺院；教堂	√	√	√	sœm
1403	сунгах	ᠰᠤᠨᠭᠠᠬᠤ	sʊŋɢax	拉长；(让赛马)作长跑练习	√	√	√	sœ
1404	суниах	ᠰᠤᠨᠢᠶᠠᠬᠤ	sʊniax	伸懒腰，打哈欠；攀单(双)杠	√	√	√	√

续表

词序号	基里尔蒙古文	传统蒙古文	国际音标	汉义	被测试人序号			
					1	2	3	4
1405	сүнс		suns	灵魂；精神，精灵	√	√	√	√
1406	сүр		sur	威，庄严，威风，威力	√	√	√	√
1407	сурвалжлагч		sorwaldʒlagtʃ	记者；访问者；探索者	√	√	√	√
1408	сургаал		sorga:l	学说，论说；教义；学派；教导	√	√	√	√
1409	сургууль		sorgo:l	学校；功课；训练；演习	√	√	√	√
1410	сурлага		sorlaG	学习；学业，学习成绩	√	√	√	√
1411	сүрхий		surxi:	非常的；严重的；格外的	√	√	√	√
1412	сүрэг		sureg	群，蓄群，一群；人群	√	√	√	√
1413	сүсэг		suseg	信仰，信教；崇拜，尊崇	√	√	√	√
1414	сүү		su:	奶，乳，乳汁	√	√	√	√
1415	сүүдэр		su:der	影，阴影；阴暗的；年纪	√	√	√	√
1416	сүүл		su:l	尾巴，肥尾；末端，结局，后部	√	√	√	√
1417	суух		so:x	坐，坐下；居住	√	√	√	√
1418	сууц		so:ts	住所，住宅	√	√	√	√
1419	сэдэв		sedew	题目；课目；（事情之）起因	√	√	√	√
1420	сэжиглэх		sedʒiglex	怀疑；厌恶，反感	√	√	√	√
1421	сэлгэцэх		selgetsex	变换，调换；闲游，闲逛	√	√	√	√
1422	сэлүү		selu:	空闲的；寂静无人的	√	√	√	√
1423	сэргийлэх		sergi:lex	提防，防备；警卫，警惕	√	√	√	√
1424	сэргэлэн		sergeleŋ	伶俐的，活泼的；有生气的	√	√	√	√
1425	сэржимлэх		serdʒimlex	酹（酒，乳，茶）	√	√	√	√
1426	сэрүүлэг		seru:leg	闹铃	√	√	√	√
1427	сэрүүн		seru:ŋ	醒着的，清醒的	√	√	√	√

词序号	基里尔蒙古文	传统蒙古文	国际音标	汉义	被测试人序号			
					1	2	3	4
1428	сэрүүн	ᠱᠡᠷᠡᠭᠦᠨ	seru:ŋ	凉的，清凉的，爽快的	√	√	√	√
1429	сэрүүцэх	ᠱᠡᠷᠡᠭᠦᠴᠡᠬᠦ	seru:tsex	凉快，乘凉，避暑；感到爽快	√	√	√	√
1430	сэрэл	ᠱᠡᠷᠡᠯ	serel	刺激；激动；感觉	√	√	√	√
1431	сэрэмжлэх	ᠱᠡᠷᠡᠮᠵᠢᠯᠡᠬᠦ	seremdʒlex	小心，警惕，提防	√	√	√	√
1432	сэрэх	ᠱᠡᠷᠡᠬᠦ	serex	谨防，警觉；怀疑	√	√	√	√
1433	сэтгүүл	ᠱᠡᠳᠬᠢᠭᠦᠯ	setgu:l	杂志；刊物；军报探子	√	√	√	√
1434	сэтгэл	ᠱᠡᠳᠬᠢᠯ	setgel	心，心情；思想，感情，情绪	√	√	√	√
1435	сэтгэх	ᠱᠡᠳᠬᠢᠬᠦ	setgex	思维，思考；想，思想	setgix	√	√	√
1436	сэхээрэх	ᠱᠡᠬᠡᠭᠡᠷᠡᠬᠦ	sexe:rex	苏醒，醒悟；理解，领会	√	√	√	√
1437	сэхээтэн	ᠱᠡᠬᠡᠭᠡᠲᠡᠨ	sexe:teŋ	知识分子	√	√	√	√
1438	сээрдэх	ᠱᠡᠭᠡᠷᠳᠡᠬᠦ	se:rdex	傲慢，狂妄	√	√	√	√
1439	сээртэн	ᠱᠡᠭᠡᠷᠲᠡᠨ	se:rteŋ	脊椎动物	√	√	√	√
1440	төв	ᠲᠥᠪ	tøw	中心，中央，中枢，中间	√	√	√	√
1441	төвшин	ᠲᠥᠪᠰᠢᠨ	tuwʃin	平的，匀称的；太平的；平稳的	√	√	√	√
1442	төгрөг	ᠲᠥᠭᠦᠷᠢᠭ	tøgreg	圆的，圆形的；元，圆	√	√	√	√
1443	төгс	ᠲᠥᠭᠦᠰ	tøgs	结束，完毕；毕业，结业；具备	√	√	√	√
1444	төгсгөл	ᠲᠥᠭᠦᠰᠭᠡᠯ	tøgsgø:l	结束，终止，完毕，完结	√	√	√	√
1445	төл	ᠲᠥᠯ	tøl	仔蓄	√	√	√	√
1446	төлөгч	ᠲᠥᠯᠥᠭᠡᠴᠢ	tøløgtʃ	占仆者	√	√	√	√
1447	төлөжих	ᠲᠥᠯᠥᠵᠢᠬᠦ	tøldʒix	长的健壮，发育壮大	√	√	√	√
1448	төлбөр	ᠲᠥᠯᠥᠪᠦᠷᠢ	tølbør	偿还，赔偿，支付，代价	√	√	√	√
1449	төлжих	ᠲᠥᠯᠵᠢᠬᠦ	tøldʒix	（牲畜）增加，增殖，增多	√	√	√	√
1450	төмөр	ᠲᠥᠮᠥᠷ	tømør	铁；金	√	√	√	√
1451	төр	ᠲᠥᠷᠥ	tørøl	国家，朝廷，朝代	√	√	√	√

续表

词序号	基里尔蒙古文	传统蒙古文	国际音标	汉义	被测试人序号			
					1	2	3	4
1452	төсөл		təsəl	方案	√	√	√	√
1453	таашаал		ta:ʃa:l	满意，欣赏，赞赏	√	√	√	√
1454	тав		taw	舒适；安静；兴趣；心愿；满足	√	√	√	√
1455	таваг		tawag	盘子，碟子；蹄掌；驼掌破裂病	√	√	√	√
1456	таваглах		tawaglax	装盘子；栓紧畜生蹄子	√	√	√	√
1457	тавилан		tɛwilaŋ	命运，定数，注定	√	√	√	√
1458	тавь		tɛw,	五十	√	√	√	√
1459	тагнуул		tagnʊ:l	侦查(工作)；侦查员；特务	√	√	√	√
1460	тагтаа		tagta:	鸽子	√	√	√	√
1461	тайван		taiwaŋ	太平，安静；心平气和的	tɛ:waŋ	√	√	√
1462	тайлбар		tailbar	解释；说明书；条款；谜底	√	√	√	√
1463	талбай		talbai	面积；场地	√	√	√	√
1464	талх		talx	粉，粉末，面儿；面包	√	√	√	√
1465	там		tam	地狱；苦难，苦痛	√	√	√	√
1466	тамга		tamaɢ	印，图章，戳子；(转)烙印	√	√	√	√
1467	тамгалах		tamɢalax	盖章，盖印；打上烙印	√	√	√	√
1468	тамирчин		tamirtʃiŋ	体育家，体育员	√	√	√	√
1469	тамхи		tɛmx	烟，烟草；烟叶	√	√	√	√
1470	тангараг		taŋɢarag	誓，誓约；宣誓，起誓；保证书	√	√	√	√
1471	танил		tɛnil	熟人，朋友，相好者	√	√	√	√
1472	танхай		taŋxai	放荡的；撒野的；游手好闲的	√	√	√	√
1473	таргалах		tarɢalax	发胖，长肥，长膘	√	√	√	√
1474	тарилга		terilaɢ	种植，播种；疫苗；注射	√	terlaɢ	√	√
1475	тархи		tarix	脑，脑髓；脑筋，智力	√	tɛrx,	tɛrx,	tɛrx,

词序号	基里尔蒙古文	传统蒙古文	国际音标	汉义	被测试人序号			
					1	2	3	4
1476	тасалбар	ᠲᠠᠰᠤᠯᠪᠤᠷ	tasalbar	段；隔断；(三联单的)联	√	√	√	√
1477	тасалгаа	ᠲᠠᠰᠤᠯᠭᠠ	taslaɢ	房间，室	√	√	√	√
1478	тахал	ᠲᠠᠬᠤᠯ	taxal	瘟疫，流行病	√	√	√	√
1479	тахилга	ᠲᠠᠬᠢᠯᠭ᠎ᠠ	tɛxilaɢ	祭祀，祭奠，祭祀仪式	√	√	√	√
1480	тахих	ᠲᠠᠬᠢᠬᠤ	tɛxix	祭祀，祭奠；崇拜；信奉，信仰	√	√	√	√
1481	ташаа	ᠲᠠᠱᠢᠶ᠎ᠠ	taʃa:	腰侧；错误的	√	√	√	√
1482	ташуур	ᠲᠠᠱᠢᠭᠤᠷ	taʃʊ:r	鞭子，鞭	√	√	√	√
1483	ташуурдах	ᠲᠠᠱᠢᠭᠤᠷᠳᠠᠬᠤ	taʃʊ:rdax	鞭打	√	√	√	√
1484	тийм	ᠲᠡᠶᠢᠮᠦ	ti:m	那种的，那样的；是	√	√	√	√
1485	тинхим	ᠲᠢᠩᠬᠢᠮ	tiŋxim	厅	√			
1486	товч	ᠲᠣᠪᠴᠢ	tɔwtʃ	纽扣；奶头；简单的；摘要	√			
1487	тоглох	ᠲᠣᠭᠯᠠᠬᠤ	tɔɡlɔx	游戏，玩耍；表演	√			
1488	тогооч	ᠲᠣᠭᠤᠭᠠᠴᠢ	tɔɡɔ:tʃ	炊事员，厨师	√			
1489	том	ᠲᠣᠮᠤ	tɔm	大的，大型的；成年的	√			
1490	томилолт	ᠲᠣᠮᠢᠯᠠᠯᠲᠠ	tɔemilɔlt	派遣者	√			
1491	томилох	ᠲᠣᠮᠢᠯᠠᠬᠤ	tɔemilɔx	任命，派遣，指派，委派	√			
1492	томьёолох	ᠲᠣᠮᠢᠶᠠᠯᠠᠬᠤ	tɔmjɔ:lɔx	下定义，公式化	√	tɔem,jɔ:lɔx	√	tɔem,jɔ:lɔx
1493	тоо	ᠲᠣᠭ᠎ᠠ	tɔ:	数，数目，数量，数额	√	√	√	√
1494	тоолох	ᠲᠣᠭᠠᠯᠠᠬᠤ	tɔ:lɔx	数，数数；列举，枚举；算作	√	√	√	√
1495	тооно	ᠲᠣᠭᠤᠨᠣ	tɔ:n	(蒙古包) 天窗架	√	√	√	√
1496	тооцоо	ᠲᠣᠭᠠᠴᠠᠭ᠎ᠠ	tɔ:tsɔ:	结算，清算，核算	√	√	√	√
1497	тор	ᠲᠣᠷ	tɔr	网，网套，罗网，网络	√	√	√	√
1498	торлох	ᠲᠣᠷᠯᠠᠬᠤ	tɔrlɔx	结网，编网；(用网) 套住	√			
1499	тохиолдол	ᠲᠣᠬᠢᠶᠠᠯᠳᠤᠯ	tɔex,ɔ:ldɔl	时机，机遇，场合，机会	√	√	√	√
1500	түгшүүр	ᠲᠦᠭᠰᠢᠭᠦᠷ	tugʃu:r	危险；(牲畜隔膜上的) 肉	√	√	√	√

续表

词序号	基里尔蒙古文	传统蒙古文	国际音标	汉义	被测试人序号			
					1	2	3	4
1501	түймэр		tuimer	野火，荒火	√	√	√	√
1502	түргэн		turgen	快的，急的；性急的，急躁的	√	√	√	√
1503	түрүүч		turu:tʃ	开始的；上旬的；先前的	√			
1504	түрхэх		turxex	涂，抹，搽，敷，镀	√	√	√	√
1505	туршлага		torʃlag	经验	√	√	√	√
1506	туслагч		toslagtʃ	助理，副手；协理	√	√	√	√
1507	тусламж		toslamdʒ	帮助，救助；补助	√	√	√	√
1508	түүвэр		tu:wer	集，选，选集；文选	√	√	√	√
1509	түүрэг		tu:reg	郊野，郊区，城郊	√	du:reg	×	du:reg
1510	түүх		tu:x	历史；经历，阅历	√	√	√	√
1511	түүх		tu:x	拾，摘，采集，收集；捉；捡	√	√	√	√
1512	тушаал		tuʃa:l	职位，职责；命令，指示	√	√	√	√
1513	туяа		toja:	光线，光辉；彩霞，霞光	√	√	√	√
1514	тэврэх		tewrex	抱，搂，拥抱，搂抱	√	√	√	√
1515	тэгш		tegʃ	均衡，平均的；同等的；平整的	√	√	√	√
1516	тэмдэглэл		temdeglel	记录，记载；笔记，记事	√	√	√	√
1517	тэмцэл		temtsel	斗争	√	√	√	√
1518	тэмцэх		temtsex	斗，斗争；奋斗；争，比赛	√	√	√	√
1519	тэмээ		teme:	骆驼	√	√	√	√
1520	тэнцэх		tentsex	顶，抵；均衡；合格；适合	√	√	√	√
1521	тэнэг		teneg	愚蠢的，痴呆的，痴傻的	√	√	√	√
1522	тэнэх		tenex	流浪，漂泊；离群出走	√	√	√	√
1523	тэрлэг		terleg	袍子	√	√	√	√
1524	тэсрэх		tesrex	破，豁；爆炸，爆裂	√	√	√	√
1525	тэтгэвэр		tetgewer	补助，补助品	√	√	√	√

词序号	基里尔蒙古文	传统蒙古文	国际音标	汉义	被测试人序号			
					1	2	3	4
1526	тээвэр	ᠲᠡᠭᠡᠪᠦᠷ	te:wer	运输	√	√	√	√
1527	үг	ᠦᠭᠡ	ʊg	话，语，词，言语；口信	√	√	√	√
1528	угаадас	ᠤᠭᠠᠭᠠᠳᠠᠰ	ʊɢa:das	泔水；（洗过东西的）脏水	√	√	√	√
1529	угаал	ᠤᠭᠠᠭᠠᠯ	ʊɢa:l	洗涤，洗濯；浴；洗礼	√	√	√	√
1530	угаалга	ᠤᠭᠠᠭᠠᠯᠭᠠ	ʊɢa:laɢ	洗涤，洗濯；沐浴	√	√	√	√
1531	угалз	ᠤᠭᠠᠯᠵᠠ	ʊɢaldz	（云头）图案；公盘羊	√	√	√	√
1532	угалзлах	ᠤᠭᠠᠯᠵᠠᠯᠠᠬᠤ	ʊɢaldzlax	作（云头）图案；蜿蜒	√	√	√	√
1533	угжих	ᠤᠭᠵᠢᠬᠤ	ʊgdʒix	（用哺乳器）喂奶	√	√	√	√
1534	углах	ᠤᠭᠯᠠᠬᠤ	ʊglax	插入；套上，装上	√	√	√	√
1535	үглэх	ᠦᠭᠯᠡᠬᠦ	ʊglex	唠叨；告辞，告退	√	√	√	√
1536	угсаа	ᠤᠭᠰᠠᠭᠠ	ʊgsa:	族，种族，宗族	√	√	√	√
1537	угсаатан	ᠤᠭᠰᠠᠭᠠᠲᠠᠨ	ʊgsa:taŋ	民族；望族	√	√	√	√
1538	угтлага	ᠤᠭᠲᠤᠯᠠᠭᠠ	ʊgtlaɢ	迎接，欢迎	√	√	√	√
1539	угтуул	ᠤᠭᠲᠤᠭᠤᠯ	ʊgtʊ:l	迎接者	√	√	√	√
1540	үгтээх	ᠦᠭᠲᠡᠭᠡᠬᠦ	×	拔，揪，薅	×	×	×	×
1541	үгүй	ᠦᠭᠡᠢ	ʊguě	不在；无，没有；不是	√	√	√	√
1542	үгүйлэх	ᠦᠭᠡᠢᠯᠡᠬᠦ	ʊguělex	发觉没有，发现没有；想念	√	√	√	√
1543	үгүйрэх	ᠦᠭᠡᠢᠷᠡᠬᠦ	ʊguěrex	穷，变穷，分困化	√	√	√	√
1544	угч	ᠤᠭᠴᠠ	×	断；断然，截然	×	×	×	ʊgdz
1545	үгчлэх	ᠦᠭᠴᠢᠯᠡᠬᠦ	ʊgtʃlex	口语化，照口语；逐字	√	√	√	√
1546	үгэнцэр	ᠦᠭᠡᠨᠴᠡᠷ	ʊgentser	能说会道的；爱说话的	√	√	√	√
1547	үд	ᠦᠳᠡ	ʊd	午，中午，晌午	√	√	√	√
1548	удаан	ᠤᠳᠠᠭᠠᠨ	ʊda:ŋ	慢，迟钝的；长久的	√	√	√	√
1549	удам	ᠤᠳᠤᠮ	ʊdam	血统，血族；宗族；种	√	√	√	√
1550	удамшил	ᠤᠳᠤᠮᠰᠢᠯ	ʊdamʃil	传统；遗传；承继	√	√	√	√
1551	удах	ᠤᠳᠠᠬᠤ	ʊdax	久，长久；久住；耽搁	√	√	√	√

续表

词序号	基里尔蒙古文	传统蒙古文	国际音标	汉义	被测试人序号			
					1	2	3	4
1552	удирдагч		ʊdirdagtʃ	领袖，领导者	√	√	√	√
1553	үдлэг		ʉdleg	送行，欢送；饯行	√	√	√	√
1554	үдлэх		ʉdlex	歇晌，吃午饭，搭尖	√	√	√	√
1555	үдэх		ʉdex	穿连，连缝，缀订，装订	√	√	√	√
1556	үдэш		ʉdeʃ	晚间，晚上	√	√	√	√
1557	үдэшлэг		ʉdeʃleg	晚会	√	√	√	√
1558	үдээр		ʉde:r	皮条，皮绳；缉合线；订书钉	√	√	√	√
1559	үдээс		ʉde:s	皮绳，皮钉，装订线	√	√	√	√
1560	үе		ʉj	时，时代；辈，辈分；周期	√	√	√	√
1561	үелэх		ʉjlex	分期；一阵一阵；循环	√	√	√	√
1562	үенцэр		ʉjentser	三从（兄弟姐妹）	√	√	√	√
1563	үер		ʉjer	汛，洪水	√	√	√	√
1564	үерлэх		ʉjerlex	泛滥，洪水泛滥，山洪暴发	√	√	√	√
1565	үерхэх		ʉjerxex	（同龄或年龄相仿的人）相交	√	√	√	√
1566	үеэл		ʉje:l	堂，从（兄弟姐妹）	√	√	√	√
1567	үеэлд		ʉje:l,d	堂，从（兄弟姐妹）	√	√	√	√
1568	үжрах		ʉdʒrex	朽，腐烂，朽烂，糟烂	√	√	√	√
1569	үзвэр		ʉdzwer	看，看头	√	√	√	√
1570	үзлэг		ʉdzleg	检阅，视察；门诊；相面	√	√	√	√
1571	үзүүр		ʉdzʉ:r	尖儿，尖端；梢，梢头；尽头	√	√	√	√
1572	үзүүрлэх		ʉdzʉ:rlex	削尖；拔尖儿，出众，突出	√	√	√	√
1573	үзүүрсэг		ʉdzʉ:rseg	（绵羊的）二荐皮	√	√	√	√
1574	үзэг		ʉdzeg	（用竹片等做的）签笔；（钢笔的）笔头；蘸水钢笔；字母	√	√	√	√
1575	үзэгдэл		ʉdzegdel	现象；（戏剧的）场，幕	√	√	√	√

词序号	基里尔蒙古文	传统蒙古文	国际音标	汉义	被测试人序号			
					1	2	3	4
1576	үзэл		uʤel	主义；观点，见解	√	√	√	√
1577	үзэлт		uʤelt	观点，见解，看法	√	√	√	√
1578	үзэлцэх		uʤeltsex	(үзэх 的同动态)；较量，搏斗	√	√	√	√
1579	үзэм		uʤem	葡萄	√	√	√	√
1580	үзэмж		uʤemʤ	外表，外貌；景色，风光	√	√	√	√
1581	үзэмчин		uʤemtʃiŋ	乌珠穆沁（旧时蒙古族之一部，今用于旗名）	√		√	√
1582	үзэсгэлэн		uʤesgeleŋ	美丽的，清秀的；展览会	√	√	√	√
1583	үзэх		uʤex	看，见；念，阅读；看望	√	√	√	√
1584	үйл		uil	事业；活动，行为；针线活儿	√	√	√	√
1585	уйламтгай		velamtɢai	爱哭的，哭哭啼啼的	√	√	√	√
1586	уйланхай		velaŋxai	爱哭的；（粘附于动物内脏外壁的或皮肤上长出的）水泡	√	√	√	√
1587	үйлдвэр		uildwer	工厂；工业；做头，搞头	√	u:ldwer	√	√
1588	үйлдэх		uildex	做，作，制；搞，整	√	u:ldex	√	√
1589	үйлдэхүүн		uiledxu:ŋ	产品，成品	√	u:ledxu:ŋ	√	√
1590	үйлс		uils	事业，行为，活动	√	u:ls	√	√
1591	үйлчин		uiltʃiŋ	会做针线活儿的	√	u:ltʃŋ	√	√
1592	үйлчлэх		uiltʃlex	服务；效劳；服侍；作用	√	u:ltʃlex	√	√
1593	үймээн		uime:ŋ	喧哗；骚乱；风波	√	√	√	√
1594	уйтгар		vetɢar	寂寞，烦闷，苦闷	√	√	√	√
1595	үл		ul	不可；岂不；不，勿	√	√	√	√
1596	улаагчин		vla:ɢtʃiŋ	丁（天干之第四位）	√	√	√	√
1597	улавч		vlawtʃ	鞋垫，锹垫	√	√	√	√
1598	улай		vlai	血尸，血体	√	√	√	√
1599	улайм		vlaim	烧红的，发红的；肆无忌惮的	√	√	√	√

续表

词序号	基里尔蒙古文	传统蒙古文	国际音标	汉义	被测试人序号			
					1	2	3	4
1600	улайрах		ʊlairax	发红，泛红；疯狂，发狂	√	√	√	√
1601	улайсгах		ʊlaisɢax	弄红，烧红；使白热化	√	√	√	√
1602	улайх		ʊlaix	发红，变红；眼红；全力以赴	√	√	√	√
1603	уламжлал		ʊlamdʒlal	传统	√	√	√	√
1604	улангасах		ʊlaŋɢasax	眼红，发狂	√	√	√	√
1605	улбалзах		ʊlbaldzax	红润，发红；赧颜	√	√	√	√
1606	улбар		ʊlbar	红润的，水红的	√	√	√	√
1607	үлгэр		ʉlger	故事；小说；说书；模型	√	√	√	√
1608	үлгэрлэх		ʉlgerlex	仿效，模仿；比方，比喻	√	√	√	√
1609	үлгэрчлэх		ʉlgertʃlex	示范，做榜样；故事化	√	√	√	√
1610	үлгэх		ʉlgex	（婴孩贪馋地）吮奶	√	√	√	√
1611	үлдвэр		ʉldwer	剩余，残余；余数	√	√	√	√
1612	үлдэгдэл		ʉldegdel	剩余，残渣，滤渣；遗迹	√	√	√	√
1613	үлдэх		ʉldex	剩，剩下，剩余；留	√	√	√	√
1614	үлдэх		ʉldex	赶走，取走，逐出	√	√	√	√
1615	үлдэц		ʉldets	剩余；残余	√	√	√	√
1616	улиг		ʊlig	絮聒，令人厌烦的事情；话柄	√	√	√	√
1617	улиглах		ʊliglax	絮聒，磨烦，絮絮叨叨	√	√	√	√
1618	улих		ʊlix	（狗，狼等尖声）长嗥，号叫	√	√	√	√
1619	улс		ʊls	国，国家；朝，朝代	√	√	√	√
1620	үлт		×	剥落；稀烂	×	×	×	×
1621	үлтлэх		×	弄烂，打烂，打得皮开肉绽	×	×	×	×
1622	үлэмж		ʉlemdʒ	极，甚，颇，很	√	√	√	√
1623	үлээх		ʉle:x	吹；吹奏；吹嘘	√	√	√	√
1624	умай		ʊmai	子宫；子房；肚子	√	√	√	√

续表

词序号	基里尔蒙古文	传统蒙古文	国际音标	汉义	被测试人序号			
					1	2	3	4
1625	умбалт		ʊmbalt	游泳	√	√	√	√
1626	умбах		ʊmbax	游泳；沉浸	√	√	√	√
1627	унаа		ʊna:	坐骑，乘骑；役畜	√	√	√	√
1628	унах		ʊnax	摔，落；下，降；沉溺	√	√	√	√
1629	унах		ʊnax	骑	√	√	√	√
1630	унгас		ʊŋɡas	（剪下来的）畜毛	√	√	√	√
1631	унгас		ʊŋɡas	屁	√	√	√	√
1632	унд		ʊnd	饮料；渴；解渴力	√	√	√	√
1633	ундаан		ʊnda:ŋ	饮料	√	√	√	√
1634	ундаасах		ʊnda:sax	渴，干渴	√	√	√	√
1635	үндэс		undes	根；基础；依据；词干	√	√	√	√
1636	үндэслэл		undeslel	基础；依据，论据；出发点	√	√	√	√
1637	үндэстэн		undesteŋ	民族	√	√	√	√
1638	унжлага		ʊndʒlaɡ	坠儿，穗子，垂饰	√	√	√	√
1639	унжуу		ʊndʒʊ:	下垂的，耷拉的；拖延的	√	√	√	√
1640	униар		ʊn,ar	烟雾，霭气	√	√	√	√
1641	униартах		ʊn,artax	起烟雾	√	√	√	√
1642	унтанхай		ʊntaŋxai	爱睡的，嗜眠的	√	√	√	√
1643	унтрах		ʊntrax	熄，灭；麻，发酸	√	√	√	√
1644	уншигч		ʊnʃiɡtʃ	读者，阅读者	√	√	√	√
1645	уншихъ		ʊnʃix	读，念，诵，诵读，念诵	√	√	√	√
1646	уншлага		ʊnʃlaɡ	阅读；诵读朗读；读法	√	√	√	√
1647	үнэ		une	价钱，价格；价值	√	√	√	√
1648	үнэмлэл		unemlel	证明，证件，文凭	√	√	√	√
1649	үнэн		uneŋ	真的，真实的，确实的	√	√	√	√
1650	үнэнч		unentʃ	真诚的，忠诚的	√	√	√	√
1651	үнэр		uner	气味；香（六境之一）	√	√	√	√

续表

词序号	基里尔蒙古文	传统蒙古文	国际音标	汉义	被测试人序号			
					1	2	3	4
1652	үнэртэх		ʉnertex	嗅，闻；嗅出，闻到	√	√	√	√
1653	үнэсэх		ʉnsex	吻，接吻；闻，嗅	√	√	√	√
1654	үнэхээр		ʉnexe:r	真，果真	ʉnxe:r	√	√	√
1655	үр		ʉr	黎明；曙光，朝霞	√	√	√	√
1656	үр		ʉr	种子；果，果实；精子；结果	√	√	√	√
1657	ураг		ʊrag	婚姻；姻亲，亲戚	√	√	√	√
1658	урáглах		ʊraglax	结婚，成亲	√	√	√	√
1659	урагш		ʊragʃ	向前；向南；进展	√	√	√	√
1660	уралдаан		ʊralda:ŋ	竞赛，比赛	√	√	√	√
1661	уралдах		ʊraldax	赛，竞赛，比赛	√	√	√	√
1662	урам		ʊram	兴趣；情绪；锐气	√	√	√	√
1663	урамшил		ʊramʃil	兴趣，情绪，兴致	√	√	√	√
1664	урамших		ʊramʃix	振奋，奋发，兴致勃勃	√	√	√	√
1665	уран		ʊraŋ	巧的，艺术的，精制的	√	√	√	√
1666	уранхай		ʊraŋxai	破烂的，褴褛的	√	√	√	√
1667	урах		ʊrax	撕，扯；抓（破），划（破）	√	√	√	√
1668	урвагч		ʊrwagtʃ	叛徒	√	√	√	√
1669	урвах		ʊrwax	反叛，背叛；翻；便（心）	√	√	√	√
1670	урвуу		ʊrwʊ:	叛逆的；倒的，翻的	√	√	√	√
1671	ургамал		ʊrɢamal	植物	√	√	√	√
1672	ургах		ʊrɢax	长，生长；升起	√	√	√	√
1673	ургац		ʊrɢats	长势，生长的情况；生长率	√	√	√	√
1674	үргэлж		ʉrgeldʒ	经常；连续的，不断的	√	√	√	√
1675	үргэлжлэх		ʉrgeldʒlex	连续，继续；延展，延伸	√	√	√	√
1676	үргэх		ʉrgex	惊跳，惊跑，惊退	√	√	√	√
1677	урд		ʊrd	南，南面；前，前面前边	√	√	√	√

词序号	基里尔蒙古文	传统蒙古文	国际音标	汉义	被测试人序号			
					1	2	3	4
1678	урдуур		ʊrdʊːr	南边，从南边；前边，由前部	√	√	√	√
1679	уржвэр		ʊrdʒwer	出数，禁用；积	√	√	√	√
1680	уржигч		ʊrdʒigtʃ	被乘数	√	√	√	√
1681	уржил		ʊrdʒil	繁殖，增殖，生殖；出数	√	√	√	√
1682	уржилт		ʊrdʒilt	繁殖，增殖；繁殖率；生育率	√	√	√	√
1683	уржих		ʊrdʒix	繁殖，增殖，生殖	√	√	√	√
1684	уржүүлэгч		ʊrdʒuːlegtʃ	繁殖畜牲者；乘数	√	√	√	√
1685	уржүүлэх		ʊrdʒuːlex	繁殖；乘（四则运算之一）	√	√	√	√
1686	уриа		ʊria	号召，呼吁；口号	√	√	√	√
1687	уриалах		ʊrialax	号召，召唤	√	√	√	√
1688	уриалга		ʊrialaɢ	号召，呼吁书	√	√	√	√
1689	урилга		ʊr,laɢ	邀请；聘请	√	√	√	√
1690	урин		ʊriŋ	和煦的，温暖的	√			
1691	урих		ʊrix	请；聘请；（唱摔跤歌）邀摔跤手出场	√	√	√	√
1692	урлаг		ʊrlag	艺术，艺术性；技巧；艺术的	√	√	√	√
1693	урлагчин		ʊrlagtʃiŋ	艺术家，艺人	√	√	√	√
1694	урлал		ʊrlal	工艺	√	√	√	√
1695	урлах		ʊrlax	精制，巧作；出花样；搞	√	√	√	√
1696	үрлэх		urlex	下种，播种；结实，结子粒	√	√	√	√
1697	үрс		urs	（үр 的复数）；种子；后裔	√	√	√	√
1698	үрсгал		ʊrsɢal	河流，水流；流派；潮流	√	√	√	√
1699	урт		ʊrt	长的	√	√	√	√
1700	уртатгал		ʊrtatɢal	延长，延伸，加长（的部分）	√	√	√	√
1701	уртраг		ʊrtrag	经，经度	√	√	√	√
1702	үртэс		urtes	碎末，碎屑	√	√	√	√

词序号	基里尔蒙古文	传统蒙古文	国际音标	汉义	被测试人序号			
					1	2	3	4
1703	уруу		ʊrʊː	向下；向着；顺着；向下的	√	√	√	√
1704	урхи		ʊrx,	套索的（猎具）；圈套	√	√	√	√
1705	үрчгэр		ʊrtʃger	有皱褶的，有皱纹的		√	√	√
1706	үрчийх		ʊrtʃiːx	起皱纹；（愁得）皱眉，蹙蹙	√	√	√	√
1707	үрчилгээ		ʊrtʃilge:	褶，襞，皱纹	√	√	√	√
1708	үрчлэх		ʊrtʃlex	过继，保养，收养	√	√	√	√
1709	уршиг		ʊrʃig	麻烦，恶果；牵扯，纠葛	√	√	√	√
1710	уршиглах		ʊrʃiglax	作祟，找麻烦	√	√	√	√
1711	урь		ʊr,	和煦，温暖	√	√	√	√
1712	урьтах		ʊr,tax	领先，赶到头里	√	√	√	√
1713	урьхан		ʊr,xaŋ	和煦的，柔和的；幽美的	√	√	√	√
1714	үрэвсэл		ʉrewsel	炎，炎症	√	√	√	√
1715	үрэвсэх		ʉrewsex	（火焰）燃旺，燃起；扩散	√	√	√	√
1716	үрэгдэл		ʉregdel	损失；消耗率；牺牲	√	√	√	√
1717	үрэл		ʉrel	丸，颗率；杜李（也叫山丁子）	√	√	√	√
1718	үрэх		ʉrex	浪费，消耗；牺牲，付出代价	√	√	√	√
1719	үрэх		ʉrex	撒	√	√	√	√
1720	үрээ		ʉre:	（三之五岁之间的）公马	√	√	√	√
1721	үрээвдэс		ʉrewdes	末儿，渣，屑	√	ʉrdes	√	√
1722	үс		ʉs	毛；发；纤毛	√	√	√	√
1723	услах		ʊslax	饮（牲口）；灌溉，浇水	√	√	√	√
1724	үсрэлт		ʉsrelt	跳，跳跃，飞跃	√	√	√	√
1725	үсрэх		ʉʃrex	跳，跃；飞溅；飞跃，蹦跳	√	√	√	√
1726	устах		ʊstax	消失，熄灭，消逝	√	√	√	√
1727	үсчин		ʉstʃiŋ	理发师，理发员	√	√	√	√
1728	үсэг		ʉseg	字母；字	√	√	√	√

续表

词序号	基里尔蒙古文	传统蒙古文	国际音标	汉义	被测试人序号			
					1	2	3	4
1729	үсэглэл		ʉseglel	识字课本	√	√	√	√
1730	үсэглэх		ʉseglex	认字，识字	√	√	√	√
1731	үсэгчлэх		ʉsegtʃlex	按字，逐字，照字面	√	√	√	√
1732	утастах		ʊtastax	打电话	√	√	√	√
1733	утга		ʊtag	意义，意思；内容；文	√	√	√	√
1734	үтрэм		ʉtrem	场院，打谷场	√	√	√	√
1735	үтрэмдэх		ʉtremdex	打场	√	√	√	√
1736	ууган		ʊ:ɢaŋ	长，第一个；最初的，最老的	√	√	√	√
1737	уудам		ʊ:dam	宽阔的，辽阔的	√	√	√	√
1738	уулзалт		ʊ:ldʑalt	会晤，会见	√	√	√	√
1739	ууль		ʊ:l	红角鸮，夜猫子（俗称）	√	√	√	√
1740	уур		ʊ:r	气，怒气；汽，蒸汽，节气	√	√	√	√
1741	уур		ʊ:r	臼，碓，乳钵	√	√	√	√
1742	үүр		ʉ:r	巢，窝，巢穴；（蚕）茧	√	√	√	√
1743	уураг		ʊ:rag	初乳；蛋白质	√	√	√	√
1744	уурга		ʊ:raɢ	套马杆	√	√	√	√
1745	уургалах		ʊ:rɢalax	（用套马杆）套	√	√	√	√
1746	үүрсэх		ʉ:rsex	（马）低声呼叫，嘶	√	√	√	√
1747	уурхай		ʊ:rxai	矿，矿坑，矿井	√	√	√	√
1748	үүрэглэх		ʉ:reglex	打盹儿，瞌睡	√	√	√	√
1749	уут		ʊ:t	囊，袋，口袋	√	√	√	√
1750	уутлах		ʊ:tlax	装袋；收罗，网罗	√	√	√	√
1751	ууц		ʊ:ts	荐骨部，骶骨部	√	√	√	√
1752	үүц		ʉ:ts	（冬贮春用的）整畜肉等	√	√	√	√
1753	үүцлэх		ʉ:tslex	准备（冬贮春用的）整畜肉等	√	√	√	√
1754	ууш		ʊ:ʃ	饮料	√	√	√	√
1755	уушги		ʊ:ʃgi	肺，肺脏	√	√	√	√

续表

词序号	基里尔蒙古文	传统蒙古文	国际音标	汉义	被测试人序号			
					1	2	3	4
1756	ухаа		ʊxɑː	理智；知觉，神志	√	√	√	√
1757	ухаан		ʊxɑːŋ	智慧；学科；计谋；理智	√	√	√	√
1758	ухаантан		ʊxɑːntaŋ	智者，聪明人；……学家	√	√	√	√
1759	ухамж		ʊxamdʒ	理解力，悟性；可理解性	√	√	√	√
1760	ухамсарах		ʊxamsrax	自觉，觉悟；自为	√	√	√	√
1761	ухамсрал		ʊxamsral	觉悟，自觉性；意识	√	√	√	√
1762	ухах		ʊxax	理解，领会	√	√	√	√
1763	үхдэл		uxdel	尸体；死亡率	√	√	√	√
1764	ухмал		ʊxmal	挖出来的，刨出来的	√	√	√	√
1765	ухна		ʊxan	种公山羊	√	√	√	√
1766	ухрах		ʊxrax	退，退缩，撤退；推卸	√	√	√	√
1767	үхэр		uxer	牛；（十二属的）牛	√	√	√	√
1768	үхэх		uxex	亡，死亡	√	√	√	√
1769	уцаар		ʊtsɑːr	腻烦，厌烦	√	√	√	√
1770	уцаарлах		ʊtsɑːrlax	厌烦，腻烦，焦躁	√	√	√	√
1771	учир		ʊtʃir	原因，事由；事情	√	√ *	√	√
1772	учрал		ʊtʃral	相逢；因缘；遭遇	√	√	√	√
1773	уяа		ʊjɑː	桩子，马桩	√	√	√	√
1774	уяас		ʊjɑːs	系绳，栓绳，带儿	√	√	√	√
1775	уянга		ʊjaŋɢ	抒情；韵文；韵调，曲调	√	√	√	√
1776	уянгалах		ʊjaŋɢlax	抒情，和辙押韵，发动听的	√	√	√	√
1777	уярал		ʊjral	感动，软化；感伤	√	√	√	√
1778	уярах		ʊjrax	感动，动心；悲伤；转暖	√	√	√	√
1779	уях		ʊjax	拴，系，缚，绑；牵制	√	√	√	√
1780	хөрөөлөх		xørøː	锯	√	√	√	√
1781	ха		xɑ	（动物的）前肢，前蹄	√	√	√	√
1782	хаа		xɑː	哪儿，何处	√	√	√	√

续表

词序号	基里尔蒙古文	传统蒙古文	国际音标	汉义	被测试人序号			
					1	2	3	4
1783	хаалга		xa:laɢ	门；（窗，门等的）扇，扉	√	√	√	√
1784	хаалт		xa:lt	闸，阀；封锁，拦阻；括号	√	√	√	√
1785	хаан		xa:ŋ	可汗，皇帝，帝王	√	√	√	√
1786	хаант		xa:nt	君主制的，帝制的	√	√	√	√
1787	хаах		xa:x	关，闭，拦，合，括；封锁	√	√	√	√
1788	хаац		xa:ts	拦挡物；闸	√	√	√	√
1789	хааш		xaiʃ	草率地，马虎地，潦草地	√	√	√	√
1790	хааяа		xa:ja	有时，间或，偶尔，时而	√	√	√	√
1791	хав		xaw	文哈，蛤蜊；蚌	√	√	√	√
1792	хав		xaw	哈巴狗	√	√	√	√
1793	хав		xaw	舒适，舒展，趣味	√	√	√	√
1794	хаваас		xawa:s	绗线，绗道	√	√	√	√
1795	хавагнах		xawagnax	肿，肿胀	√	√	√	√
1796	хаван		xawaŋ	浮肿，水肿	√	√	√	
1797	хавар		xawar	春，春天，春季	√	√	√	√
1798	хаваржаа		xawardʒa:	春营地，春营盘	√	√	√	√
1799	хаваржих		xawardʒix	过春，度春	√	√	√	√
1800	хавах		xawax	绗；揣测	√	√	√	√
1801	хавдар		xawdar	肿，肿胀	√	√	√	√
1802	хавдах		xawdax	肿，肿胀，浮肿	√	√	√	√
1803	хавирах		xawirax	磨，蹭；磕碰（指磕碰马肚催马快行，或用言语磕打人）	√	xɛwirax	xɛwirax	xɛwirax
1804	хавирга		xawiraɢ	肋；侧面，旁边	√	xɛwiraɢ	xɛwiraɢ	xɛwiraɢ
1805	хавлаг		xawlag	得劲儿的	√	√	√	√
1806	хавсарга		xawsaraɢ	（春季的）寒风	√	√	√	√
1807	хавсрагч		xawsragtʃ	助手，帮手；助理员	√	√	√	√
1808	хавсрал		xawsral	帮助，辅助	√	√	√	√
1809	хавсрах		xawsrax	苦于（春季的）寒风	√	√	√	√

续表

词序号	基里尔蒙古文	传统蒙古文	国际音标	汉义	被测试人序号			
					1	2	3	4
1810	хавсрах		xawsrax	帮助；兼做；附；配合	√	√	√	√
1811	хавтага		xawtaɢ	荷包，荷包袋	√	√	√	√
1812	хавтайх		xawtaix	变成扁平，伏下去	√	√	√	√
1813	хавтас		xawtas	板，木板；（书本的）硬面	√	√	√	√
1814	хавтаслах		xawtaslax	钉板；装钉（硬封面）	√	√	√	√
1815	хавтгай		xawtɢai	扁的，扁平的，平面的	√	√	√	√
1816	хавтгайрах		xawtɢairax	变扁，变扁平，变平展	√	√	√	√
1817	хавхаг		xawxag	盖儿，盖子	√	√	√	√
1818	хавхаглах		xawxaglax	盖上盖儿	√	√	√	√
1819	хавхдах		xawxdax	（用夹子）夹	√	√	√	√
1820	хавч		xawtʃ	甲虫	√	√	√	√
1821	хавчаар		xawtʃaːr	（靴，鞋等的）夹条儿	√	√	√	√
1822	хавчиг		xawtʃig	狭窄的，狭小的，狭扁的	√	√	√	√
1823	хавчил		xawtʃil	峡，峡谷	√	√	√	√
1824	хавчих		xawtʃix	夹，撅，锇；压制；烟熏	√	√	√	√
1825	хавчлага		xawtʃlaɢ	要挟，追胁，压榨	√	√	√	√
1826	хавчуур		xawtʃʊːr	夹具（泛指夹子，火钳等）	√	√	√	√
1827	хавших		xawʃix	（鱼）咬饵；讽刺，挖苦	√	√	√	√
1828	хавь		xaw,	附近，旁边，旁侧	√	√	√	xɛw
1829	хавьс		xaw,s	肋，肋条，肋骨	√	√	√	
1830	хавьтах		xaw,tax	挨，接近，亲；沾边	√	xɛw,tax	xɛw,tax	xɛw,dax
1831	хаг		xag	头垢；地衣（动物的）胞衣	√	√	√	√
1832	хага		xaɢ	破，裂，碎	√	√	√	√
1833	хагадас		xaɢdas	鱼刺；（劈木落下的）碎屑	√	√	√	√
1834	хагалах		xaɢlax	弄破；打开；破开；犁，耕	√	√	√	√

词序号	基里尔蒙古文	传统蒙古文	国际音标	汉义	被测试人序号			
					1	2	3	4
1835	хагалбар	ᠬᠠᠭᠠᠯᠪᠠᠷ	xaɢalbar	新开地；分开处，分水岭	√	√	√	√
1836	хагалбарлах	ᠬᠠᠭᠠᠯᠪᠠᠷᠯᠠᠬᠤ	xaɢalbarlax	开垦，开荒，拓荒	√	√	√	√
1837	хагарал	ᠬᠠᠭᠠᠷᠠᠯ	xaɢral	破裂，分裂，断裂	√	√	√	√
1838	хагарах	ᠬᠠᠭᠠᠷᠠᠬᠤ	xaɢrax	破，裂，碎	√	√	√	√
1839	хагархай	ᠬᠠᠭᠠᠷᠬᠠᠢ	xaɢarxai	破的，坏的；碴子；口子	√	√	√	√
1840	хагас	ᠬᠠᠭᠠᠰ	xaɢas	半，一半，半个	√	√	√	√
1841	хагаслах	ᠬᠠᠭᠠᠰᠯᠠᠬᠤ	xaɢaslax	分半；达一半，做到一半	√	√	√	√
1842	хагацал	ᠬᠠᠭᠠᠴᠠᠯ	xaɢtsal	别离，诀别；分裂，决裂	√	√	√	√
1843	хагацах	ᠬᠠᠭᠠᠴᠠᠬᠤ	xaɢtsax	离别，诀别；破裂，分裂	√	√	√	√
1844	хагачих	ᠬᠠᠭᠠᠴᠢᠬᠤ	xaɢtʃix	（频频）劈，砸	√	√	√	√
1845	хагд	ᠬᠠᠭᠳᠠ	xaɢd	宿草，隔年枯草	√	xaɢad	√	√
1846	хагдрах	ᠬᠠᠭᠳᠠᠷᠠᠬᠤ	xaɢdrax	宿草芜秽	√	√	√	√
1847	хагжих	ᠬᠠᠭᠵᠢᠬᠤ	xaɢdʒix	结垢，生垢；起头垢，生头屑	√	√	√	√
1848	хагзархай	ᠬᠠᠭᠵᠠᠷᠬᠠᠢ	xaɢdzarxai	开线的，开缝的，开绽的	√	√	√	√
1849	хагсах	ᠬᠠᠭᠰᠠᠬᠤ	xaɢsax	干，发干；（肚子）干瘪	√	√	√	√
1850	хагсрах	ᠬᠠᠭᠰᠠᠷᠠᠬᠤ	xaɢsrax	干，干燥；（肚子）干瘪	√	√	√	√
1851	хагтах	ᠬᠠᠭᠲᠠᠬᠤ	xaɢtax	结垢，生垢；起头垢，生头屑	√	√	√	xagdax
1852	хагшрах	ᠬᠠᠭᠰᠢᠷᠠᠬᠤ	xaɢʃrax	结嘎渣，结痂	√	√	√	√
1853	хад	ᠬᠠᠳᠠ	xad	岩，岩石，山岩，岩峰	√	√	√	√
1854	хадаас	ᠬᠠᠳᠠᠭᠠᠰᠤ	xada:s	钉子	√	√	√	√
1855	хадаг	ᠬᠠᠳᠠᠭ	xadag	哈达	√	√	√	√
1856	хадам	ᠬᠠᠳᠠᠮ	xadam	岳家；婆家	√	√	√	√
1857	хадамлах	ᠬᠠᠳᠠᠮᠯᠠᠬᠤ	xadamlax	嫁，出嫁，去丈人家	√	√	√	√
1858	хадамсаг	ᠬᠠᠳᠠᠮᠰᠠᠭ	xadamsag	亲婆家的；亲丈人家的	√	√	√	√
1859	хадамчлах	ᠬᠠᠳᠠᠮᠴᠢᠯᠠᠬᠤ	xadamtʃlax	走岳父家，走丈人家	√	√	√	√

词序号	基里尔蒙古文	传统蒙古文	国际音标	汉义	被测试人序号			
					1	2	3	4
1860	хадарган		xadarɢaŋ	爱（用獠牙）豁人的；好讽刺人的；馋的；有长进的	√	√	√	√
1861	хадархаг		xadarxag	多岩的，多岩石的	√	√	√	√
1862	хадах		xadax	钉，钉上；缝上；标，注	√	√	√	√
1863	хадах		xadax	割，刈；卸	√	√	√	√
1864	хадгалагч		xadɢalagtʃ	保管员，保存者	√	√	√	√
1865	хадгаламж		xadɢalamdʒ	存款；存放，储蓄，贮藏	√	√	√	√
1866	хадгалах		xadɢalax	储藏，储存；保持；铭记	√	√	√	√
1867	хадлан		xadlaŋ	草场，打草场；（可割的）秋草	√	√	√	√
1868	хадмал		xadmal	钉上的，缝上的，挂上的	√	√	√	√
1869	хадрах		xadrax	撩，豁；旁敲侧击	√	√	√	√
1870	хадуур		xadʊːr	镰刀	√	√	√	√
1871	хадуурах		xadʊːrax	跑出正道，闪道	√	√	√	√
1872	хаж		xadʒ	（金属）镶边；夹子（捕猎用具）	√	xɛdʒ	xɛdʒ	xɛdʒ
1873	хажаас		xadʒaːs	（毛皮）镶边	√	xɛdʒaːs	xɛdʒaːs	xɛdʒaːs
1874	хажиг		xadʒig	乖戾的，孤僻的	√	xɛdʒig	xɛdʒig	xɛdʒig
1875	хажиглах		xadʒiglax	排外，排斥	√	xɛdʒiglax	xɛdʒiglax	xɛdʒiglax
1876	хажлага		xadʒlaɢ	（毛皮）镶边	√	xɛdʒlaɢ	xɛdʒlaɢ	xɛdʒlaɢ
1877	хажуу		xadʒʊː	旁，侧，旁边，旁侧，侧面	√	xɛdʒʊː	xɛdʒʊː	xɛdʒʊː
1878	хажуулах		xadʒʊːlax	沿着（山坡）走；稍躺一会儿	√	xɛdʒʊːlax	xɛdʒʊːlax	xɛdʒʊːlax
1879	хазайх		xadʒaix	斜，偏，倾斜，歪斜，偏斜	√	√	√	√
1880	хазах		xadʒax	咬，叮；克，制	√	√	√	√
1881	хазгай		xadʒɢai	歪的，斜的，偏斜的，倾斜的	√	√	√	√
1882	хазгар		xadʒɢar	马嚼子；歪的，偏的，斜的；跛的，瘸的	√	√	√	√
1883	хазгарлах		xadʒɢarlax	戴马嚼子	√	√	√	√

词序号	基里尔蒙古文	传统蒙古文	国际音标	汉义	被测试人序号			
					1	2	3	4
1884	хайр		xair	爱，恩爱，恩情，友爱	√	xɛr	√	√
1885	хайран		xairaŋ	可惜了的	√	xɛraŋ	√	√
1886	хайрах		xairax	（大生畜）向旁边踢	√	xɛrax	√	√
1887	хайрах		xairax	烙，煎；螫，刺（使人炙痛）	√	√	√	√
1888	хайрлах		xairlax	爱，宠爱，珍惜；恩赐	√	xɛrlax	√	√
1889	хайрс		xairs	鳞，鳞片；鳞屑	√	xɛrs	√	√
1890	хайрслах		xairslax	长鳞，刮鳞	√	xɛrslax	√	√
1891	хайруул		xairʊ:l	烙铁，烙的工具；平锅，煎锅	√	√	√	√
1892	хайрхан		xairxaŋ	（山）岳	√	xɛrxaŋ	√	√
1893	хайх		xaix	勘探，勘察，寻找	√	√	√	√
1894	хайч		xaitʃ	剪子，剪刀	√	√	√	√
1895	хайчлах		xaitʃlax	剪，铰，修剪；剪动	√	xɛtʃlax	√	√
1896	хал		xal	苦头，苦难	√	√	√	√
1897	халаа		xala:	班，值班，轮班	√	√	√	√
1898	халаг		xalag	哎，哎哟（表示惊讶，责备等）	√	√	√	√
1899	халаглах		xalaglax	发哎哟声（表示惊讶，惋惜等）	√	√	√	√
1900	халамж		xalamdʒ	关怀，关照	√	√	√	√
1901	халамжлах		xalamdʒlax	关怀，关切，关照，关心	√	√	√	√
1902	халамсах		xalamsax	微醉，略醉	√	√	√	√
1903	халах		xalax	热，烫，发热；换，改掉	√	√	√	√
1904	халбага		xalbaɢ	匙，羹匙，小勺	√	√	√	√
1905	халбагар		xalbaɢar	宽的，肥大的；矮而宽的	√	√	√	√
1906	халбайх		xalbaix	变宽，变肥	√	√	√	√
1907	халгай		xalɢai	麻叶荨麻（也叫蝎子草）	√	√	√	√
1908	халгарах		xalɢarax	（频频）滑，打滑，出溜	√	√	√	√

续表

词序号	基里尔蒙古文	传统蒙古文	国际音标	汉义	被测试人序号			
					1	2	3	4
1909	халгах		xal	滑，滑溜，打滑	√	√	√	√
1910	халгих		xalgix	溢出，荡出，晃出	√	√	√	xɛlɡɑx
1911	халгуу		×	错的，谬误的	×	×	×	×
1912	халдвар		xaldwar	传染，沾染，感染；招惹	√	√	√	√
1913	халдварлах		xaldwarlax	传染，感染，沾染	√	√	√	√
1914	халдлага		xaldlaɢ	进犯，侵犯，干涉，干预	√	√	√	√
1915	халзан		xaldʒaŋ	光秃的；马面部有白条毛的	√	√	√	√
1916	халзлах		xaldɮlax	弄秃，弄成光秃	√	√	√	√
1917	халиа		xal,a:	淹凌水，冰上的流水	√	xɛl,a:	xɛl,a:	xɛl,a:
1918	халиалах		xal, a:lax	冰面上流水	√	xɛl, a:lax	xɛl, a:lax	xɛl, a:lax
1919	халив		xaliw	改锥，螺丝刀	√	xɛliw	xɛliw	xɛliw
1920	халил		xalil	悬崖，陡壁	√	xɛlil	xɛlil	xɛlil
1921	халим		xalim	（脂肪炼油后剩下的）油渣	√	xɛlim	xɛlim	xɛlim
1922	халим		xalim	鲸	√	xɛlim	xɛlim	xɛlim
1923	халимтах		xalimtax	（雪面）结薄冰	√	xɛlimtax	xɛlimtax	xɛlimtax
1924	халирах		xal,rax	胆怯，惧怕；逃避	√	xɛl,rax	xɛl,rax	xɛl,rax
1925	халиу		xal,ʊ:	水獭	√	xɛl,ʊ:	xɛl,ʊ:	xɛl,ʊ:
1926	халиугч		xal,ʊ:gtʃ	海骝毛的（母畜的毛色）	√	xɛl,ʊ:gtʃ	xɛl,ʊ:gtʃ	xɛl,ʊ:gtʃ
1927	халиурах		xal,ʊ:rax	（风吹禾，草等）气浪	√	xɛl,ʊ:rax	xɛl,ʊ:rax	xɛl,ʊ:rax
1928	халих		xalix	飞翔；掠，擦；溢出，荡出		xɛlix	xɛlix	xɛlix
1929	халтар		xaltar	粉嘴黑毛的（马的毛色特征）	√	√	√	√
1930	халтартах		xaltartax	变得斑斑驳驳	√	√	√	√
1931	халтираа		xaltira:	光滑的地方，滑溜的地方	√	√	√	xɛltra:
1932	халтирах		xal,tirax	滑；不能正视，不敢正视	√	√	√	xɛltax
1933	халуумсаг		xalʊ:msag	亲热的，热情的，亲切的	√	√	√	√

续表

词序号	基里尔蒙古文	传统蒙古文	国际音标	汉义	被测试人序号			
					1	2	3	4
1934	халуун		xalʊ:ŋ	热的，烫的；辣的，辛辣的	√	√	√	√
1935	халуурах		xalʊ:rax	发烧，发热	√	√	√	√
1936	халууцах		xalʊ:tsax	感到热，觉的热；取暖	√	√	√	√
1937	халх		xalx	喀而喀（蒙古族之一部）；档牌	√	√	√	√
1938	халхавч		xalxawtʃ	壁障，屏障；掩蔽物；挡箭牌	√	√	√	√
1939	халхайх		xalxaix	变宽绰，变肥大	√	√	√	√
1940	халхлах		xalxlax	遮，掩；挡，抵御	√	√	√	√
1941	халцгай		xaltsɢai	（草，毛等）又稀又短的	√	√	√	√
1942	халцрах		xaltsrax	（毛发）脱落，脱掉	√	√	√	√
1943	халшрал		xalʃral	灰心，气馁	√	√	√	√
1944	халшрах		xalʃrax	灰心，泄气	√	√	√	√
1945	хальс		xal,s	皮，表皮；壳，外壳	√	xɛl,s	xɛl,s	xɛl,s
1946	хальслах		xal,slax	剥皮，去皮；剥壳	√	xɛl,slax	xɛl,slax	xɛl,slax
1947	хам		xam	共同，一同，联合	√	√	√	√
1948	хамаа		xama:	干系，关系，关联	√	√	√	√
1949	хамааралт		xama:ralt	保管，管理	√	√	√	√
1950	хамаарах		xama:rax	管，经管；管制；过问，管理	√	√	√	√
1951	хамаатан		xama:taŋ	亲属，亲戚；有关系的人	√	√	√	√
1952	хамаатах		xama:tax	附属，从属	√	√	√	√
1953	хамаг		xamag	皆，全，所有，一切；最	√	√	√	√
1954	хамагч		xamagtʃ	鼻卡子	√	√	√	√
1955	хамар		xamar	鼻子（五官之一）；（山）鼻梁	√	√	√	√
1956	хамарших		xamarʃix	鼻化	√	√	√	√
1957	хамах		xamax	搂，拢，收拢，敛集	√	√	√	√
1958	хамба		xamba	堪布	√	√	√	√
1959	хамгаалагч		xamɢa:lagtʃ	保卫者；保护人，保护者	√	√	√	√

词序号	基里尔蒙古文	传统蒙古文	国际音标	汉义	被测试人序号			
					1	2	3	4
1960	хамгаалалт		xamɢa:lalt	保护；捍卫，防御	√	√	√	√
1961	хамжих		xamdʒix	合伙，联合	√	xɛmdʒix	√	√
1962	хамрах		xamrax	包，包含；席卷；搂，敛集	√	√	√	√
1963	хамсаатан		xamsa:taŋ	伙伴；帮手；同谋者	√	√	√	√
1964	хамсах		xamsax	协同，协助，合伙	√	√	√	√
1965	хамт		xamt	同，一起；……的同时；集体	√	√	√	√
1966	хамтрал		xamtral	合作；集体	√	√	√	√
1967	хамтрах		xamtrax	合并，协同，共同	√	√	√	√
1968	хамуу		xamʊ:	疥，疥疮，疥癣	√	√	√	√
1969	хамуур		xamʊ:r	耙子	√	√	√	√
1970	хамуурах		xamʊ:rax	生疥，生癣	√	√	√	√
1971	хамхих		xamxix	合，闭合，关	√	xɛmxix	xɛmxix	xɛmxix
1972	хамхлах		xamxlax	弄扁，打扁，砸扁；毁坏	√	√	√	√
1973	хамхрах		xamxrax	扁，瘪	√	√	√	√
1974	хамхуул		xamxʊ:l	大翅猪毛菜（也叫刺沙蓬）	√	√	√	√
1975	хамшгар		xamʃɢar	瘪的，干瘪的，塌扁的	√	√	√	×
1976	хамшийх		xamʃi:x	瘪，扁瘪，塌陷	√	√	√	×
1977	хан		xaŋ	汗（一种爵位）	√	√	√	√
1978	хана		xan	哈那（蒙古包毡壁的支架）；墙	√	√	√	√
1979	ханагар		xanaɢar	宽广的；（生活）丰裕的	√	√	√	√
1980	ханайх		xanaix	舒展胸脯；坦荡，满不在乎	√	√	√	√
1981	ханамж		xanamdʒ	满足，满意，称心	√	√	√	√
1982	ханах		xanax	下针，针刺（以放血）	√	√	√	√
1983	ханах		xanax	足，满足，满意；过瘾	√	√	√	√
1984	ханга		xaŋx	棚子，撑子，撑皮架	√	√	√	√
1985	хангай		xaŋɢai	空旷的；杭盖（水草肥沃的山林）	√	√	√	√

续表

词序号	基里尔蒙古文	传统蒙古文	国际音标	汉义	被测试人序号			
					1	2	3	4
1986	хангал	ᠬᠠᠩᠭᠠᠯ	xaŋɢal	撒野的，任性的，不驯的	√	√	√	√
1987	ханги	ᠬᠠᠩᠭᠢ	xaŋ,	精干的，利索的；硬朗的	√	√	xɛŋ	xɛŋ
1988	хангинах	ᠬᠠᠩᠭᠢᠨᠠᠬᠤ	xaŋginax	嘹亮，铮铮作响	√	√	xɛŋginax	xɛŋginax
1989	хангирцаг	ᠬᠠᠩᠭᠢᠷᠴᠠᠭ	xaŋgirtsag	腕骨	√	√	xɛŋgirtsag	xɛŋgirtsag
1990	ханд	ᠬᠠᠨᠳ	xand	浸膏，浸液	√	√	√	√
1991	хандах	ᠬᠠᠨᠳᠠᠬᠤ	xandax	向，朝向，趋向；看待，对待	√	√	√	√
1992	хандаш	ᠬᠠᠨᠳᠠᠰᠢ	xandaʃ	趋势，趋向，方向，倾向	√	√	√	√
1993	хандгай	ᠬᠠᠨᠳᠠᠭᠠᠢ	xandɢai	驼鹿（也叫犴，罕达犴）	√	√	√	√
1994	хандлага	ᠬᠠᠨᠳᠤᠯᠠᠭ᠎ᠠ	xandlaɢ	趋势，趋向，方向，倾向	√	√	√	√
1995	хандлах	ᠬᠠᠨᠳᠤᠯᠠᠬᠤ	xandlax	制成浸膏，炮制浸液	√	√	√	√
1996	хандрах	ᠬᠠᠨᠳᠠᠷᠠᠬᠤ	xantairax	仰脖；挂（指将扯手挂在鞍鞯上或将伤手挂于颈上）	√	√	√	√
1997	ханжаар	ᠬᠠᠨᠵᠠᠷ	xandʑaːr	坎肩儿	√	√	√	√
1998	ханз	ᠬᠠᠨᠽ	xandz	炕	√	√	√	√
1999	ханиад	ᠬᠠᠨᠢᠶᠠᠳᠤ	xan,ɑːd	咳，咳嗽；咳嗽病	√	√	√	xɛn,ɑːd
2000	ханиах	ᠬᠠᠨᠢᠶᠠᠬᠤ	xan,ɑːx	咳，咳嗽	√	√	√	xɛn,ɑːx
2001	ханилах	ᠬᠠᠨᠢᠯᠠᠬᠤ	xan,lax	结伴，交友；发生爱情	√	√	√	xɛn,lax
2002	хантааз	ᠬᠠᠨᠲᠠᠭᠠᠰᠤ	xantaːdz	汗褟儿，汗衫；衬衫，衬衣	√	√	√	√
2003	ханхай	ᠬᠠᠩᠬᠠᠢ	×	杭盖（水草肥沃的山林）	×	×	×	×
2004	ханхайх	ᠬᠠᠩᠬᠠᠢᠬᠤ	xaŋxaix	显得宽阔；显得空洞	√	√	√	√
2005	ханхгар	ᠬᠠᠩᠬᠠᠷ	xaŋxɢar	宽阔的，魁伟的，魁梧的	√	√	√	√
2006	ханхлах	ᠬᠠᠩᠬᠤᠯᠠᠬᠤ	xaŋxlax	（香气）袭人，扑鼻	√	√	√	√
2007	ханчир	ᠬᠠᠨᠴᠢᠷ	xantʃir	腹膜；（一条手臂）拘挛的	√	√	√	√
2008	ханчуй	ᠬᠠᠨᠴᠤᠢ	xantʃŏĕ	袖子	√	√	√	√

词序号	基里尔蒙古文	传统蒙古文	国际音标	汉义	被测试人序号			
					1	2	3	4
2009	ханчуйлах		xantʃʋĕlax	穿袖子；袖手；揣在袖里	√	√	√	√
2010	ханш		xanʃ	寒食，清明（二十四节气之一）	√	√	√	√
2011	хань		xan,	朋友，友伴，伴侣，伙伴		√	√	xɛn,
2012	хар		xar	黑；猛烈的；粗重的；素的	√	√	√	√
2013	хараа		xara:	视力；视线；瞄准器	√	√	√	√
2014	хараал		xara:l	谩骂，咒骂	√	√	√	√
2015	хараалах		xara:lax	瞄，瞄准；望，远瞩	√	√	√	√
2016	хараах		xara:x	骂，责骂	√	√	√	√
2017	хараацай		xara:tsai	燕子	√	√	√	√
2018	харагдах		xaragdax	显现，呈现，看得见	√	√	√	√
2019	харагч		xaragtʃ	黑毛的（母畜毛色）	√	√	√	√
2020	харагчин		xaragtʃiŋ	壬癸(天干之第十位)	√	√	√	√
2021	харайх		xaraix	跳跃，踩（指公牛与母牛交配）	√	√	√	√
2022	харалган		xaralɢaŋ	视力差的；夜盲的	√	√	√	√
2023	харалт		xaralt	目标，目的；视线，目光	√	√	√	√
2024	харамж		xaramdʒ	报酬，酬谢	√	√	√	√
2025	харамнах		xaram	吝啬，吝惜	√	√	√	√
2026	харамсах		xaramsax	遗憾，惋惜	√	√	√	√
2027	харамч		xaramtʃ	吝啬的，吝惜的	√	√	√	√
2028	харанга		xaraŋɢ	锣	√	√	√	√
2029	харангадах		xaraŋɢadax	发慌，发晕	√	√	√	√
2030	харандаа		xaranda:	签笔	√	√	√	√
2031	харанхуй		xaraŋxʋĕ	黑的，黑暗的	√		√	√
2032	харанхуйлах		xaraŋxʋĕlax	遮光，挡亮，昏厥	√	√	√	√
2033	харах		xarax	看，瞧；看顾；盼望	√	√	√	√
2034	харах		xarax	刨，铲，刮，削	√	√	√	√
2035	харваач		xarwa:ʃ	射手，善射的	√	√	√	√
2036	харвах		xarwax	射击；晃（眼）；（流星）掠过		√	√	√

词序号	基里尔蒙古文	传统蒙古文	国际音标	汉义	被测试人序号			
					1	2	3	4
2037	харвин	ᠬᠠᠷᠪᠢᠩ	xarwiŋ	囊膪	√	xɛrwiŋ	√	xɛrwiŋ
2038	харвис	ᠬᠠᠷᠪᠢᠰᠤ	×	（牲畜的）胞衣	×	×	×	×
2039	харгай	ᠬᠠᠷᠭᠠᠢ	xarɢai	落叶松	√	√	√	√
2040	харгалдах	ᠬᠠᠷᠭᠠᠯᠳᠠᠬᠤ	xarɢaldax	摩擦，对立	√	√	√	√
2041	харгалзах	ᠬᠠᠷᠭᠠᠯᠵᠠᠬᠤ	xarɢaldzax	照顾；顾全，看；相应	√	√	√	√
2042	харгам	ᠬᠠᠷᠭᠠᠮ	×	（马，牛等的）屁股梁；锦绣	×	×	×	×
2043	харгана	ᠬᠠᠷᠭᠠᠨᠠ	xarɢana	锦鸡儿；杏树	√	√	√	√
2044	харгах	ᠬᠠᠷᠭᠠᠬᠤ	xarɢax	冲突，抵触；相遇，相见	√	√	√	√
2045	харгис	ᠬᠠᠷᠭᠢᠰ	xarɢis	残酷的，凶恶的；霸道的	√	√	√	xɛrgis
2046	харгислах	ᠬᠠᠷᠭᠢᠰᠯᠠᠬᠤ	xarɢislax	逞凶，行凶；排挤，排斥	√	√	√	xɛrgislax
2047	харгуй	ᠬᠠᠷᠭᠤᠢ	xarɢŏ	道，道路；膛线	√	√	√	√
2048	харгуулах	ᠬᠠᠷᠭᠠᠭᠤᠯᠬᠤ	xarɢʊ:lax	对比，比较；校对，核对	√	√	√	√
2049	хардах	ᠬᠠᠷᠳᠠᠬᠤ	xardax	猜忌，猜疑；虐待，陷害	√	√	√	√
2050	харз	ᠬᠠᠷᠽᠠ	xardz	（河流等的）不冻处	√	√	√	√
2051	хариг	ᠬᠠᠷᠢᠭ	xar,g	浅滩；羞怯的	√	xɛr,g	xɛr,g	xɛr,g
2052	харилцаа	ᠬᠠᠷᠢᠯᠴᠠᠭ᠎ᠠ	xariltsa:	交流，交往	√	xɛr,ltsa:	xɛr,ltsa:	xɛr,ltsa:
2053	харилцах	ᠬᠠᠷᠢᠯᠴᠠᠬᠤ	xariltsax	互相，彼此	√	xɛr,ltsax	xɛr,ltsax	xɛr,ltsax
2054	харилцуур	ᠬᠠᠷᠢᠯᠴᠠᠭᠤᠷ	xariltsʊ:r	通话器	√	xɛr,ltsʊ:r	xɛr,ltsʊ:r	xɛr,ltsʊ:r
2055	харим	ᠬᠠᠷᠢᠮ	xarim	肉酱（一种食物）	√	xɛrim	×	xɛrim
2056	харимхай	ᠬᠠᠷᠢᠮᠬᠠᠢ	xarimxai	弹性的，有弹力的	√	xɛr,mxai	xɛr,mxai	xɛr,mxai
2057	харин	ᠬᠠᠷᠢᠨ	xariŋ	可是，却；原来；可不是吗	√	xɛriŋ	xɛriŋ	xɛriŋ
2058	хариу	ᠬᠠᠷᠢᠭᠤ	xar,ʊ:	答案；反映；报答；斜的	√	xɛr,ʊ:	xɛr,ʊ:	xɛr,ʊ:
2059	хариулах	ᠬᠠᠷᠢᠭᠤᠯᠬᠤ	xar,ʊ:lax	回答，答复；倒回，折（液体）	√	xɛr,ʊ:lax	xɛr,ʊ:lax	xɛr,ʊ:lax
2060	хариулах	ᠬᠠᠷᠢᠭᠤᠯᠬᠤ	xar,ʊ:lax	放牧	√	xɛr,ʊ:lax	xɛr	ʊ:lax
2061	хариулт	ᠬᠠᠷᠢᠭᠤᠯᠲᠠ	xar,ʊ:lt	答案，答复	√	xɛr,ʊ:lt	xɛr,ʊ:lt	xɛr,ʊ:lt

续表

词序号	基里尔蒙古文	传统蒙古文	国际音标	汉义	被测试人序号			
					1	2	3	4
2062	хариуцах		xar,ʊ:tsax	负责，承担；对抗；反驳	√	xɛr,ʊ:tsax	xɛr,ʊ:tsax	xɛr,ʊ:tsax
2063	хариуцлага		xar,ʊ:tslaɢ	责任，责任心，责任感	√	xɛr,ʊ:tslaɢ	xɛr,ʊ:tslaɢ	xɛr,ʊ:tslaɢ
2064	харих		xarix	回，归，返回；消失；衰退	√	xɛrix	xɛrix	xɛrix
2065	харлаг		xarlag	黑花毛的（牲畜的毛色）	√	√	√	√
2066	харлах		xarlax	变黑；（饿极）发虚	√	√	√	√
2067	хармаан		xarma:n	衣兜	√	√	√	√
2068	хармаг		xarmag	白刺	√	√	√	√
2069	харс		xars	素，淡，粗（食品）	√	√	√	√
2070	харсал		xarsal	嫉恨，痛恨；惨痛	√	√	√	√
2071	харуу		×	吝啬的；好护崽儿的	×	×	×	×
2072	харуул		xarʊ:l	岗哨，哨兵	√	√	√	√
2073	харуул		xarʊ:l	刨子	√	√	√	√
2074	харуулах		xarʊ:lax	表示，反映，以为	√	√	√	√
2075	харуулдах		xarʊ:ldax	（用刨子）刨	√	√	√	√
2076	харц		xarts	眼光，目光，眼神	√	√	√	√
2077	харц		xarts	贫民，黎民，庶民	√	√	√	√
2078	харцага		xartsaɢ	腰椎骨	√	√	√	√
2079	харцгай		xartsɢai	鹰	√、	√	√	√
2080	харчин		xartʃiŋ	喀喇沁（蒙古族之一部）	√	√	√	√
2081	харш		xars	殿，宫殿；障碍	√	√	√	√
2082	харших		xarʃix	（牲畜）极度疲倦	√	√	√	√
2083	харших		xarʃix	妨害；违反	√	√	√	√
2084	харь		xar,	异，他，陌生；抄网	√	xɛr,	xɛr,	xɛr,
2085	харьт		xarit	肱骨	√	xɛr,t	xɛr,t	×
2086	харьцаа		xaritsa:	关系，联系；比	√	xɛr,tasa:	xɛr,tasa:	xɛr,tasa:
2087	харьцал		xaritsal	比，比例；对比	√	xɛr,tsal	xɛr,tsal	xɛr,tsal
2088	харьцах		xaritsax	接触，接头，来往	√	xɛr,tsax	xɛr,tsax	xɛr,tsax
2089	харьцуулах		xaritsʊ:lax	比较，对照，对比	√	xɛr,tsʊ:lax	xɛr,tsʊ:lax	xɛr,tsʊ:lax

续表

词序号	基里尔蒙古文	传统蒙古文	国际音标	汉义	被测试人序号			
					1	2	3	4
2090	харьяа		xar,ja	领属，从属；籍	√	xɛr,ja	xɛr,ja	xɛr,ja
2091	харьяалах		xarija:lax	辖，管辖，统辖	√	√	√	√
2092	харьяат		xarijat	附属的，所属的	√	√	√	√
2093	хас		xas	玉	√	√	√	√
2094	хас		xas	腿根内侧	√	√	√	√
2095	хасаг		xasag	（火撑子的）箍，（宽辋的）大车	√	√	√	√
2096	хасагдагч		xasagdagtʃ	被减数	√	√	√	√
2097	хасах		xasax	减，削减；缩短；撤销，剥夺	√	√	√	√
2098	хат		xat	（刀的）钢	√	√	√	√
2099	хатавч		xatawtʃ	（门框，窗框的）梃子	√	√	√	√
2100	хатагтай		xataɢai	太太，夫人	√	√	√	√
2101	хатайртах		xatairtax	患脊髓痨	√	√	√	√
2102	хатан		xataŋ	刚毅的；烈性的，辛辣的	√	√	√	√
2103	хатан		xataŋ	后，皇后；夫人，太太	√	√	√	√
2104	хатанги		xataŋg,	干瘦的，干枯的	√	√	√	√
2105	хатах		xatax	干，干燥，发干；干瘪	√	√	√	√
2106	хатгалга		xatgalaɢ	刺痛(一种病)；挑拨，挑唆	√	√	√	√
2107	хатгалдаан		xatgalda:ŋ	刺杀，劈刺，白刃战	√	√	√	√
2108	хатгамал		xatgamal	刺绣品；刺绣的	√	√	√	√
2109	хатгамалчин		xatgamaltʃiŋ	刺绣工	√	√	√	√
2110	хатгах		xatɢax	扎，插，刺，蜇，叮；刺绣	√	√	√	√
2111	хатги		xatig	疖，疖子	√	√	√	√
2112	хатгуур		xatgʊ:r	扎的工具,刺的工具,叮的工具	√	√	√	√
2113	хатирах		xatirax	（马等）急步，颠跑，速步	√	xɛtirax	√	xɛtirax
2114	хатуу		xatʊ:	硬的；（药酒等）劲儿大的	√	√	√	√
2115	хатуужил		xatʊ:dʒil	刻苦，锻炼，坚韧性	√	√	√	√

续表

词序号	基里尔蒙古文	传统蒙古文	国际音标	汉义	被测试人序号			
					1	2	3	4
2116	хатуурах		xatʊ:rax	变硬，硬化	√	√	√	√
2117	хахах		xaxax	呛；噎住，卡住	√	√	√	√
2118	хахир		xaxir	贫乏的，枯萎的；刺耳的	√	√	√	√
2119	хахирах		xaxirax	咯出，咳出	√	√	√	√
2120	хахнах		xaxnax	轧轧作响，发吱吱嘎嘎声	√			√
2121	хахрах		xaxrax	变得太酸	√			
2122	хахуулилах		xaxʊ:l,lax	行贿，贿赂	√	√	√	√
2123	хахууль		xaxʊ:l,	顶档物；贿赂	√			
2124	хахуульдах		xaxʊ:l,dax	装上顶档物；行贿，贿赂	√			
2125	хахуун		xaxʊ:ŋ	烈性的，辛辣的；苛性的	√	√	√	√
2126	хацавч		xatsawtʃ	（门框，窗框的）梃子	√	√	√	√
2127	хацар		xatsar	颊，面颊，腮帮子；帮	√	√	√	√
2128	хацарлах		xatsarlax	面对面;(河边)结冰；归拢	√	√	√	√
2129	хачиг		xatʃig	蜱（也叫壁虱）；狗豆子	√	√	√	√
2130	хачин		xatʃiŋ	奇怪的，珍奇的；很	√	√	√	√
2131	хачирлах		×	（给肉菜）配料；（给药）加味	×	×	×	×
2132	хачирхах		xatʃirxax	奇怪，惊奇，诧异；任性	√	√	√	√
2133	хачих		×	拮据，困顿，难住	×	×	×	×
2134	хашаа		xaʃa:	栏，圈；院子；围墙，栅栏	√	√	√	√
2135	хашаалах		xaʃa:lax	（用栅栏，围墙等）圈起来	√	√	√	√
2136	хашаас		xaʃa:s	坝，堤坝，闸，拦坝	√	√	√	√
2137	хашигнах		xaʃignax	发懒，懒散，懒惰，怠惰	√	√	√	√
2138	хашилт		xaʃilt	阻碍，妨碍；引号	√	√	√	√
2139	хашин		xaʃiŋ	懒的，怠懒的，发懒的	√	√	√	√

续表

词序号	基里尔蒙古文	传统蒙古文	国际音标	汉义	被测试人序号			
					1	2	3	4
2140	хашир		xaʃir	老练的，有经验的；奸的	√	√	√	√
2141	хаширжих		xaʃirdʒix	变老练；变世故	√	√	√	√
2142	хаших		xaʃix	堵，截，拦，挡；砌（井壁）	√	√	√	√
2143	хашлага		xaʃlaɢ	坝，堤坝，闸，拦坝；（井）壁，栏杆，栅栏；拦法	√	√	√	√
2144	хашрах		xaʃrax	腻烦，厌倦；接受教训	√	√	√	√
2145	хашуур		xaʃʊ:r	席囤，围子	√	√	√	√
2146	хашхирах		xaʃxirax	喊，叫，喊叫，呐喊	√	√	√	√
2147	хаяа		xaja:	（毡包的）根，脚；墙；涯	√	√	√	√
2148	хаяавч		xaja:wtʃ	（毡包的）墙根围子	√	√	√	√
2149	хаяал		xaja:l	再从；三从	√	xɛja:l,	xɛja:l,	xɛja:l,
2150	хаяалах		xaja:lax	靠边，顺斜坡；做墙围子	√	√	√	√
2151	хаяалид		xaja:lid	再从；三从	√	xɛja:lid	xɛja:lid	xɛja:lid
2152	хаяарах		xaja:rax	天际微亮	√	√	√	√
2153	хаяг		xajag	标签；信箱；地址	√	xɛjag	xɛjag	xɛjag
2154	хаягдмал		xajagdmal	被遗弃的，被抛弃的	√	√	√	√
2155	хаях		xajax	扔，丢	√	√	√	√
2156	хивс		xiws	裁绒毯	√	√	√	√
2157	хивэх		xiwex	反刍，倒嚼	√	√	√	√
2158	хижиг		×	疫，瘟	×	xidʒg	×	xidʒg
2159	хий		xi:	嘿；气；空，虚，悬空	√	√	√	√
2160	хийд		xi:d	寺，庙	√	√	√	√
2161	хийлүүр		xi:lʉ:r	气管子，打气筒	√	√	√	√
2162	хиймэл		xi:mel	人工的，假的	√	√	√	√
2163	хийрхүү		xi:rxʉ:	气性大的；好兴奋的，神经质的	√	√	√	√
2164	хийрхэх		xi:rxex	气虚，身虚；兴奋，冲动	√	√	√	√

词序号	基里尔蒙古文	传统蒙古文	国际音标	汉义	被测试人序号			
					1	2	3	4
2165	хийсвэр	ᠬᠢᠰᠪᠦᠷᠢ	xi:swer	抽象的；空洞的，空虚的	√	√	√	√
2166	хийсэх	ᠬᠢᠰᠬᠦ	xi:sex	飘扬，飞扬	√	√	√	√
2167	хийтгэх	ᠬᠢᠲᠬᠡᠬᠦ	xi:tex	心浮气躁；更加高兴	√	√	√	√
2168	хийх	ᠬᠢᠬᠦ	xi:x	做，造；办理；装，盛	√	√	√	√
2169	хил	ᠬᠢᠯ	xil	界，边界，国界	√	√	√	√
2170	хилс	ᠬᠢᠯᠰᠤ	xils	冤枉，冤屈，委屈	√	xilis	√	√
2171	хилстэх	ᠬᠢᠯᠰᠲᠡᠬᠦ	xilstex	冤，受冤枉，受冤屈	√	xilistex	√	√
2172	хилчин	ᠬᠢᠯᠴᠢᠨ	xiltʃin	边防战士	√	xiltʃin	√	√
2173	хилэн	ᠬᠢᠯᠡᠩ	xileŋ	天鹅绒；平绒；怒，愤慨	√	√	√	√
2174	хилэнц	ᠬᠢᠯᠡᠩᠴᠡ	xilents	罪孽，冤孽	√	xilintʃ	√	√
2175	химлэх	ᠬᠢᠮᠯᠡᠬᠦ	ximlex	啃；欺负	√	√	√	√
2176	хирвээс	ᠬᠢᠷᠪᠡᠰᠦ	×	毛皮饰边	×	×	×	×
2177	хирхрээ	ᠬᠢᠷᠬᠢᠷᠠ	×	哮喘	×	×	×	×
2178	хичээллэг	ᠬᠢᠴᠢᠶᠡᠯᠯᠡᠭ	xitʃe:lleg	授课，课堂教学	√	√	√	√
2179	хичээх	ᠬᠢᠴᠢᠶᠡᠬᠦ	xitʃe:x	谨慎，当心；努力，勤奋	√	√	√	√
2180	хишиг	ᠬᠢᠰᠢᠭ	xiʃig	福，福气；福禄；吉	√	√	√	√
2181	хоёул	ᠬᠣᠶᠠᠭᠤᠯᠠ	xojʊ:l	俩，两个一起，两个人一起	√	√	√	√
2182	хов	ᠬᠣᠪ	xɔw	谗言，谮言	√	√	√	√
2183	ховдог	ᠬᠣᠪᠳᠣᠭ	xɔwdɔg	嘴馋的；贪心的	√	√	√	√
2184	ховол	ᠬᠣᠪᠣᠯ	×	椿树	×	×	×	×
2185	ховон	ᠬᠣᠪᠣᠩ	xɔ:wɔŋ	火盆	√	√	√	√
2186	ховоо	ᠬᠣᠪᠣᠭ	xɔwɔ:	水斗，柳斗；料斗，料兜	√	√	√	√
2187	ховор	ᠬᠣᠪᠣᠷ	xɔwɔr	稀少的，鲜见的	√	√	√	√
2188	ховт	ᠬᠣᠪᠲᠠ	xɔwt	箭筒	√	√	√	√
2189	ховч	ᠬᠣᠪᠴᠢ	xɔwtʃ	爱说谗言，好传闲话的	√	√	√	√
2190	хог	ᠬᠣᠭ	xɔg	垃圾，尘土，粪土；残渣，碎屑	√	√	√	√
2191	хогжйрох	ᠬᠣᠭᠵᠢᠷᠠᠬᠤ	xɔgdʒrɔx	掉落，脱落，剥落	√	√	√	√

续表

词序号	基里尔蒙古文	传统蒙古文	国际音标	汉义	被测试人序号			
					1	2	3	4
2192	хогшил		xɔgʃil	财，财产，资财	√	√	√	√
2193	ходоод		xɔdɔːd	胃	√	√	√	√
2194	хожгор		xɔdʒɢɔr	秃头；光秃的	√	√	√	√
2195	хожийх		xɔdʒiːx	变秃，变秃顶	√	√	√	√
2196	хожимдох		xɔdʒim	迟到、晚到；误时，误期	√	√		xœdʒim
2197	хожуул		xɔdʒʊːl	树疙瘩，树根疙瘩，树墩	√	√	√	√
2198	хойг		xɔig	半岛；沙洲	√	√	√	√
2199	хойно		xɔinɔ	北，北边；北部；后，后边	√	√	√	√
2200	хойрго		xɔirɔɢ	懒惰的，拖拉的	√	√	√	√
2201	хойч		ʃiɔitʃ	以后的，将来的	√	√	√	√
2202	хойш		xɔiʃ	向北；向后；以后，将来	√	√	√	√
2203	хойшилдох		xɔiʃildɔx	倒绊（用三脚绊绊住马的两后腿和左前腿）	√	√	√	√
2204	хойшлох		xɔiʃlɔx	向北；向后；延迟	√	√	√	√
2205	хол		xɔl	远，远的	√	√	√	√
2206	холбогдол		xɔlbɔgdɔl	关系，联系，连结	√	√	√	√
2207	холбох		xɔlbɔx	结，联；穿连，串联；押韵	√	√	√	√
2208	холбоц		xɔlbɔts	韵，韵脚	√	√	√	√
2209	холторхой		xɔltɔrxɔi	崩掉一块的；碴儿，小碎块	√	√	√	√
2210	холтох		xɔltɔx	远去；疏远，变生疏	√	√	√	√
2211	холхих		xɔlxix	松动，晃荡；徘徊，彷徨	√	√	√	√
2212	холчир		×	狡猾的，滑头的	×	×	×	×
2213	хольцоо		xɔl,tsɔː	混合物，参入物；黄油杂拌	√	xœl,tsɔː	xœl,tsɔː	xœl,tsɔː
2214	хольш		xɔlʃ	什锦，杂拌	√	xœlʃ	xœlʃ	xœlʃ
2215	хом		xɔm	驼鞍屉	√	√	√	√
2216	хомбогор		xɔmbɔɢɔr	噘口的，口小的	√	√	√	√
2217	хомбойх		xɔmbɔix	（圆物）收拢，缩聚	√	√	√	×

续表

词序号	基里尔蒙古文	传统蒙古文	国际音标	汉义	被测试人序号 1	2	3	4
2218	хомбон		xɔmbɔŋ	噘口的，聚缩的	√	√	√	×
2219	хомгор		xɔmgɔr	噘口的，紧缩的	√	√	√	√
2220	хомнох		xɔmnɔx	鞴骆驼鞍屉	√	√	√	×
2221	хомоол		xɔmɔ:l	（马，驴，骡等的）干粪蛋	√	√	√	√
2222	хоморго		xɔmɔrɔG	围场，围猎圈；围攻	√	√	√	√
2223	хоморголох		xɔmɔrGɔlɔx	打围，围猎；包围，围攻	√	√	√	√
2224	хомс		xɔms	不足的；稀少的	√	√	√	√
2225	хомстох		xɔmstɔx	缺少；变稀少，变缺乏	√	√	√	√
2226	хомхруу		xɔmxʊrʊ:s	（谷物的）皮，壳	√	√	√	√
2227	хонгиа		xɔŋgɔ:	空心的；筒子，空壳	√	xæŋgɔ:	xæŋgɔ:	xæŋgɔ:
2228	хонгил		xɔŋgil	洞，穴，洞穴；廊，走廊		xæŋgil	xæŋgil	xæŋgɔl
2229	хонго		xɔŋG	大腿腱子肉；大腿根	√	√	√	√
2230	хонгор		xɔŋgɔr	亲爱的；可爱的；恋人，情人	√	√	√	√
2231	хондлой		xɔndlɔi	（牲畜的）臀，尻	√	√	√	√
2232	хонжвор		xɔndʒwɔr	盈利，赚头	√	√	√	xædʒbʉr
2233	хонжих		xɔndʒix	赚，取利；赢	√	√	√	xændʒɔx
2234	хоног		xɔnɔg	昼夜；宿（xiu）	√	√	√	√
2235	хонох		xɔnɔx	住宿，过夜；宿营	√	√	√	√
2236	хоноц		xɔnɔts	借宿人	√	√	√	√
2237	хонх		xɔŋx	铃；杭（打钟声）	√	√	√	√
2238	хонх		xɔŋx	铃；凹	√	√	√	√
2239	хонхт		×	有铃的；有铃状赘肉的	×	×	×	×
2240	хоншоор		xɔnʃɔ:r	喙，嘴巴；（猪，狗等的）鼻面	√	xɔnʃɔr	√	√
2241	хонь		xɔn,	绵羊；（十二属的）羊	√	√	√	xæn,
2242	хоньчин		xɔn,tʃin	放羊人	√	√	√	xæn,tʃin
2243	хоол		xɔ:l	饭，餐；奶拌炒米；（给狗，猪，猫，牛，马等的）食	√	√	√	√

续表

词序号	基里尔蒙古文	传统蒙古文	国际音标	汉义	被测试人序号			
					1	2	3	4
2244	хооллох		xɔːllɔx	吃饭，进餐；喂，给食	√	√	√	√
2245	хоолой		xɔːlɔi	喉，喉咙；嗓子；管道；峡谷	√	√	√	√
2246	хооронд		xɔːrɔnd	中，中间，期间	√	√	√	√
2247	хоосон		xɔːsɔn	空的，空虚的；虚	√	√	√	√
2248	хор		xɔr	害，祸害；恶毒，狠毒	√	√	√	√
2249	хор		xɔr	毒，毒性	√	√	√	√
2250	хор		xɔr	嫉妒心	√	√	√	√
2251	хорвойх		xɔrwɔix	萎缩，枯萎，干缩	√	√	√	√
2252	хорвоо		xɔrwɔː	世界，宇宙；宏观世界	√	√	√	√
2253	хорго		xɔrɔɢ	橱，立柜	√	√	√	√
2254	хоргодох		xɔrɡɔdɔx	留恋，依依难离；躲藏；牵挂	√	√	√	√
2255	хоргой		xɔrɡɔi	库锦	√	√	√	√
2256	хоргол		xɔrɡɔl	（羊，驼）粪蛋，粪块	√	√	√	√
2257	хордох		xɔrdɔx	中毒，受害	√	√	√	√
2258	хорз		xɔrdʐ	二次回锅奶酒	√	√	√	√
2259	хоригдол		xɔriɡdɔl	囚徒	√	√	√	√
2260	хориглох		xɔriɡlɔx	阻拦；劝阻；禁止；防守	√	√	√	xœriɡlɔx
2261	хорио		xɔːrɔx	禁令；告诫，劝；封锁（区）	√	xœrɔː	xœrɔː	xœrɔː
2262	хориул		xɔrʊl	圈，栅栏；圈笼	√	√	√	xœrʊl
2263	хорлох		xɔrlɔx	害，陷害	√	√	√	√
2264	хормой		xɔrmɔi	（衣服的）下摆，大襟	√	xœrmœː	√	√
2265	хормойвч		xɔrmɔiwtʃ	围裙	√	xœrmœwtʃ	√	√
2266	хормойлох		xɔrmɔilɔx	用大襟兜	√	xœrmœːlɔx	√	√
2267	хорогдол		xɔrɔɡdɔl	减少，消耗；消耗量	√	√	√	√
2268	хоромж		xɔrɔmdʐ	消耗，损耗，亏损	√	√	√	√
2269	хоромсого		xɔrɔmsɔɢ	弓套	√	√	√	√
2270	хоромхон		xɔrɔmxɔn	刹那，瞬间	√	√	√	√

词序号	基里尔蒙古文	传统蒙古文	国际音标	汉义	被测试人序号			
					1	2	3	4
2271	хороо		xɔrɔː	院子，围墙；院，社；委员会	√	√	√	√
2272	хороо		xɔrɔː	圈	√	√	√	√
2273	хорох		xɔrɔx	减少，变少；缩小；依恋	√	√	√	√
2274	хорсол		xɔrsɔl	恨，怨恨，愤恨	√	√	√	√
2275	хорсох		xɔrsɔx	恨，抱恨；杀疼，炙疼	√	√	√	√
2276	хорхог		xɔrxɔg	（兽躺内或充肉的肚子里烧红的石头烤成的）炙肉	√	√	√	√
2277	хорхоглох		xɔrxɔglɔx	（把烧红的石头放入兽躺内或充肉的肚子里）炙肉	√	√	√	√
2278	хорхой		xɔrxɔi	虫；蛊；迷，瘾，馋	√	√	√	√
2279	хорхойтох		xɔrxɔitɔx	生蛊；上瘾，感兴趣；眼馋	√	√	√	√
2280	хорчийх		xɔrtʃiːx	（干而）翘起，起皱	√	√	√	√
2281	хоршоо		xɔrʃɔː	合伙；合作社；伙伴；伙计	√	√	√	√
2282	хос		xɔs	对，双	√	√	√	√
2283	хос		xɔs	直肠	√	√	√	√
2284	хот		xɔt	城，市；浩特（牧区蒙古族由数户集居而组成的生产单位）	√	√	√	√
2285	хотгор		xɔtgɔr	凹的，洼的；洼地；盆地	√	√	√	√
2286	хотил		xɔtil	二岁旱獭	√	√	√	×
2287	хотлох		xɔtlɔx	圈（牲畜）；组成浩特	√	√	√	√
2288	хотол		xɔtɔl	全，全体，全部，大家	√	√	√	√
2289	хотол		xɔtɔl	驼鹿羔	√	√	√	×
2290	хохир		xɔxir	（牛，羊的）干粪末	√	√	√	xœxir
2291	хохирол		xɔxirɔl	损失，损害；没落，破落	√	√	√	xœxirɔl
2292	хоцрох		xɔtsrɔx	落后，掉队；遗留；迟到	√	√	√	√
2293	хоч		xɔtʃ	绰号，外号；贬低的话	√	√		√

续表

词序号	基里尔蒙古文	传统蒙古文	国际音标	汉义	被测试人序号			
					1	2	3	4
2294	хошигнох		xoʃignɔx	耍滑稽，戏弄，戏谑	√	√	√	√
2295	хошин		ʃigx	滑稽，戏谑，诙谐	√	√	√	√
2296	хошного		ɔʃngx	直肠；肛门	√	√	√	√
2297	хошоонгор	×		苜蓿	×	×	×	×
2298	хошуу		xoʃʊx	喙，(狼，狗等的）嘴；尖嘴儿	√	√	√	√
2299	хошуу		xoʃʊ:	喙，(狼，狗等的）嘴	√	√	√	√
2300	хошууч		xoʃʊ:tʃ	先锋，先驱，前卫	√	√	√	√
2301	хөв		xøw	深渊；（河水）冲积物	√	√	√	√
2302	хөвд		xøwd	苔，青苔；林中粗草	√	√	√	√
2303	хөвөлзөх		xøwøldzøx	匀称地多次重复地摇动，飘浮	√	√	√	√
2304	хөвөн		xøwøŋ	棉花，棉絮	√	√	√	√
2305	хөвөө		xøwø:	边，边缘，岸	√	√	√	√
2306	хөвөөлөх		xøwø:løx	缝住，加饰边；沿边走	√	√	√	√
2307	хөвсрөх		xøwøsrøx	虚浮，虚荣，浮夸	√	√	√	√
2308	хөвх		xøwx	箱子，柳条盒	√	√	√	√
2309	хөвхих		xøwøxøx	变轻浮，变虚荣；心不在焉	√	√	√	√
2310	хөвхлүүр		xøwxølu:r	漂浮的，浮起来的	√	√	√	√
2311	хөвхөлзөх		xøwxøldzøx	摇动，浮动；轻薄；冲动	√	√	√	√
2312	хөвч		xøwtʃ	弓弦，琴弦；山梁；大山林	√	√	√	√
2313	хөвчин		xøwtʃiŋ	所有的，全部的	√	√	√	√
2314	хөвчлөх		xøwtʃløx	上弓；拉紧；竭尽全力	√	√	√	√
2315	хөвчлүүр		xøwtʃlu:røx	弓两端的沟槽，弓弦口	√	√	√	√
2316	хөвчтөн		xøwtʃtøŋ	弓弦手，弦乐手	√	√	√	√
2317	хөгжил		xøgdʒil	发展，发育，兴隆；乐趣，快乐	√	√	√	√
2318	хөгжимдэх		xøgdʒimdøx	奏乐，演奏，玩乐器	√	√	√	√
2319	хөгжимчин		xøgdʒimtʃiŋ	音乐家，乐手，乐器演奏家	√	√	√	√

续表

词序号	基里尔蒙古文	传统蒙古文	国际音标	汉义	被测试人序号			
					1	2	3	4
2320	хөгжих		xөgdʒix	发展，发达，兴旺；快乐，愉快	√	√	√	√
2321	хөгжөөн		xөgdʒө:ŋ	乐趣，欢乐，娱乐	√	√	√	√
2322	хөглөрөх		xөgelөrөx	乱放，乱扔	√	√	√	√
2323	хөглөх		xөgelөx	调音律，调弦；出丑	√	√	√	√
2324	хөгнө		xөgen	拴羊羔的绳子；瓜藤	√	√	√	√
2325	хөгнөх		xөgŋөx	把羊羔拴在绳上	√	√	√	√
2326	хөгсөх		xөgsөx	发怒，发火	√	√	√	√
2327	хөгч		xөgtʃ	霉；蓝靛，靛青	√	√	√	√
2328	хөгшин		xөgʃin	老的，多年的，长老；老太婆	√	√	xөgʃөn	xөgʃөn
2329	хөгшрөх		xөgʃrөx	变老，上年纪，老弱	√	√	√	√
2330	хөдлөл		xөdlөl	运动，动，行动，活动	√	√	√	√
2331	хөдлөх		xөdlөx	动，运动，走动；劳动，工作	√	√	√	√
2332	хөдөлгөөн		xөdөlgө:ŋ	动，运动，活动	√	√	√	√
2333	хөдөлгүүр		xөdөlgu:r	发动机，电动机；运动	√	√	√	√
2334	хөдөлмөр		xөdөlmөr	劳动	√	√	√	√
2335	хөдөө		xөdө:	乡村，农村；田野，野外	√	√	√	√
2336	хөдөөлөх		xөdө:lөx	下乡，去农村；到野地去	√	√	√	√
2337	хөдөс		xөdөs	陈旧的熟羊皮等	√	√	√	√
2338	хөөө		xөjө:	（鸟之）嗉襄（动物之）颊襄	√	√	√	√
2339	хөөөлөх		xөjө:lөx	收集过冬物品（某些动物的）	√	√	√	√
2340	хөзөр		xөdʒөr	纸牌，扑克牌	√	√	√	√
2341	хөзөрдөх		xөdʒөrdөx	玩纸牌，打牌，打扑克	√	√	√	√
2342	хөл		xөl	脚，足，腿	√	√	√	√
2343	хөлбөр		xөlbөr	车辕	√	√	√	√
2344	хөлбөрөх		xөlbөrөx	倒载，倾覆；翻筋斗；虚浮	√	√	√	√

词序号	基里尔蒙古文	传统蒙古文	国际音标	汉义	被测试人序号			
					1	2	3	4
2345	хөлдөх		xøldøx	冻，冻结；抄后退	√	√	√	√
2346	хөлдүүс		xøldu:s	冷藏物，冷冻物品	√	√	√	√
2347	хөлжих		xøldʒix	资本雄厚起来，发财致富	√	√	√	√
2348	хөллөгөө		xølløg:	挽具，马具	√	√	√	√
2349	хөллөх		xøllex	套上，架上；(给器物)做腿	√	√	√	√
2350	хөлөг		xøløg	船，舰；板，台子，盘	√	√	√	√
2351	хөлөглө		xøløglex	遮挡，遮住	√	√	√	√
2352	хөлөх		xø:lex	套上，架上	√	√	√	√
2353	хөлрөх		xølrex	出汗，发汗，流汗	√	√	√	√
2354	хөлс		xøls	汗，汗水；工资，报酬	√	√	xøls	xøls
2355	хөлслөх		xølʃlex	出租，放贷；雇用；使出汗	√	√		√
2356	хөлх		xølx	角膜斑	√	√	√	√
2357	хөлхө		xølex	套上，架上，挽	√	√	√	√
2358	хөлхөх		xølxex	闲游，游荡	√	√	√	√
2359	хөлчих		xøltʃix	抵足而眠	√	√	√	√
2360	хөлчих		xøltʃix	烘热，烘暖	√	√	√	√
2361	хөлчүү		xøltʃu:	喝醉酒的，醉酒的	√	√	√	xøltsu:
2362	хөлчүүрэх		xøltʃu:rex	酒上涌，微醉	√	√	√	xøltsu:rex
2363	хөлш		xølʃ	(一岁以上的小牲畜之)鞣皮	√	√	√	√
2364	хөм		xøm	鞣革（粗加工未染色的牛皮）	√	√	√	√
2365	хөмий		xø:mi:	(豹，狼等的)脂肪	√	√	√	√
2366	хөмөлдрөг		xømøldreg	攀胸（马的鞍具）	√	√	√	√
2367	хөмрөг		xømerg	收藏品，库；总额；基金	√	√	√	√
2368	хөмрөглөх		xømøreglex	收藏；收入档案卷宗	√	√	√	√
2369	хөмрөх		xømerex	翻倒，推倒，倒过来	√	√	√	√
2370	хөмсөг		xømseg	眉毛	√	√	√	√

续表

词序号	基里尔蒙古文	传统蒙古文	国际音标	汉义	被测试人序号			
					1	2	3	4
2371	хөмхий		xөmxi:	下唇，下嘴唇	√	√	√	√
2372	хөнгөжих		xөŋgөdʒix	变轻，轻快起来；分娩	√	√	√	√
2373	хөнгөлөх		xөŋgөlөx	使便利，使轻快；阉割，去睾丸	√	√	√	√
2374	хөнгөмсөг		xөŋgөmsөg	谦虚和蔼的，谦逊；轻率的	√	√	√	√
2375	хөнгөн		xөŋgөŋ	轻，轻的；便的，轻快的	√	√	√	√
2376	хөндий		xөndi:	空的；河谷地；远离；窦	√	√	√	√
2377	хөндийлөх		xөndi:lөx	失空，掏空；使分开；使成溶洞	√	√	√	√
2378	хөндлөн		xөndlөŋ	横的，横着的；横穿，违反	√	√	√	√
2379	хөндөл		xөndөl	梁木，方木，横梁	√	√	√	√
2380	хөндөлдөх		xөndөldөx	横放；掩盖，拦截，阻碍	√	√	√	√
2381	хөнжил		xөndʒil	被子	√	√	√	√
2382	хөнөг		xөnөg	筲木桶，提桶（皮制的）	√	√	√	√
2383	хөнөөл		xөnө:l	害，损害，毁灭	√	√	√	√
2384	хөнөөх		xөnө:x	伤害，危害，损害	√	√	√	√
2385	хөнтрөх		xөntrөx	倾倒；翻面；全部倒光	√	√	√	√
2386	хөнхөр		xөnxөr	眼凹陷的，凹眼窝的	√	√	√	xөŋkөr
2387	хөөвөр		xө:wөr	（牧畜脱毛期脱下的）毛绒	√	√	√	√
2388	хөөг		xө:g	赶骆驼或牛车的声	√	√	√	√
2389	хөөмий		xө:mi:	野兽腹部的毛皮；咽，喉咙	√	√	√	√
2390	хөөмийлөх		xө:mi:lөx	取野兽腹的毛皮	√	√	√	√
2391	хөөнгө		xө:ŋg	烟；浮肿，微肿	√	√	√	√
2392	хөөр		xө:r	欢乐，快乐，喜悦，兴奋	√	√	√	√
2393	хөөрөг		xө:rөg	风箱，风裹，鼓风机	√	√	√	√
2394	хөөрөх		xө:rөx	上升，腾空；暴涨；兴奋	√	√	√	√

续表

词序号	基里尔蒙古文	传统蒙古文	国际音标	汉义	被测试人序号			
					1	2	3	4
2395	хөөрүү		xө:ru:	易激动的，易兴奋的	√	√	√	√
2396	хөөрхий		xө:rxi:	可怜啊；让人怜惜	√	√	√	√
2397	хөөрхийлөх		xө:rxi:lөx	可怜，怜悯	√	√	√	√
2398	хөөрхөн		xө:rөxөŋ	可爱，娟秀的，娇美的	√	√	√	√
2399	хөөс		xө:s	泡沫，浪花	√	√	√	√
2400	хөөстөх		xө:sөtөx	泡沫变多；涂	√	√	√	√
2401	хөөх		xө: x	赶，驱赶；膨胀，浮肿	√	√	√	√
2402	хөр		xөr	（用于长时间的积压而形成的表层坚硬的）积压物	√	√	√	√
2403	хөрвөх		xөrwөx	打滚，侧身；转变	√	√	√	√
2404	хөрзгөр		xөrdʒgөr	粗糙的，不光滑的	√	√	√	√
2405	хөрзийх		xөrdʒi:x	变粗糙，成不光滑	√	√	√	√
2406	хөрзөн		xөrdʒөŋ	羊粪蛋（羊圈里的）羊肥料；沉积块	√	√	√	√
2407	хөрлөх		xөrlөx	变坚硬，结冻，堆成雪堆	√	√	√	√
2408	хөрөг		xөrөg	肖像，画像	√	√	√	√
2409	хөрөнгө		xөrөŋgө	财产，资金；酸酵	√	√	√	√
2410	хөрөнгөлөх		xөrөŋgөlөx	酿造，发酵，使发酵	√	√	√	√
2411	хөрөнгөтөн		xөrөŋgөtөŋ	资本家，资产阶级	√	√	√	√
2412	хөрөх		xөrөx	冷，冷冻；发冷，受冻	√	√	√	√
2413	хөрс		xөrs	表皮，土壤；草层，草皮	√	√	√	√
2414	хөрслөх		xөrslөx	削皮，去表皮	√	√	√	√
2415	хөртөх		xөrtөx	磨光，摩擦	√	√	√	√
2416	хөрх		xөrx	帐篷	√	√	√	√
2417	хөрш		xөrʃ	邻居，相邻的，邻近的	√	√	√	√
2418	хөсөг		xөsөg	运输车，运输工具，运输	√	√	√	√
2419	хөсөглөх		xөsөglөx	切肉	√	√	√	√
2420	хөсөр		xөsөr	土地，野地，处女地	√	√	√	√

续表

词序号	基里尔蒙古文	传统蒙古文	国际音标	汉义	被测试人序号			
					1	2	3	4
2421	хөсөрдөх		xөsөrdөx	被抛于野地；被抛弃	√	√	√	√
2422	хөтлөх		xөtlөx	带领；引导，负责；办事	√	√	√	√
2423	хөтөл		xөtөl	马夫，牵马人	√	√	√	√
2424	хөтөл		xөtөl	山坡	√	√	√	√
2425	хөтөлбөр		xөtөlbөr	工作纲要；计划；节目单	√	√	√	√
2426	хөтөлгөө		xөtөlgө:	被牵着的马，备用马	√	√	√	√
2427	хөтөч		xөtөtʃ	随从，马夫，勤务员	√	√	√	√
2428	хөх		xөx	蓝色的；甲；野猪崽子	√	√	√	√
2429	хөх		xөx	乳房；橡皮奶头	√	√	√	√
2430	хөхөвч		xөxөwtʃ	文胸，乳罩，奶罩	√	√	√	√
2431	хөхөгчин		xөxөgtʃiŋ	青灰色（母牛，母马等毛色）	√	√	√	√
2432	хөхөл		xөxөl	（小孩留的）头发，辫发	√	√	√	√
2433	хөхөмдөг		xөxөmdөg	淡蓝色，淡青色的	√	√	√	√
2434	хөхөнчир		xөxөntsөr	乳头状的，乳头形的	√	√	√	√
2435	хөхөө		xөxө:	数九寒天	√	√	√	√
2436	хөхөө		xөxө:	杜鹃，布谷鸟	√	√	√	√
2437	хөхөх		xөxөx	吸吮，吃奶；吸，吸收	√	√	√	√
2438	хөхрөх		xөxөrөx	变青，变蓝，发蓝	√	√	√	√
2439	хөхрөх		xөxrөx	哈哈大笑，哄堂大笑	√	√	√	√
2440	хөхтөн		xөxөtөŋ	哺乳类，哺乳类动物	√	√	√	√
2441	хөхүүл		xөxu:l	哺乳的，使吃奶的	√	√	√	√
2442	хөхүүлэг		xөxu:leg	振奋，鼓励	√	√	√	√
2443	хөхүүлэх		xөxu:lex	使振奋，奖励	√	√	√	√
2444	хөхүүр		xөxu:r	（盛酸奶用的）牛皮桶，襄	√	√	√	√
2445	хөхүүр		xөxu:r	鼻烟壶，鼻烟瓶	√	√	√	√
2446	хөшиг		xөʃig	幕，幔帐，屏幕，帘子	√	√	√	√
2447	хөшиг		xөʃig	喻指遮盖，掩盖	√	√	√	√

续表

词序号	基里尔蒙古文	传统蒙古文	国际音标	汉义	被测试人序号			
					1	2	3	4
2448	хөших	ᠬᠥᠰᠢᠬᠦ	xəʃix	支起，支撑；变僵硬；阻挡	√	√	√	√
2449	хөшөө	ᠬᠥᠰᠢᠶ᠎ᠡ	xəʃə:	碑，墓碑	√	√	√	√
2450	хөшүүн	ᠬᠥᠰᠢᠭᠦᠨ	xəʃu:ŋ	固执的；僵硬的；涩的	√	√	√	√
2451	хөшүүр	ᠬᠥᠰᠢᠭᠦᠷ	xəʃə:r	横挡物，杠杆	√	√	√	√
2452	хрэм	ᠬᠡᠷᠡᠮ	xerem	松鼠，灰鼠	√	√	√	xirem
2453	хувaарь	ᠬᠤᠪᠢᠶᠠᠷᠢ	xʊw,ɑːr,	份儿；刻度；分配表；分母	√	√	√	xœwaːr
2454	хуваах	ᠬᠤᠪᠢᠶᠠᠬᠤ	xʊwɑːx	分，分配；除（四则运算之一）	√	xʊĕwaːx	√	√
2455	хувалз	ᠬᠤᠪᠠᠯᠵᠠ	xʊwaldʐ	（吸足了血的）狗虱，狗豆子	√		√	√
2456	хувилах	ᠬᠤᠪᠢᠯᠬᠤ	xʊw,lax	变，变化；（伤口）复殖；化生	√	√	√	xʊĕw,lax
2457	хувилгаан	ᠬᠤᠪᠢᠯᠭᠠᠨ	xʊwilɢɑːŋ	呼毕勒罕，转世佛	√	√	√	xʊĕwiɢaːŋ
2458	хувинцар	ᠬᠤᠪᠢᠨᠴᠠᠷ	xʊwiɲtsar	自私的，自私自利的	√	xʊĕwiɲtsar	√	xʊĕwiɲtsar
2459	хувирал	ᠬᠤᠪᠢᠷᠠᠯ	xʊwiral	变，变化；变质	√	xʊĕwiral		xœwiral
2460	хувирах	ᠬᠤᠪᠢᠷᠠᠬᠤ	xʊwirax	变，演变，蜕化，蜕变	√	xʊĕwirax		xœwirax
2461	хүврэл	ᠬᠥᠪᠦᠷᠡᠯ	xəwrel	萌发，发芽	√	√	√	√
2462	хүврэх	ᠬᠥᠪᠦᠷᠡᠬᠦ	xɤwrex	逆风停顿，顶风停顿	√	√	√	√
2463	хүврэх	ᠬᠥᠪᠦᠷᠡᠬᠦ	xɤwrex	萌芽，发芽	√	√	√	√
2464	хүврээ	ᠬᠥᠪᠦᠷᠡᠶ᠎ᠡ	xɤwre:	（受伤而起的）青疱，肿疱	√	√	√	√
2465	хувхай	ᠬᠤᠪᠬᠠᠢ	xʊwxai	光秃的；枯干的	√	√	√	√
2466	хувхайрах	ᠬᠤᠪᠬᠠᠢᠷᠠᠬᠤ	xʊwxairax	枯，枯萎；变空	√	√	√	√
2467	хувцас	ᠬᠤᠪᠴᠠᠰᠤ	xʊwtsas	衣裳，衣服，服装	√	√	√	√
2468	хувцлах	ᠬᠤᠪᠴᠠᠯᠠᠬᠤ	xʊwtslax	着衣，穿戴；给做全套的新衣服	√	√	√	√
2469	хувь	ᠬᠤᠪᠢ	xʊw,	份额；股份；个人，私；分数	√	xʊĕw	√	xʊĕw
2470	хувьсгали	ᠬᠤᠪᠢᠰᠬᠠᠯ	xʊw,sɢal	革命	√	√	√	xœw,s ɢal
2471	хүвэр	ᠬᠥᠪᠡᠷ	xɤwer	碾子，擀杖，擀面杖	√	√	√	√
2472	хүвэрдэх	ᠬᠥᠪᠡᠷᠳᠡᠬᠦ	xɤwerdex	缘缝，缘边；东游西逛	√	√	√	√

词序号	基里尔蒙古文	传统蒙古文	国际音标	汉义	被测试人序号			
					1	2	3	4
2473	хуга		xʊɢ	（打，折）断	√	√	√	√
2474	хугалах		xʊɢlax	折，弄断；挫伤	√	√	√	√
2475	хугацаа		xʊɢtsɑ:	期，期间，日期；届	√	√	√	√
2476	хүгдгэр		xʉgdger	弯曲的，弓背的，驼背的	√	√	√	√
2477	хүгдийх		xʉgdi:x	弯背，弓身，弯曲	√	√	√	√
2478	хүгж		xʉgdʒ	歌调，曲调，旋律	√	√	√	√
2479	худ		xʊd	（男）亲家	√	√	√	√
2480	худаг		xʊdag	井，水井	√	√	√	√
2481	худал		xʊdal	谎言，谎话；虚假的	√	√	√	√
2482	худалдаа		xʊdalda:	生意，商业；商店，商场	√	√	√	√
2483	худалдаачин		xʊdalda:tʃin	商人，买卖人	√	√	√	√
2484	худалдах		xʊdaldax	卖，销售；搬弄	√	√	√	√
2485	худалч		xʊdaltʃ	说谎的，撒谎的	√	√	√	√
2486	хударга		xʊdarɢ	鞦，后鞦；后头，从后面	√	√	√	√
2487	худгуй		xʊdɢai	（女）亲家	×	×	×	×
2488	хүдхэлэх		xʉdexlex	行动粗鲁的，举止无礼	√	√	√	√
2489	хүдэн		xʉdeŋ	尘埃，尘雾	√	√	√	√
2490	хүдэнтэх		xʉdeŋtex	尘土飞扬；落上尘土	√	√	√	√
2491	хүдэр		xʉder	矿石，矿物；健壮的	√	√	√	√
2492	хүдэх		xʉdex	粗野的，卑贱的；迟钝的	√	√	√	√
2493	хүж		xʉdʒ	鞣制的整块皮张	√	√	√	√
2494	хужирлаг		xʊdʒirlag	碱性的	√	√	√	√
2495	хужирлах		xʊdʒirlax	给牲畜喂碱	√	√	√	√
2496	хүжүүбч		xʉdʒu:wtʃ	套包；颈圈，脖套	√	√	√	√
2497	хүзүү		xʉdʒu:	颈，脖子；器皿的颈	√	√	√	√
2498	хүзүүдэх		xʉdʒu:dex	抱住脖子，掐脖子	√	√	√	√
2499	хуй		xʊĕ	旋风；帽儿；鞘；套	√	√	√	√
2500	хуйв		xʊĕw	（套马杆的）皮套绳	√	√	√	√
2501	хуйвалдагч		xʊĕwaldagtʃ	搞阴谋者	√	√	√	√

续表

词序号	基里尔蒙古文	传统蒙古文	国际音标	汉义	被测试人序号			
					1	2	3	4
2502	хуйвалдах		xʊɛ̆waldax	勾结，勾搭；谋划	√	√	√	√
2503	хуйгуур		xʊɛ̆gʊːr	狡诈的，狡猾的	√	√	√	√
2504	хүйдэс		xʉides	冻结的畜粪，畜粪的冻块	√	√	√	√
2505	хүйлэх		xʉilex	（狼，狗等动物在交尾期）群集	√	√	√	√
2506	хүйс		xʉis	花蕊；中心；果脐	√	√	√	√
2507	хүйс		xʉis	性别；肚脐	√	√	√	√
2508	хүйтрэх		xʉitrex	苦寒，变得寒冷	√	√	√	√
2509	хүйтэн		xʉiteŋ	冷，寒气；冷漠的；淋病	√	√	√	√
2510	хүйх		xʊɛ̆x	头皮，头皮屑；燎去毛的皮	√	√	√	√
2511	хул		xʊl	金黄毛的(马的毛色)	×	×	×	×
2512	хул		xʊl	葫芦，匏瓜（也叫瓢葫芦）；瓢	√	√	√	√
2513	хулан		xʊlaŋ	野驴（也叫蒙驴）	√	√	√	√
2514	хуланц		xʊlants	高祖	√	√	√	√
2515	хулгайлах		xʊlɢailax	偷，窃，窃取	√	√	√	√
2516	хулгайч		xʊlɢaitʃ	盗贼，小偷	√	√	√	√
2517	хулгана		xʊlɢan	鼠；（十二属的）鼠	√	√	√	√
2518	хулжин		xʊldʒiŋ	狡猾的，奸诈的	√	√	√	√
2519	хулмайх		xʊlmaix	（动物）抿耳，贴耳	√	√	√	√
2520	хулман		xʊlmaŋ	抿耳的，贴耳的	√	√	√	√
2521	хүлс		xʉls	香炉	xʉlis	√	√	√
2522	хулуу		xʊlʊː	痛风，筋骨痛，风湿痛	√	√	√	√
2523	хүлхгэр		xʉlxger	肥大的，宽大的，腹大的	√	√	√	√
2524	хүлхийх		xʉlxiːx	变肥大，变宽大	√	√	√	√
2525	хүлхэх		xʉlxex	含，含化；囫囵吞枣	√	√	√	√
2526	хүлчгар		xʊltʃɢar	胆怯的；憔悴的，苍白的	√	√	√	√
2527	хүлчэл		xʉltʃel	忍耐，耐心，耐性，容忍	√	√	√	√

词序号	基里尔蒙古文	传统蒙古文	国际音标	汉义	被测试人序号			
					1	2	3	4
2528	хүлэг		xuleg	骏马，良马	√	√	√	√
2529	хүлэг		xuleg	捆绳，细绳，系带	xulig	√	√	√
2530	хүлэмж		xulemdʒ	温室，地下室；窝棚	√	√	√	√
2531	хүлэх		xulex	结，系，捆，绑，束	xulix	√	√	√
2532	хүлээс		xule:s	捆绳，缠绕；影响，牵制	√	√	√	√
2533	хүлээх		xule:x	等候；迎接；承受，承认	xuliex	√	√	√
2534	хумаг		xɔmag	细砂，砂土；垢土	√	√	√	√
2535	хумбараа		xumbara:	蛇，鳄鱼	√	√	√	√
2536	хумбих		xɔmbix	归拢；蜷起，收缩	√	√	√	√
2537	хумих		xɔmax	归拢；蜷起，卷起	√	√	xœmœx	xœmex
2538	хүмл		xumel	野葱	√	√	√	√
2539	хумс		xɔms	指甲；爪子	√	√	√	√
2540	хумслах		xɔmslax	（用指甲）挖，掐，扣	√	√	√	√
2541	хүмүүжил		xumu:dʒil	教育，教养，涵养，修养	√	√	√	√
2542	хүмүүжих		xumu:dʒix	修养，成熟；受教育	√	√	√	√
2543	хүмүүн		xumu:ŋ	人；别人，他人	√	√	√	√
2544	хүмүүс		xumu:s	人们，民众，人员	√	√	√	√
2545	хун		xɔŋ	天鹅	√	√	√	√
2546	хүнд		xund	重；艰难；严重的；名誉，信用	√	√	√	√
2547	хундага		xɔndaɢ	盅，酒杯；酒窝儿	√	√	√	√
2548	хүндлэх		xuŋdlex	尊敬，敬重；招待，款待	√	√	√	√
2549	хүндэтлэх		xuŋdetgex	尊敬，敬重，崇拜	√	√	√	√
2550	хүндэч		xuŋdetʃ	重量	√	√	√	√
2551	хуниа		xɔn,a:	桦皮篓	√	√	xɔĕna:	xɔĕnija:
2552	хуниас		xɔn,a:s	褶子，皱纹	√	√	√	xɔĕnijaʃ
2553	хуниаслах		xɔn,a:slax	弄出褶子，弄出皱纹	√	√	√	xɔĕna:slax
2554	хүнс		xuns	粮食，食品，食物，饮食	√	√	√	√

续表

词序号	基里尔蒙古文	传统蒙古文	国际音标	汉义	被测试人序号			
					1	2	3	4
2555	хүнхгэр		xʉŋxger	深陷的，凹陷的，塌陷的	√	√	√	xʉŋxker
2556	хүнхийх		xʉŋxi:x	深陷，深凹下去，塌陷	√	√	√	√
2557	хүнхрээ		xʉŋxre:	蒙古包的门和壁之相接处	√	√	√	√
2558	хур		xʊr	雨，雨水，甘霖	√	√	√	√
2559	хур		xʊr	去年的，连年的，积蓄的	√	√	√	√
2560	хур		xʉr	石苗虫	√	√	√	√
2561	хураалт		xʊra:lt	收获，秋收	√	√	√	√
2562	хураах		xʊra:x	征集，收获；剥夺；积蓄	√	√	√	√
2563	хурай		xʊrai	呼啦（号召，冲锋的呼喊声）	√	√	√	√
2564	хурал		xʊral	会，道场；小寺院，小庙	√	√	√	√
2565	хуралдаах		xʊralda:g	会，会议	√	√	√	√
2566	хурах		xʊral	聚会，汇集	√	√	√	√
2567	хурга		xʊraɢa	胎块；绵羊羔	√	√	√	√
2568	хургалах		xʊrɢalax	绵羊产羔	√	√	√	√
2569	хургалж		xʊrɢaldʒ	小画眉草	√	√	√	√
2570	хүргэн		xʉrgeŋ	女婿	√	√	√	√
2571	хүргэх		xʉrgex	动，触动；寄，派遣；使到达	√	√	√	√
2572	хурд		xʊrd	轮抽；速度；快，迅速	√	√	√	√
2573	хүрд		xʉrd	轮，轮盘；放佛经转动的法伦架	√	√	√	√
2574	хурдан		xʊrdan	快的，迅速的，敏捷的	√	√	√	√
2575	хурдач		xʊrdats	速度，速率	√	√	√	√
2576	хүрз		xʉrdz	铲子，铁铲子	√	√	√	√
2577	хүрид		xʉrd	谷蛾的幼虫；蛀毛虫	√	√	√	√
2578	хуримдлага		xʊrmdlag	积聚，积累	√	√	√	√
2579	хуримдлах		xʊrmdlax	集聚；募捐；结晶；蕴藏	√	√	√	√

词序号	基里尔蒙古文	传统蒙古文	国际音标	汉义	被测试人序号			
					1	2	3	4
2580	хуримлах		xɔrimlax	举行婚礼，设宴	√	√	√	xœrimlax
2581	хуричал		xɔrtsal	性交，性欲；淫乱，色情	√	√	√	xœrtsal
2582	хуричах		xɔrtsax	贪婪，贪欲；贪色；性交	√	√	√	xœrtsax
2583	хурмаст		xɔrmast	玉皇大帝，上帝	√	√	√	√
2584	хүрнэ		xurn	黄鼠狼	√	√	√	√
2585	хүртвэр		xurtwer	分子；分到的，分得的，摊得的	√	√	√	√
2586	хүртэх		xurtex	分得，得到；承受，荣获	√	√	√	√
2587	хүртээл		xurte:l	财产，收获物；关系；格（陈语）	√	√	√	√
2588	хүртээмж		xurte:mdʒ	足够，满足；摊到的份额	√	√	√	√
2589	хуруу		xɔrʊ:	手指，脚趾；一指（长度）	√	√	√	√
2590	хуруувч		xɔrʊ:wtʃ	顶针；小的，很小的	√	√	√	√
2591	хурууд		xɔrʊ:d	奶豆腐	√	√	√	√
2592	хурхирах		xɔrxirax	打鼾	√	√	√	√
2593	хүрхрэх		xurxrex	吼叫（野兽）	√	√	√	√
2594	хүрхрээ		xurxre:	瀑布	√	√	√	√
2595	хурч		xɔrts	锋利的，锐利的；强烈的	√	√	√	√
2596	хурчлах		xɔrtslax	磨尖，磨快，使尖锐	√	√	√	√
2597	хурчтах		xɔrtstax	变尖锐，变锐利；意同	√	√	√	√
2598	хурших		xɔrʃix	食物因时间过久而发酸	√	√	√	√
2599	хуршмал		xɔrʃmal	食物因时间过久而发酸的	√	√	√	√
2600	хүрэл		xurel	青铜，青铜的，青铜质的	√	√	√	√
2601	хүрэм		xurem	上衣	√	√	√	√
2602	хүрэн		xureŋ	古铜色，棕色，栗色，肉桂色	√	√	√	√
2603	хүрэндэх		xureŋdex	成古铜色，成棕褐色，成栗色	√	√	√	√

词序号	基里尔蒙古文	传统蒙古文	国际音标	汉义	被测试人序号			
					1	2	3	4
2604	хүрэх		xured	到，到达	√	√	√	√
2605	хүрээ		xure:	院墙，院落；寺院；乌兰巴托之旧称；框，边缘；范围	√	√		
2606	хүрээлэн		xure:leŋ	院，庭院；园	√	√	√	√
2607	хүрээлэх		xure:lex	围，围住，圈改；团结在周围	√	√	√	√
2608	хус		xʊs	桦树	√	√	√	√
2609	хусам		xʊsam	锅巴，嘎渣	√	√	√	√
2610	хусах		xʊsax	刮，削，铲；除，铲除	√	√	√	√
2611	хүслэн		xʊsleŋ	理想，心愿，期待	√	√	√	√
2612	хүснэг		xʊsŋeg	一览表，表格，报表	√	√	√	√
2613	хусран		xʊsraŋ	（牛，马空怀）没有停奶的	√			×
2614	хусрах		xʊsrax	（母牛空怀但仍旧）有奶	√	√	√	√
2615	хусуур		xʊsʊ:r	刮子，刮具；锅铲，铲子	√	√	√	√
2616	хүсэл		xʊsel	愿望，欲望，欲求	√	√	√	√
2617	хүсэх		xʊsex	希望，期望；欲求，希求	√	√	√	√
2618	хутаг		xʊtag	禄，福，福禄	√	√	√	√
2619	хутга		xʊtaG	刀，刀子	√	√	√	√
2620	хутгалах		xʊtGalax	（用刀）刺，扎，戳	√	√	√	√
2621	хутгах		xʊtGax	拌，搅；混淆；挑拨；恶心	√	√	√	√
2622	хуу		xʊ:	壶	√	√	√	√
2623	хүү		xʊ:	儿子，男孩；库；利息	√			
2624	хуугиа		xʊ:g,a:	呼啸的，咆哮的；喧闹的	√	√	√	√
2625	хуугих		xʊ:gix	呼啸，咆哮；喧哗	√	√	√	√
2626	хуудам		xʊ:dam	疏忽的，不经心的	√	√	√	√
2627	хуудас		xʊ:das	页，张；字条；单子	√	√	√	√
2628	хууз		xʊ:dz	胡茬，胡须（通常指大胡须）	√		√	√

续表

词序号	基里尔蒙古文	传统蒙古文	国际音标	汉义	被测试人序号			
					1	2	3	4
2629	хуулах		xʊ:lax	录，扒；揭，掀；起	√	√	√	√
2630	хуулбар		xʊ:lbar	抄写本；抄袭，翻版	√	√	√	√
2631	хууль		xʊ:l,	法，法律；法则，规律；定律	√	√	xʊɛ̆l,	xʊɛ̆l,
2632	хуульч		xʊ:l,tʃ	律师；法律学家；精通法律的	√	√	xʊɛ̆ltʃ	xʊɛ̆ltʃ
2633	хуумгай		xʊ:mɢai	粗心的，敷衍的	√	√	√	√
2634	хуур		xʊ:r	琴，胡琴	√	√	√	√
2635	хуурай		xʊ:rai	锉，锉刀	√	√	√	√
2636	хуурай		xʊ:rai	干的，干燥的，旱的；陆地	√	√	√	√
2637	хуурайлах		xʊ:railax	弄干；换尿布；一扫而光	√	√	√	√
2638	хуурамч		xʊ:ramtʃ	虚假的，冒牌的；好欺骗的	√	√	√	√
2639	хуурах		xʊ:rax	脱落，剥落，掉落	√	√	√	√
2640	хуурах		xʊ:rax	炒，煎；欺骗；诱惑	√	√	√	√
2641	хуурмаг		xʊ:rmaɢ	假，伪，虚假的，虚伪的	√	√	√	√
2642	хүүрнэх		xu:rnex	叙述，陈述	√	√	√	√
2643	хууртах		xʊ:rtax	受骗，被骗	√	√	√	√
2644	хуурч		xʊ:rtʃ	说书艺人	√	√	√	√
2645	хүүршиx		xu:rʃix	糊，焦	√	√	√	√
2646	хүүрэг		xu:reg	脆的，酥脆的，焦脆的	√	√	√	√
2647	хуух		×	（牲畜的）阴囊	×	×	×	×
2648	хуухирах		xʊ:x,rax	（马惊时）发鼻声	√	√	√	xʊɛ̆xrax
2649	хуухнаг		×	（牲畜的）阴囊	×	×	×	×
2650	хүүхэд		xu:xed	小孩，儿童，孩子，儿女	√	√	√	√
2651	хүүхэлдэй		xu:xelde:	玩偶，木偶；蛹	√	√	√	√
2652	хүүхэн		xu:xe:	姑娘，少女；女，女儿	√	√	√	√
2653	хууч		xʊ:tʃ	旧病；很久以前的事	√	√	√	√
2654	хуучид		xʊ:tʃid	古迹；古人；下半月	√	√	√	√

续表

词序号	基里尔蒙古文	传统蒙古文	国际音标	汉义	被测试人序号			
					1	2	3	4
2655	хуучин		xʊːtʃiŋ	旧的,老的,陈旧的	√	√	√	√
2656	хуучирхах		xʊːtʃirxax	表现博古;旧病复发	√	√	√	√
2657	хуучрах		xʊːtʃrax	变旧,陈旧,陈腐,过时	√	√	√	√
2658	хуушуур		xʊːʃʊːr	肉饼	√	√	√	√
2659	хүхэр		xuxer	硫,硫磺	√	√	√	√
2660	хүхэрлэг		xuxerleg	硫化的,亚硫酸的,含硫的	√	√	√	√
2661	хуц		xʊts	种绵羊	√	√	√	√
2662	хуцах		xʊtsax	(狗)吠,叫	√	√	√	√
2663	хүч		xutʃ	酸,辣	√	√	√	√
2664	хүч		xutʃ	力,实力;兵力;劳动力	√	√	√	√
2665	хүчдэл		xutʃidel	电压;张力,应力	√	√	√	√
2666	хүчил		xutʃil	酸	√	√	√	√
2667	хүчир		utʃir	艰难的,艰巨的,困难的	√	√	√	√
2668	хүчирдэл		xutʃirdel	艰难,困难,艰巨	√	√	√	√
2669	хүчирдэх		xutʃirdex	变得艰难,变得艰巨,难住	√	√	√	√
2670	хүчирхэг		xutʃirxeg	强的,强有力的	√	√	√	√
2671	хүчирхэх		xutʃirχex	强制,强迫;施强暴,强奸	√	√	√	√
2672	хучих		xʊtʃix	遮,盖,覆,覆盖,遮盖	√	√	√	√
2673	хүчлэх		xutʃlex	用力,使劲,付出力量	√	√	√	√
2674	хушга		xʊʃaɢ	核桃,胡桃;睾丸	√	√	√	√
2675	хуяг		xʊjag	盔甲,镫甲,甲壳;看守人	√	√	√	√
2676	хуяглах		xʊjaglax	着铠甲;安甲,甲壳;甲铠装	√	√	√	√
2677	хуян		xʊjan	关节酸痛,关节炎,痛痹	√	√	√	√
2678	хуянтах		xʊjantax	手足筋疼,关节疼	√	√	√	√
2679	хэ		xeː	花样,花纹	√	√	√	√

词序号	基里尔蒙古文	传统蒙古文	国际音标	汉义	被测试人序号			
					1	2	3	4
2680	хэв		xew	模子；版本；照旧；型；习俗	√	√	√	√
2681	хэвлэх		xewlex	印，出版；压模子；冲模	√	√	√	√
2682	хэврэг		xewreg	脆的，脆性的，易碎的	√	√	√	√
2683	хэвтэр		xewter	窝，卧处，卧的	√	√	√	√
2684	хэвтэх		xewtex	躺，卧，躺下	√	√	√	√
2685	хэвтэш		xewteʃ	（动物）卧处；子宫；（枪）膛	√	√	√	√
2686	хэвцэг		xewtseg	脾气暴的，固执的，乖张的	√	√	√	√
2687	хэвчээ		xewtʃe:	范围，领域，区域	√	√	√	√
2688	хэвшил		xewʃil	因袭，因循；惯例，常规；风格	√	√	√	√
2689	хэвших		xewʃix	因袭，因循；变合适；定型；打	√	√	√	√
2690	хэвэл		xewel	腹，腹部；子宫	√	√	√	√
2691	хэгзрэх		xegdz	（磕，碰，擦）破	√	√	√	√
2692	хэгсгэр		xegsger	傲慢的，狂妄自大的	√	√	√	xigsger
2693	хэд		xed	几，若干；几个；几次；几岁	√	xid	√	√
2694	хэдгэнэ		xedgene	土蜂	√	√	√	√
2695	хэдүүл		xedʉ:l	几个一起	√	xidʉ:l	√	√
2696	хэдэр		xeder	暴戾的，暴躁的；好顶撞的	√	√	√	√
2697	хэдэрлэх		xederlex	暴戾，蛮横；顶撞	√	√	√	√
2698	хэзим		xedʑim	牦牛颈腹下的毛	√	xidʑem	√	×
2699	хэзээ		xedʑe:	几时，何时，什么时候	√	xidʑe:	√	√
2700	хэзээд		xedʑe:d	常，时常；始终，永远	√	√	√	√
2701	хэл		xel	舌，舌头；语言；口信，消息	√	√	√	√
2702	хэлбийх		xelbi:x	偏，偏斜，偏向	√	√	√	√
2703	хэлбэр		xelber	形，形式，形状	√	√	√	√

词序号	基里尔蒙古文	传统蒙古文	国际音标	汉义	被测试人序号			
					1	2	3	4
2704	хэлбэрэх	ᠬᠡᠯᠪᠡᠷᠡᠬᠦ	xelberex	斜，倾斜；（左右）摇摆；偏袒	√	√	√	√
2705	хэлгий	ᠬᠡᠯᠭᠡᠢ	xelgi:	口吃的，结巴的；哑的；沙哑的	√	√	√	√
2706	хэллэг	ᠬᠡᠯᠡᠯᠭᠡ	xelleg	用语，短语，说法	√	√	√	√
2707	хэлмэрч	ᠬᠡᠯᠡᠮᠦᠷᠴᠢ	xelmertʃ	通事（通译）；口译者；祝颂人	√	√	√	√
2708	хэлтгий	ᠬᠡᠯᠲᠡᠭᠡᠢ	xeltgi:	偏的，斜的；不完整的，半面的	√	√	√	√
2709	хэлтлэх	ᠬᠡᠯᠲᠦᠯᠡᠬᠦ	xeltex	弄出缺口，弄掉一块儿	√	√	√	√
2710	хэлтрэх	ᠬᠡᠯᠲᠦᠷᠡᠬᠦ	xeltrex	出豁口，出缺口	√	√	√	√
2711	хэлтрэх	ᠬᠡᠯᠲᠦᠷᠡᠬᠦ	xeltrex	解脱，逃脱，脱离	√	√	√	√
2712	хэлтэрхий	ᠬᠡᠯᠲᠡᠷᠬᠡᠢ	xelterxi:	有破口的，有豁口的	√	√	√	√
2713	хэлтэс	ᠬᠡᠯᠲᠡᠰ	xelts	（花）瓣	√	×	×	×
2714	хэлхэх	ᠬᠡᠯᠬᠡᠬᠦ	xelxi:x	串连，缀缝；贯穿	√	√	√	√
2715	хэлхээ	ᠬᠡᠯᠬᠡᠭᠡ	xelxe:	串线；关系；线路；串，挂	√	√	√	√
2716	хэлэлцээр	ᠬᠡᠯᠡᠯᠴᠡᠭᠡᠷ	xeleltse:r	协定，协约；谈判	√	√	√	√
2717	хэлэх	ᠬᠡᠯᠡᠬᠦ	xelex	说，讲，谈	√	√	√	√
2718	хэм	ᠬᠡᠮ	xem	小酒盅；度，尺度；照旧	√	√	√	√
2719	хэмжих	ᠬᠡᠮᠵᠢᠬᠦ	xemdʒix	量，计量；限量，限制	√	√	√	√
2720	хэмжүүр	ᠬᠡᠮᠵᠢᠭᠦᠷ	xemdʒʉ:r	量具，计量器；标准，尺度	√	√	√	√
2721	хэмжээ	ᠬᠡᠮᠵᠢᠶᠡ	xemdʒe:	量，度，范围；程度；格律	√	√	√	√
2722	хэмнүүр	ᠬᠡᠮᠨᠡᠭᠦᠷ	xemnʉ:r	计量器	√	√	√	√
2723	хэмнэх	ᠬᠡᠮᠨᠡᠬᠦ	xemnex	量，估量；节省；斟酒	√	√	√	√
2724	хэмхлэх	ᠬᠡᠮᠬᠡᠯᠡᠬᠦ	xemxlex	弄碎，粉碎，捣碎	√	√	√	√
2725	хэмхрэх	ᠬᠡᠮᠬᠡᠷᠡᠬᠦ	xemxrex	碎，破碎	√	√	√	√
2726	хэмэрлэг	ᠬᠡᠮᠡᠷᠯᠢᠭ	×	锦，锦缎	×	×	×	×
2727	хэн	ᠬᠡᠨ	xeŋ	谁	√	√	√	xen
2728	хэнгэрэг	ᠬᠡᠩᠭᠡᠷᠭᠡ	xeŋgereg	鼓；耳鼓	√	√	√	√

续表

词序号	基里尔蒙古文	传统蒙古文	国际音标	汉义	被测试人序号			
					1	2	3	4
2729	хэнз		xendʐ	晚生的（羊羔）；再生的（秋草）	√	√	√	√
2730	хэнтэхлэх		xenteglex	发急，发脾气，耍态度	√	√	√	√
2731	хэнхдэг		xeŋxdeg	胸脯	√	√	√	√
2732	хэнших		xenʃix	呻吟，哼哼；干咳；发烟味	√	√	×	√
2733	хэншүү		xinʃu:	（熬油，烧骨时散发的）燎烟味	√	√	xenʃu:	√
2734	хэнээрхэх		xene:rxex	精神失常，精神错乱；入迷	√	√	√	√
2735	хэрвэх		xerwex	剪齐；（骆驼的门牙）磨平	√	√	√	√
2736	хэргэм		xergem	爵位，头衔，官衔	√	√	√	√
2737	хэргэмтэн		xergemteŋ	有爵位者；有职位的喇嘛	√	√	√	√
2738	хэрзгэр		xerdʐger	枯瘦的；（表面）粗糙成棱的	√	√	√	√
2739	хэрмэл		xermel	流浪的；弄成十字形的	√	√	√	√
2740	хэрсүү		xersu:	谨慎的，小心的；老练的	√	√	√	√
2741	хэрсүүлэх		xersu:lex	慎重，当心	√	√	√	√
2742	хэрсэн		xerseŋ	（牲畜的）胸脂	√	√	√	√
2743	хэрүүл		xeru:l	口角，吵架	√	√	√	√
2744	хэрхнэг		xerxneg	蜂巢胃（反刍动物第二胃）	√	√	√	√
2745	хэрцгий		xertsgi:	残酷，霸道的	√	xirtsgi:	√	√
2746	хэрчих		xertʃix	切；锉；横穿，横过	√	xirtʃix	√	√
2747	хэрчмэл		xertʃmel	切的，切断，切开的	√	xirtʃmel	√	√
2748	хэрчээс		xertʃe:s	刻痕，刻道	√	xirtʃe:s	√	√
2749	хэрэглэх		xereglex	用，使用，运用	√	√	√	√
2750	хэрэглээ		xeregle:	应用，使用；消费	√	√	√	√
2751	хэрэгсэл		xeregsel	原料，资料；用品，工具	√	√	√	√
2752	хэрэгтэн		xeregteŋ	犯人；当事人	√	√	√	√

词序号	基里尔蒙古文	传统蒙古文	国际音标	汉义	被测试人序号			
					1	2	3	4
2753	хэрэгцээ		xeregtse:	需要，需用，用途	√	√	√	√
2754	хэрэл		×	（畜粪与土长年积压的）粪层	×	×	×	×
2755	хэрэлдэх		xereldex	吵，口角；（动物）打架	√	√	√	√
2756	хэрэм		xerem	墙，墙壁	√	xirem	√	√
2757	хэрэмч		×	凤鹰	×	×	×	×
2758	хэрэх		xerex	穿连捆住；阻挡；邀游，游荡	√	√	√	√
2759	хэрээ		xere:	班，番，轮班；班子	√	√	√	×
2760	хэрээ		xere:	乌鸦	√	xire:	√	√
2761	хэсүүл		xesu:l	游逛者，闲游者	√	√	√	√
2762	хэсэг		xeseg	部分，片段；单元；段；片，块	√	√	√	√
2763	хэсэглэх		xeseglex	分，分割；分区，分段	√	√	√	√
2764	хэсэх		xesex	串，逛，闲游	√	√	√	√
2765	хэт		xet	火镰	√	√	√	√
2766	хэтрэх		xetrex	过，超，越过	√	√	√	√
2767	хэтэвч		xetewtʃ	火镰包	√	√	√	√
2768	хэтэрхий		xeterxi:	太；过度的，过甚的	√	√	√	√
2769	хэхдэг		xexdeg	胸脯，胸廓；（牲畜的）前腔	√	√	√	√
2770	хэхрэх		xexrex	打嗝，嗳气，打饱嗝	√	√	√	√
2771	хэцүү		xetsu:	难的，艰苦的；非常，很	√	√	xitsu:	√
2772	хэчнээн		xetsne:ŋ	多少，若干；多么；越，愈	√	xitʃne:ŋ	√	√
2773	хэщүүдэх		xetsu:dex	变得困难，变得棘手	√	√	√	√
2774	хээл		xe:l	（牲畜的）胎	√	√	√	√
2775	хээл		xe:l	贿赂	√	√	√	√
2776	хээлтэх		xe:ltex	（牲畜）怀胎，受胎	√	√	√	√
2777	хээнцэр		xe:ntser	标致的，漂亮的；爱时髦的	√	√	√	√
2778	хээнцэрлэх		xe:ntserlex	修饰，装扮，打扮，装饰	√	√	√	√

词序号	基里尔蒙古文	传统蒙古文	国际音标	汉义	被测试人序号			
					1	2	3	4
2779	хээр		xe:r	枣骝毛的（马的毛色）	√	√	√	√
2780	хээр		xe:r	野地，野外，原野	√	√	√	√
2781	хээрлэх		xe:rlex	野游	√	√	√	√
2782	хяалбар		xilbar	容易的，简单的	√	√	√	√
2783	хядлага		xidax	屠杀，残杀，杀戮	√	√	√	√
2784	хязаалан		xidza:laŋ	四岁口的（牛，马）；三岁的，三岁口的（羊）	√	√	√	√
2785	хязгаар		xidʑɢa:r	边疆，边境；限度，范围	√	√	√	√
2786	хялаа		xila:	（在日光下纷纷飘落的）小雪花	√	√	√	√
2787	хялаалах		xila:lax	（有太阳时）落小雪	√	√	√	√
2788	хялар		xilar	斜眼	√	√	√	√
2789	хялгана		xilɢana	针茅	√	√	√	√
2790	хялуу		xilʊ:	鹅口疮；（牛犊）舌疮	√	×	√	√
2791	хялуутах		xilʊ:tax	（牛犊）患舌疮	√	×	√	√
2792	хямгадах		ximɢadax	节省，节约，俭省，爱惜	√	√	√	√
2793	хямд		ximd	便宜的，低廉的	√	√	√	√
2794	хямдрах		ximrax	减价，降价	√	√	√	√
2795	хямрал		ximral	内乱，内讧；危机，恐慌	√	√	√	√
2796	хямсаа		ximsa:	镊子；鼻洼子	√	√	√	√
2797	хянагч		x,nagtʃ	审核人，监督员；校阅者	√	√	√	√
2798	хяналт		x,nalt	审查，监察，监督	√	√	√	√
2799	хянамгай		x,namɢai	谨慎的，细心的	√	√	√	√
2800	хянах		x,nax	审查，监督，校订		√	√	√
2801	хяр		xir	棱，梁	√	xer	√	√
2802	хярам		xiram	（烧开的）对奶白开水；乳糜	√	√	√	√
2803	хярамцаг		xiramtsag	冷冻下水（把羊或牛的心肝肺等装入瘤胃内冷冻制成的肉食品）	√	√	√	√

词序号	基里尔蒙古文	传统蒙古文	国际音标	汉义	被测试人序号			
					1	2	3	4
2804	хярах		xirax	切细，切碎，剁碎（肉）；片（肉）	√	√	√	√
2805	хяргах		xirɢax	剪（羊毛，马鬃等）	√	√	√	√
2806	хярзан		xirdʑaŋ	（狗，猫，牛，猪等的）阴茎	√	√	√	√
2807	хярлах		xirlax	走山梁；（在鞍鞒上）镶边	√	√	√	√
2808	хярмаг		×	微雪	×	×	×	×
2809	хярмаглах		×	下微雪	×	×	×	×
2810	хярс		xirs	沙狐	√	√	√	√
2811	хяруу		xirʊː	霜	√	√	√	√
2812	хясаан		×	（铁匠用的）小炉子；小火炉	×	×	×	×
2813	хясах		xisax	压榨，榨取；倾轧，排挤	√	√	√	√
2814	хятад		xitad	汉（族）；汉人；汉语，汉文	√	√	√	√
2815	хяхах		x,xax	压榨，榨取；倾轧，排挤	√	√	√	√
2816	цааз		tsaːdz	司法，法律，禁令	√	√	√	√
2817	цаана		tsaːna	那面，那边，那方	√	√	√	√
2818	цаас		tsaːs	纸，纸条	√	√	√	√
2819	цагдаа		tsagdaː	警察	√	√	√	√
2820	цай		tsaě	茶	√	√	√	√
2821	цайллага		tsaěllaɢ	茶会，茶话会	√	√	√	√
2822	цалин		tsɛliŋ	工资	√	√	√	√
2823	цалчаа		tsɛltsaː	好胡扯的；废话，无稽之谈	√	√	√	√
2824	цамч		tsamtʃ	衬衫，衬衣，单衣	√	√	√	√
2825	цатгалан		tsadɢalaŋ	饱的，饱食的	√	√	√	√
2826	цахилгаан		tsɛxilɢaːn	电	√	√	√	√
2827	цацал		tsatsal	祭天用的一种工具	√	√	√	√
2828	цацах		tsatsax	撒，扬；洒，喷，喷射	√	√	√	√
2829	цол		tsɔl	称号，职衔，爵位，学位	√	√	√	√

续表

词序号	基里尔蒙古文	传统蒙古文	国际音标	汉义	被测试人序号			
					1	2	3	4
2830	цоллох		tsɔllɔx	给予称号，授予职衔	√	√	√	√
2831	цоож		tsɔːdʒ	锁	√	√	√	√
2832	цоожлох		tsɔːdʒlɔx	上锁	√	√	√	√
2833	цочих		tsɔtʃix	受惊，惊恐，吃惊；（转）肿胀	√	√	√	tsœtʃix
2834	цуврл		tsʊwral	列，串，从，纵行	√	√	√	√
2835	цэвэр		tsewer	清洁的；纯粹的；工整的	√	√	√	√
2836	цэвэрлэх		tsewerlex	清扫，扫除；肃清，清洗	√	√	√	√
2837	цэнгэл		tseŋgel	愉快，快乐，欢喜；享乐，乐趣	√	√	√	√
2838	цэнгэлдэх		tseŋgeldex	（多数人）快乐，快活，高兴	√	√	√	√
2839	цэнэг		tseneg	弹药，（上膛的）铁砂；（电）荷	√	√	√	√
2840	цэнэглэх		tseneglex	子弹上膛，装铁砂	√	√	√	√
2841	цэцэн		tsetseŋ	聪明的，贤明的；准确的	√	√	√	√
2842	цэцэрлэг		tsetserleg	花园，公园，幼儿园	√	√	√	√
2843	цээж		tseːdʒ	胸；胸怀；记性，记忆力	√	√	√	√
2844	цээрлэл		tseːrlel	禁忌，忌讳；戒	√	√	√	√
2845	чөлөө		tsɵlɵː	麻木，麻痹；病（敬辞）	√	√	√	√
2846	чөтгөр		tsɵtgɵr	鬼，鬼怪；鬼（机灵）；极	√	√	√	√
2847	чадал		tʃˌadal	力，劲；能力，才干	√	√	√	√
2848	чадах		tʃˌadax	能，会，能够	√	√	√	√
2849	чадвартан		tʃˌadwartan	能手	√	√	√	√
2850	чанар		tʃanar	性，性质；（哲）质；品质	√	√	√	√
2851	чанга		tʃaɴɢ	紧的；大声的；坚强的	√	√	√	√
2852	чийдмэг		tʃiːdmeg	（医·药）乳剂	√	×	×	×
2853	чимэх		tʃimex	装饰，点缀，化装，修饰	√	√	√	√

续表

词序号	基里尔蒙古文	传统蒙古文	国际音标	汉义	被测试人序号			
					1	2	3	4
2854	чимээ	ᠴᠢᠮᠡᠭᠡ	tʃime:	天籁，声响；消息，信息	√	√	√	√
2855	чихэр	ᠴᠢᠬᠡᠷ	tʃixer	糖	√	√	√	√
2856	чухал	ᠴᠤᠬᠤᠯ	tʃʊxal	重要的；必要的，需要的	√	√	√	√
2857	шөвөг	ᠱᠥᠪᠥᠭ	ʃewøg	锥子	√	√	√	√
2858	шөвөгдөх	ᠱᠥᠪᠥᠭᠳᠡᠬᠦ	ʃewøgdøx	（用锥子）锥，扎孔，穿孔	√	√	√	√
2859	шөнө	ᠱᠥᠨᠢ	ʃenø	夜，夜间，夜晚	√	√	√	√
2860	шаахай	ᠱᠠᠬᠠᠢ	ʃa:xai	布鞋，便鞋	√	√	√	√
2861	шавар	ᠱᠠᠪᠠᠷ	ʃawar	泥，稀泥，泥土	√	√	√	√
2862	шавж	ᠱᠠᠪᠤᠵᠢ	ʃawdʒ	虫，昆虫；钱串子（虫）	ʃɛwdʒ	√	√	√
2863	шавхах	ᠱᠠᠪᠬᠠᠬᠤ	ʃawxax	弄干，拧干，挤干；用尽	√	√	√	√
2864	шавь	ᠱᠠᠪᠢ	ʃɛw	仆人，奴仆；小和尚；徒弟	√	√	√	√
2865	шагнал	ᠱᠠᠩᠨᠠᠯ	ʃaɢnal	奖赏；酬金；稿费	√	√	√	√
2866	шалавч	ᠱᠠᠯᠠᠪᠴᠢ	ʃalawtʃ	地毯的垫子，地板上的铺垫	√	√	√	√
2867	шаламгай	ᠱᠠᠯᠠᠮᠭᠠᠢ	ʃalamɢai	好强求的，好追究的	√	√	√	√
2868	шалах	ᠱᠠᠯᠠᠬᠤ	ʃalax	请求；逼，强求；（下棋）逼将	√	√	√	√
2869	шалбаа	ᠱᠠᠯᠪᠠᠭ	ʃalba:	泽，泥塘，泥泞；泥洼；沼泽	√	√	√	√
2870	шалгалт	ᠱᠠᠯᠭᠠᠯᠲᠠ	ʃalɢalt	检查，考验；考试，考核	√	√	√	√
2871	шалиг	ᠱᠠᠯᠢᠭ	ʃelig	轻薄的，轻率的，淫乱的	√	√	√	√
2872	шалиглах	ᠱᠠᠯᠢᠭᠯᠠᠬᠤ	ʃeliglax	轻率，放肆；放荡，淫荡	√	√	√	√
2873	шалих	ᠱᠠᠯᠢᠬᠤ	ʃalix	胡言乱语；婴儿学着吃点饭	×	√	√	ʃɛlax
2874	шар	ᠱᠠᠷ	ʃar	黄色的，金黄色的	√	√	√	√
2875	шарагчин	ᠱᠠᠷᠠᠭᠴᠢᠨ	ʃaraɢtʃin	黄色（指母畜之毛色）；（天）己	√	√	√	√
2876	шарах	ᠱᠠᠷᠠᠬᠤ	ʃarax	烤；炙，烫；晒；镀上，涂上	√	√	√	√

词序号	基里尔蒙古文	传统蒙古文	国际音标	汉义	被测试人序号			
					1	2	3	4
2877	шарга		ʃaraɢ	亮鬃草黄色的（指马的毛色）	√	√	√	√
2878	шарх		ʃarx	伤，伤口；疮伤；溃疡	√	√	√	√
2879	шархдах		ʃarxdax	受伤，负伤	√	√	√	√
2880	шатаах		ʃita:x	烧；点火，放火烧，焚烧	√	√	√	√
2881	шатар		ʃitar	棋，象棋	√	√	√	√
2882	шахах		ʃaxax	压，挤，堵；临近；催肥	√	√	√	√
2883	шашин		ʃaʃin	宗教	√	√	√	ʃɛʃin
2884	шивэх		ʃiwex	刺，扎，戳，锥	√	√	√	√
2885	шигтгэх		ʃigtgex	插入，嵌入；装载，装入	√	√	√	√
2886	шийдвэр		ʃi:dwer	决定，决议；决断，裁决	√	√	√	√
2887	шийтгэл		ʃi:tgel	判决，判词，判处；惩罚；处分	√	√	√	√
2888	шил		ʃil	玻璃，玻璃的；玻璃制品；瓶子	√	√	√	√
2889	шилдэг		ʃildeg	最好的，优秀的，精选的	√	√	√	√
2890	шилжилт		ʃildʒilt	通过，转移；变化；（经）调职	√	√	√	√
2891	шилжих		ʃildʒix	迁徙，搬家，渡过；转移	√	√	√	√
2892	шим		ʃim	汁，汁液；营养力，养分；肥沃	√	√	√	√
2893	шимэх		ʃimex	吮吸，咂	√	√	√	√
2894	шингэн		ʃiŋgeŋ	液体，稀的；淡薄的；稀疏的	√	√	√	√
2895	шингэх		ʃiŋgex	渗透；消失；消化（指食物）	√	√	√	√
2896	шингээлт		ʃiŋge:lt	消化，吸收，溶解	√	√	√	√
2897	шинж		ʃindʒ	外形，形态；特征；属性	√	√	√	√
2898	шинжлэх		ʃindʒlex	考究，研究，考察，仔细观察	√	√	√	√

续表

词序号	基里尔蒙古文	传统蒙古文	国际音标	汉义	被测试人序号			
					1	2	3	4
2899	шинхэг		ʃiŋkeg	腥味;(鸟尾部的)分泌腺	√	√	√	√
2900	шинэ		ʃine	新的,新制的,新出现的	√	√	√	√
2901	ширгэх		ʃirgex	蒸发,干涸;(乳蓄)回奶	√	√	√	√
2902	ширдэг		ʃirdeg	褥垫,毡褥子,纳缝的毡垫	ʃirdig	√	√	√
2903	ширтэх		ʃirtex	盯,注视,凝视	√	√	√	√
2904	ширүүн		ʃiruːŋ	生硬的;暴烈的;强硬的	√	√	√	√
2905	ширхэг		ʃirxeg	个,本,只;纤维,缕,丝	√	√	√	√
2906	ширээ		ʃireː	桌子;帝位,王位;上座	√	√	√	√
2907	шоргоолж		ʃɔrgɔːldʒ	蚂蚁	√	√	√	√
2908	шорон		ʃɔrɔŋ	牢房,监狱;囚笼	√	√	√	√
2909	шороо		ʃɔrɔː	土,土壤;尘,灰尘,粉末	√	√	√	√
2910	шувуу		ʃʊwʊː	鸟,禽	√	√	√	√
2911	шугуй		ʃʊgʊĕ	小林,丛林,密林,河岸树林	√	√	√	√
2912	шүд		ʃʉd	牙,齿	√	√	√	√
2913	шударга		ʃʊdaraɢ	忠诚的,忠实的,真诚的	√	√	√	√
2914	шүлс		ʃʉls	涎水,唾液;口蹄疫;鹅口疮	√	√	√	√
2915	шулуун		ʃʊlʊːŋ	直的;正直的;忠实的;廉洁的	√	√	√	√
2916	шүлэг		ʃʉleg	诗,诗句,诗歌,韵文	√	√	√	√
2917	шүлэгч		ʃʉlegtʃ	诗人	√	√	√	√
2918	шумуул		ʃʊmʊːl	蚊子;小黑绳	√	√	√	√
2919	шунал		ʃʊnal	情欲,渴望;贪馋;隐僻	√	√	√	√
2920	шунах		ʃʊnax	贪婪,贪求,渴望;贪色,好色	√	√	√	√
2921	шүр		ʃʉr	珊瑚,珊瑚礁	√	√	√	√

续表

词序号	基里尔蒙古文	传统蒙古文	国际音标	汉义	被测试人序号			
					1	2	3	4
2922	шүтээн		ʃute:ŋ	牌位；神体，神符；佛身，佛像	√	√	√	√
2923	шуудан		ʃʊ:daŋ	邮政，邮局；邮车	√	√	√	√
2924	шүүдэр		ʃu:der	露，露水，露珠	√	√	√	√
2925	шүүс		ʃu:s	汁，浆，精华；油水	√	√	√	√
2926	шүүслэх		ʃu:slex	(在食物中)加汁液；用餐，用膳	√	√	√	√
2927	шүүх		ʃu:x	审讯；法院，法庭；审定；寻找	√	√	√	√
2928	шээх		ʃe:x	小便，撒尿，排尿	√	√	√	√
2929	эвшээх		ewʃe:x	打呵欠	√	√	√	√
2930	эвэр		ewer	角，犄角；(昆虫等的)触角	√			
2931	эгдүүцэх		egdu:tsex	(感到)厌恶，憎恶	√	√	√	√
2932	эгнээ		egne:	队，队列；列	√	√	√	√
2933	эгц		egts	直的，竖直的；陡峭的	√	√	√	
2934	эд		ed	东西，财物，货；料；素	√	√	√	√
2935	эдлэх		edlex	享受，享有	√	√	√	√
2936	эе		ej	和睦，友情	√	√	√	√
2937	эзгүй		edʒgui	无主的；没有人住的	√			
2938	эзлэх		edʒlex	占领，霸占；占据	√	√	√	√
2939	эзэгнэх		edʒeŋnex	主管，做主；经营；主宰	√			
2940	эзэгтэй		edʒegte:	主妇	√	√	√	√
2941	эзэн		edʒeŋ	主，主人；君主	√	√	√	√
2942	элбэрэл		elberel	孝，孝顺，孝敬	√			
2943	элсэх		elsex	招，征，招募	√	√	√	√
2944	элч		eltʃ	使者，使臣	√	√	√	√
2945	элэг		eleg	肝，肝脏(五脏之一)	√	√	√	
2946	эм		em	药，药剂	√	√	√	√
2947	эмгэг		emgeg	宿疾	√	√	√	√
2948	эмгэн		emgeŋ	老太婆；老伴	√	√	√	√

续表

词序号	基里尔蒙古文	传统蒙古文	国际音标	汉义	被测试人序号			
					1	2	3	4
2949	эмгэнэл		emgenel	悲哀，惨痛；哀悼	√	√	√	√
2950	эмнэлэг		emneleg	医院，诊所；医治	√	√	√	√
2951	эмч		emtʃ	医生，医师	√	√	√	√
2952	эмчилгээ		emtʃilge:	医疗，治疗	√	√	√	√
2953	эмээл		eme:l	鞍，鞍子	√	√	√	√
2954	энгэр		eŋger	襟；（山的）阳面	√	√	√	√
2955	энд		end	这里，此处，在这儿	√	√	√	√
2956	энх		eŋx	和平的；平安的，安宁的	√	√	√	√
2957	энэ		en	这，此，这个	√	√	√	√
2958	энэрэх		enerex	怜悯，同情，慈悲	√	√	√	√
2959	эрвээхий		×	蝴蝶；蛾	×	×	×	×
2960	эргүү		ergu:	糊涂的，愚蠢的；回转的	√	√	√	√
2961	эргэцүүлэх		ergetsu:lex	深思；弄，试；照应	√	√	√	√
2962	эрдэм		erdem	学问；擅长；德行	√	√	√	√
2963	эрдэмтэн		erdemteŋ	学者；博士；士	√	√	√	√
2964	эрдэнэ		erden,	宝贝，宝物，珍宝；法宝	√	√	√	√
2965	эрлэг		erleg	阎王；克星	√	√	√	√
2966	эрмэлзэх		ermeldʒex	期望，盼望	√	√	√	√
2967	эрүүл		eru:l	健康的；正常的；新鲜的	√	√	√	√
2968	эрх		erx	权利，权限	√	√	√	√
2969	эрхтэн		erxteŋ	掌权者；阀；器官	√	√	√	√
2970	эрхэм		erxem	贵，尊贵的；优等的	√	√	√	√
2971	эрэлхүү		erelxu:	有力气的，强壮有力的	√	√	√	√
2972	эрэх		erex	找，寻觅；探索；问候	√	√	√	√
2973	эсгий		esgi:	毡，毡子	√	√	√	√
2974	эсэргүүцэх		esergu:tsex	反抗，抗拒；抗议	√	√	√	√
2975	эхлэлт		exlelt	开始，开端	√	√	√	√

续表

词序号	基里尔蒙古文	传统蒙古文	国际音标	汉义	被测试人序号			
					1	2	3	4
2976	эцэс		etses	终，末；结局；归宿	√	√	√	√
2977	эцэх		etsex	瘦，枯瘦；疲劳	√	√	√	√
2978	ээж		e:dz	妈妈；老大娘（称呼用语）	√	√	√	√
2979	ээлж		e:ldʒ	（轮）班，次；交替；循环	√	√	√	√
2980	юм		jom	东西，物品	√	√	√	√
2981	яам		ja:man	衙门	√	√	√	√
2982	яах		ja:x	怎么，如何；做什么，怎样做	√	√	√	√
2983	ягдах		jaldax	处罚，处分	√	√	√	√
2984	ядамлах		idamlax	弹酹祭（念经或祭祀活动中用无名指弹酒，乳，茶等）	√	√	√	√
2985	ядуурал		jadʊ:ral	贫困，贫穷，赤贫	√	jɛdʊ:ral	√	√
2986	язгуургтан		idzgʊ:rtaŋ	贵族，名门	√	√	√	√
2987	ял		jal	罪，罪过，罪行，罪恶	√	√	√	√
2988	ялаа		ila:	苍蝇	√	√	√	√
2989	ялаархах		ila:rxax	（马被蚊蝇等叮咬时）摇头甩尾	√	√	√	√
2990	ялагдах		ilagdax	败，输，失败	√	√	√	√
2991	ялах		ilax	胜，赢，战胜；克服	√	√	√	√
2992	ялзрах		ildzrax	腐烂，腐败；（煮，砸……）烂	√	√	√	√
2993	ялтан		jaltan	罪犯，犯人	√	√	√	√
2994	ямбалах		jambalax	摆起架子，特殊化	√	√	√	√
2995	ямбатан		jambatan	特权者；摆臭架子的人	√	√	√	√
2996	янаг		inag	亲爱的；爱情；情人；密友	√	√	√	√
2997	яндан		jaŋdaŋ	烟筒；汽油	√	√	√	√
2998	янзага		indzaɢ	黄羊羔	√	√	√	√
2999	янхан		jaŋxan	娼妓，妓女	√	√	√	√
3000	ярилцаа		jariltsa:	对白	jɛriltsa:	√	√	√

三、话语材料

（一）ɔn,sɔg　taːx（猜谜语）
　　　谜语　猜

（1）　ʤʊːn　　xʉn　　neg　　　　der　　derlex　　　　（ʊn, ,tɔːn）
　　　百　　　人　　一　　　　枕头　　枕
　　　一百个人枕一个枕头。（椽子、天窗架）

（2）　aʤirɢan　tɛxaː　　　əndəgləwəl　　əndəg　　xaːʃaː
　　　公　　　鸡　　　　下蛋　　　　蛋　　　往哪（反身领属）
　　　əŋkərex　wiː?　　　　　（xaːʃaːntʃ əŋkərəgɡʉi）
　　　滚动　　（疑问语气词）
　　　如果公鸡下蛋，蛋往哪儿滚动？（往哪儿都不滚动）

（3）　xadniː　　　　xadʊːd　　xar　　sʊwad　　　（ɛnisaɢ）
　　　岩石（领属格）　旁边　　黑　　珍珠
　　　岩石旁有颗黑色珍珠。（眼睑）

（4）　jamar　nʊɢas　　ɢɔld　　　　ʤiwdeg　　wiː?　　（xaːlɢaniː nʊɢas）
　　　什么　鸭子　　河（与位格）　沉入　　（疑问语气词）
　　　什么鸭子沉入河底？（门颌）

（5）　xar　jamaː　jasan　xɔdɔːdtɔi　　（tʃawaɢ）
　　　黑　山羊　骨头　胃有
　　　黑山羊有骨头胃。（枣）

（6）　ədər　ɢʊrwalʤin　　ʃən　　dərwelʤin　　（ərex）
　　　白天　三角形　　　夜　　四角形
　　　日三角形，夜四角形。（顶毡）

（7）　məsən　deːr　　məŋgən　ajaɢ　　　（sar）
　　　冰　　上　　　银　　　碗
　　　冰上银碗。（月亮）

（8）　awdar　dɔtɔr　　arʤɢar　　xʊrɢan　　ars　　（ʃʉd）
　　　柜　　中　　　皱褶　　　绵羊羔　　皮
　　　柜中有皱褶的羔羊皮。（牙齿）

（9）　təntəgər　əwgən　　təmən　　ʤadtai　　（ʤaraː ）
　　　圆鼓鼓　　老头　　万　　　箭有
　　　圆鼓鼓老头带着万支箭。（刺猬）

（10）xar　mʊːr　　nɔɢɔːn　　nɔgttɔi　　（mɔŋɢɔl ɢʊtal）
　　　黑　猫　　　绿　　　　笼头有

黑猫戴着绿笼头。（蒙古靴）

（11）　gerte tʃ　　gøx　　bʊx　　ɢada: tʃ　　gøx　　bʊx　　　　（sʉx）
　　　　家里　也　青　　公牛　　外头　也　　青　　公牛
　　　　家里家外都是黑公牛。（斧子）

（12）　tʃi:　tʃ　teregu:r　jaw　bi:　tʃ　enegu:r　jaw　bilʉ:ti:n
　　　　你　也　那边　　走　我　也　这边　　走　必留特
　　　　ɢəld　　　ɔtʃɔd　　ʊ:ldʒi:　（buslu:r）
　　　　河（与位格）　去　　相见
　　　　你走那边，我走这边，走到必留特河相见。（带子）

（13）　dərwen　xʉn　neg　malɢaitai　（ʃi:r）
　　　　四　　人　一　帽子有
　　　　四个人戴着一顶帽。（蹄子）

（14）　tʃama:s　baɢ　baital　tʃama:g　ərge:d　tɛwan　（dəre:）
　　　　你（从格）　小　（连词）　你（宾格）　抬起　放下
　　　　比你小，但是能抬起你。（镫子）

（15）　dʑam　de:r　dʑandan　ajaɢ　（ʉxeri:n ba:s）
　　　　路　　上　　檀香木　碗
　　　　在路上，有檀香木碗。（牛粪）

（16）　xadand　　xɛltardagɡʉi ba:tar xarwasan sʊmɔnd　　ɔnɔɡddɔgʉi
　　　　岩（与位格）　滑　不　英雄　射　　箭（与位格）中　不
　　　　ba:tar ʊxai tʊxʊi ba:tar ʊ:tʃin dʊndʊ:ra:　tasarxai ba:tar（ʃɔrɡɔ:ldʒ）
　　　　英雄　矮小　英雄　腰　中（反身领属）断开　英雄
　　　　岩石上滑不倒的英雄，弓箭射不倒的英雄，矮小英雄，断腰英雄。（蚂蚁）

（17）　ʊ:li:n　　ʊrʊ:　xɔjɔr　mɔɢɔi ʊraldan　　（nʊs）
　　　　山（领格）　顺　二　　蛇　竞赛
　　　　两条蛇往山下爬行。（鼻涕）

（18）　dʑaran　ʉxer　dɔtɔr　tsetsegtei　xar　birʊ:（tʃiɡtaɢ）
　　　　六十　牛　内　　花　有　黑　两岁牛
　　　　六十头牛中有两头花色两岁牛。（拉绳）

（19）　gert　　　tʃ　mʊ:n　ɢada:　tʃ　mʊ:n（xani:n ʉde:r）
　　　　家里（与位格）　也　木杵　外　也　木杵
　　　　家里也是木杵，家外也是木杵。（蒙古包毡壁支架皮钉）

（20）　dalan　ʉxer　dɔtɔr　daŋxaɢar　xar　ʃar（tɔ:n）
　　　　七十　牛　中　　犍　　黑　牛
　　　　七十头牛中有一头犍牛。（天窗架）

（21）tsaɢɑ:n jama:　ʊsa:r　　　　bə:ldʒin　　（daŋxatai tsai ）
　　　白　　山羊　　水（造格）　　吐
　　　白山羊吐白水。（一壶茶）

（22）ʊrda:san,　　　xarxad　　　ʊxan iʃig ʃig xɔinɔ: sɔn,　　xarxad
　　　前面（从比格）看（与位格）小公山羊　像　后面（从比格）看（与位格）
　　　xɔmtɔi teme:　ʃig　　（tsartsa:xai）
　　　鞍屉有　驼　　像
　　　从前面看，像似小公山羊，从后面看像似有驼鞍屉骆驼。（蝗虫）

（23）e:xen　　bəmbe:xei　araɢ　　segse:xei　（xən,）
　　　脂肪　　团团　　　背篓　　蓬蓬
　　　脂肪团团，背篓蓬蓬。（绵羊）

（24）awdari:n　de:r　alim　bain　（dʒʊl）
　　　柜（领格）上　　梨　　有
　　　柜上有棵梨。（佛灯）

（25）dɔw　tɔirsɔn　dɔlɔ:n　nʉx　（tɔlɢɔi）
　　　丘　周围　　七　　　洞
　　　山丘周围有七个洞。（人头）

（26）awdari:n　de:r　altan　ajaɢ　（nar）
　　　柜（领格）上　金　　碗
　　　柜上有一个金碗。（太阳）

（27）xɔŋ xɔŋ　dʊ:tai　xɔndlɔi de:ren,　dege:tei（nɔxɔi）
　　　汪汪　声有　　尾巴　　上　　　钩有
　　　汪汪叫，尾巴上有钩。（狗）

（28）atɢaxad　　alaɢ　　dʉ:rexgʉi　tɛwawel　tal　dʉ:ren　（nʉd）
　　　抓（与位格）手掌　满不　　　放时　　草原　满
　　　抓时手掌还不满，放时光芒万丈。（眼睛）

（二）dzʉir　tsetsen ʉg（谚语 格言）
谚语　格言

（1）erxi:g　　sʊrxa:r　　　berxi:g　　　sʊr
　　　娇（宾格）学（造格）　艰苦（宾格）学
　　　戒娇生惯养，学艰苦奋斗。

（2）a:wi:n　bi:d　　xʉntei taniltsadʒ agti:n　　bi:d
　　　父（领格）在（与位格）人与　认识　　骏马（领格）在（与位格）

ɢaʥar　　ʉʥex
地　　　　看
父亲在时多交朋友，骏马在时多走远路。

（3）　saini:g　　daɢwal　　sarni: gerel　　mʊ:gi:g　　daɢwal　　mɔɢɔin　　xɔr
好（宾格）　跟随　　月亮 光　坏（宾格）　跟随　　蛇（领格）毒
近朱者赤，近墨者黑。

（4）　ax da:n　　awɢai　　awxi:g　　ʥa:n　　a:wda:n　　adʊ:　　manxi:g　　ʥa:n
兄（与位格）媳妇　娶（宾格）教 父（与位格）马群 打更（宾格）　教
教兄娶媳妇，教父打更。

（5）　a:wi:n　　sʊrɢal　　alt　　e:ʥi:n　　sʊrɢal　　erden,
父（领格）教诲　　金　母（领格）　教诲　　宝
父之教诲是金，母之教诲是宝。

（6）　axa:n　　ald　　xʉndel　　dʉ:ge:n　　delem　　xʉndel
兄（反身领属）丈　尊重　弟（反身领属）半庹　尊重
尊兄一丈，尊弟半庹。

（7）　aman,　　　　　ideʥ　　sʉ:len,　　　　　　tarɢaldag
口（第三人称领属）吃　尾巴（第三人称领属）　胖
axan,　　　　　xelʥ　　dʉ:gen,　　　　sɔnɔsdɔg
兄（第三人称领属）说　弟（第三人称领属）　听
口吃尾胖，兄说弟听。

（8）　erdemtei　xʉn　darʊ:　jex mɘrɘn　dɘlgɘ:n
学问 有 人 谦虚 大江　平静
智者谦虚，大河平静。

（9）　ʥʊ:n tɘgrɘgtei　jawsna:s　　ʥʊ:n　　nɘxɘrtei　jawsanan, de:r
百元 有　　走（从比格）百　朋友 有 走　好
与其有百元钱，不如交一百个朋友。

（10）bʊ:rala:s　　ʉg　sɔns　bɔlsnɔ:s　　am　xʉr
老者（从比格）话 听 熟者（从比格）口　到
听老者的话，吃煮熟的饭。

（三）dɔmɔg　ʉlger（传说 故事）
传说　　故事
1.ʃar nɔxɔin　　tam（黄狗狱）
黄 狗（领格）狱

eni:g ʃar nɔxɔin tam　　　 gedeg, bas məsən aɢʋi gedʒ xeldeg. end jex
这（宾格）黄狗（领格）狱　　 称　 又　冰　窟　　称　 这里 多

məstei, 5–6 sar xʉrtel məstei baidag jʉm, jex xʉiten, serʉ:xen. en bɔlbɔl
冰有　 5–6月 到　 冰有　　　是　 很　 冷　 凉爽　　 这 是

xalʊ:n xailmal ʋrsa:d tɔgtɔsɔn gedeg. i:m dzʊdza:n xad aɢʋi
热　　熔岩　 流出　形成的　　　 这样　厚　 岩石 窟

bɔldʒ bʉtsen baiɢa:　ar xaŋɢai xendei aimagt　 jex ɔlɔn lam nari:g
形成　 有后　　 杭爱　 肯特　省（与位格）很 多　喇嘛（复数、宾格）

xelmegdʉ:lsen　　bile:　　ar xaŋɢai, xendei aimgi:n　lam nari:g
苦难遭受（过去时）肯定（语气词）后杭爱　 肯特　省（领格）喇嘛（复数、宾格）

xelmegdʉ:le:d en dɔtɔr xœridɔg baisan baiɢa:. ɔdɔ: ʉdi:n ʉjd　　 jex
遭受苦难　　这里 关　 有了（过去时）有　现在 中午时分（与位格）很多

məstei xʉiten. tege:d lam nari:g　　　 xœridʒ tam gedʒ nerelsen jʉm.
冰有　 冷　 因此　喇嘛（复数、宾格）关　 狱　称（过去时）是

lami:g　　 ʃar nɔxɔi gesen. neg nege:r ɢarɢa:dʒ tamaldag jʉmʉ:, esgʉ:l
喇嘛（宾格）黄 狗　 称　 一个一个（造格）叫出来 受苦　 是　 或者

xʉiten məsənd　 xɔridʒ tamaldag baisan. tege:d ende:s　 ɢarax jamar tʃ
冷　 冰窟（与位格）关着 受苦（过去时）因此　这里（从比格）出去 什么 也

araɢ baixgʉi. Xamgi:n mʋ: ʃɔrɔŋɢɔ:s ilʉ: tamaldʒ baisan.
方法 没有　　 最后（领格）坏　 监狱（从比格）多 受苦（过去时）

ar xaŋɢai aimgi:n tɛre:t sʋmd　　　 bailda:nai　 taŋk
后杭爱　 省（领格）塔利雅图 苏木（与位格）作战（领格）坦克

irsen baila: de:.　　 tegtel ter taŋki:g　 nʋtgi:n xʉn xələsen baix
来了(过去时)（肯定语气词）然后 那个 坦克（宾格）本土 人　捆起来了（将来时）

ʃʋ: de:.　tege:d xəltʃige:d baital taŋk gerle:　　　 asa:xala:r
是啊　 那样 捆起来后　 坦克 灯光（反身领属）亮起来时

dza　　 ter nʉden xɛlai:ga:d ʉxexim bain, ɔdɔ: ʉxedʒ bain gesen gene:.
吼（语气词）那个 眼睛 瞪着　 要死 着　 现在 死 着　 称　 据说

tegedʒ ter xʋwsɢala:r tamaldʒ bain, bɔ:dʒ aldʒ bai:n gedʒ bɔdsɔn
这样　那 革命（造格）受苦 着　 捆起来 杀掉 着　称 想了（过去时）

baixgʉi jʉ:? tegexed　　 nəgœ: dexen, təmər jʉm tʃin ʃu: bɔ:gdox baix.
不是吗　 于是（与位格）那个　　 铁　 东西（反身领属）是 被捆绑 有

tas tas　 tasda:d jawdag baidʒ ter neg tala:r i:ne:dtei bɔlbɔtʃ nəgœ:tala:r
一块一块地 断开 进行着　 那个 一方面　 笑话　 虽然　 另一方面

manai　　　　　　bʉxei　　sɔjɔl irgenʃil　ɔrdʒ irdʒ baisan　ʉj　　jʉm. lam nari:g

我们的（领格）　全部　　文化民俗　　进入（过去时）时期　啊　　喇嘛（复数、宾格）

nimgen　de:ltei　xi:ged　ɔlɔn　lam　ʉxsen baisan.　　　jire:d　ɔnɔ:s

薄　　　衣服有　关着　很多　喇嘛　死了 有了（过去时）　九十　年代（从比格）

na:ʃ　　　　lam nari:g　　　　　ʃʉtex bɔlsɔn.

以来　　喇嘛（复数、宾格）　　受尊重（过去时）

　　这叫黄狗狱，又称冰窟。在这里有很多冰块，5–6 月都有冰，很冷，凉爽。这是火山爆发后由熔岩形成的山洞。

　　在后杭爱、肯特省有许多喇嘛。喇嘛们遭受了很多苦难。遭受苦难的喇嘛们被关在这里，现在直到中午还有冰，很冷。因此把它称为关闭喇嘛的监狱，把喇嘛叫做黄狗。把他们一个一个叫出来折磨，或关在冰窟里折磨。他们毫无办法从这里逃走。在这里，他们被折磨得比监狱还厉害。

　　当时后杭爱省塔利雅图苏木来了很多作战的坦克，人们把坦克捆起来了。而被捆的坦克亮起了灯光，他们以为瞪着眼睛的坦克死了。喇嘛们想，这好像是在革命中正在捆起来杀掉他们似的。可是那个东西（坦克）是用铁做成的，虽被捆绑，还是一块一块地断开。这看来一方面是一场闹剧，另一方面也是一种文化民俗现象。喇嘛们穿得少，因此死了很多。90 年代后，喇嘛们受到了尊重。

2. terex　tsaɢa:n　nʊ:ri:n　dɔmɔg（特日和查干淖尔的传说）

　　特日和　白　　　湖（领格）传说

　en bɔl　terex　tsaɢa:n　nʊ:r　gesen ɢadʒar, ar xaŋɢai aimagi:n　eŋgi:n

　　这 是　特日和　白　　　湖　称　地方　后杭爱　省（领格）普通（领格）

dʒʊ:lʧʃili:n　　ɢadʒar,　mɔŋɢɔl ʊlast　　bɔl　xɵwsɵgɵl nʊ:ri:g　ɢarɢawal

旅游（领格）　　地方　　蒙古国（与位格）是　库斯古尔　湖（宾格）除外

xamag　jex nʊ:r　gene.　end　ʊ:lda:　nʊ:r　baisanɡʉi gene. barʊ:ntai　xaragdadʒ baiɢa:

最　　 大湖　称　这里　原来　湖　没有　　称　西边　 看见的　　有

en　tʃʊlʊ:g　　ɵwgɵn tʃʊlʊ:　gene.　en　　ɵwgɵn　tʃʊlʊ:n　tsa:tai bas negen

这个 石头（宾格）老　石头　称　这个　老　　石头　那边　又　一

ʃɵwɢar tʃʊlʊ:　bain.　end　negen　ɵwgɵn　emgen　ter　ʊ:land　　　ail ger　bɔldʒ

锥行　石头　有　这里　一　　老头　老婆　那个 山上（与位格）家庭　成

emidardʒ　baidʒai.　en　ɵwgɵn　bɔl　nʊtgi:n　　ba:tar　neren, biligbexɵ　gedeg.

生活（过去时）　这　老人　是　本土（领格）英雄　名子　必力格布和　称

neg　edɵr　ba:tar　ɢadaɢʃ　ɢarsan.　　　xɔ:rɔnd　ar　ʊ:li:n　　　ardʒaɢar　xar

一　 天　英雄　外头　出去（过去时）期间　后　山（领格）凶残的　　黑

maŋs　　　xʊrtʃ ire:d en aili:n　　emgeni:g　bʊla:dʒ awa:d jawsan.
莽（妖魔）　到　来　这　家（领格）老婆（宾格）夺取　　　走了（过去时）

aili:n　xadzʊ:d　aima:r　ɔrgildɔg xʊdɑɢ baisan.　ter　xʊdga:
家（领格）旁边（与位格）很厉害地 喷涌的　井　有（过去时）那个　井（反身领属）

ted　tend　tʃʊlʊ:ɢa:r　dardʒ tɛlwidʒ　baidag.　tege:d ter　ʃɔmnʊ:
他们　那里　石头（造格）压着　放　　有（经常时）那样　那个　妖魔

tʃʊlʊ:gi:n,　　　　　awtʃ xajaxad　xʊdgi:n　ʊs　ɔrgilɔn negen nʊ:r
石头（宾格、反身领属）取下时（与位格）井（领格）水　喷出　一　湖

bɔltʃigsɔn　　gene. en　dʒaŋdzɔn ba:tar bʊtsa:d irxed　　emgen ʉgei,
变成（过去时）称　这个　将军　英雄　返回　来时（与位格）老婆　没有

ger　bas　ʉgei.　xʊdgi:n　ʊs　bʉr　jex　nʊ:r bɔlɔ:d baisan.　tege:d
家　也　没有　井（领格）水　都　大　湖　变成　有（过去时）于是

ba:tar er　sandra:d　ʊ:lan　ɔrɔigi:　tas　tsawtsa:d, ter　xʊdga:n
英雄　大汉　激怒起来　山（领格）顶（宾格）断然　劈开那个　　井（反身领属）

bɵgle:d xajatʃigsan gene. tege:d ɔrgilɔx ʊsan,　　dʒɔgsɔdʒ nʊ:r bɔldʒɔi.
堵住（过去时）　称　那样　喷涌的　水（反身领属）停止　湖　成（过去时）

ter　dʒaŋdzɔn emgene:　xʉle:se:r　xʉle:se:r ɵwgɵn tʃʊlʊ: bɔldʒ xʊwirtʃigsan gene.
那个　将军　老婆（反身领属）等着　等着　老　石头 变成（过去时）　称

　　　这个叫特日和查干淖尔的地方，是后杭爱省的一处旅游点，是蒙古国除了库苏古尔湖外的一个大湖泊。

　　　在这里原来没有湖泊。在西边看到的大石头叫老头石。在这个老头石那边还有一块锥形石头。从前在这山上住着一对老头老婆。老头是家乡的英雄，名字叫必力格布和。

　　　一天老头外出期间北山的黑莽古斯（妖魔）来到他们家里抢走了老婆。在他们家旁边有一口向上喷涌的井，用石头压着井口，那个妖魔掀起那块石头时从井里喷出来的水变成了一个大湖泊。将军英雄回家一看，老婆没有了，家也没有了，井水变成了大湖。那个英雄大汉大怒起来，劈开了山顶，堵上了那口井，于是喷涌的水平静下来，变成了大湖。那个将军一直等着他老婆回来，最后变成了老头石。

　　　（四）ar xaŋɢai aimgi:n　dʒasag dargi:n　　tamgi:n ɢadzari:n daraɢ
　　　　后杭爱　省（领格）行政　长官（领格）　　　副省长
　　　　后杭爱省副省长谈话记录
　　　　xʉreltʃʊlʊ:gi:n　　　jara:
　　　　胡日勒朝鲁（领格）谈话记录

mani: aimag ɔdɔ: mɔŋgɔl ʊlsi:n   tɵw xesegt   ɔrʃidɔg, tɵw xalax xʉms
我   省   现在 蒙古 国（领格）中部（与位格）坐落   中心 喀尔喀 人（复数）

ɛmdardag. ar xaŋgaid   bɔrdʒgin ɔwɔgi:n   xʉn ɛmdardag, tʃɵ:xen
生活   后杭爱（与位格）博尔赤金 姓氏（领格） 人   生活   少

tɔ:nɔi   e:lɵd xʉn bain. 89 mɛŋgan xʉn tei. 3086 saj   maltai. ni:t
数（领格）厄鲁特 人 有   89 千   人 有 300.86 万   牲畜有   全

ni:gemi:n dɔtɔ:d bʉte:gdexʉni: di:leŋgei mal a:dʒ axʊi:n tʉ:xei bʉte:gdexʉn
社会（领格） 内 产品（领格） 绝大多数 畜牧（领格）   产品

edʑeldeg. adʒ ʉildber xɵgdʒsengʉi, baiɢali:n   bajlig jextei. xaŋgai baiɢaltai.
占   工业   发展   不   自然（领格） 资源   丰富   好   环境 有

ajlal dʑʊ:ltʃil nele:d ertʃimtei xɵgdʑidʑi baiɢa:. dʑasag dʑaxirɢani: 19 sʊmtai, 69 bagtai,
旅游业   较   好   发达   现在   行政（领格）   19 苏木有 69 巴嘎有

aimgi:n dʑasgi:n ɢɔl baridag bɔdlɔg bɔl mal adʒ axʊi:n ʉiltxʉ:n dʒɔŋgɔldɔg. i:me:s
省政府（领格） 主要 抓   政策 是 畜牧业（领格）产品   为重点   因此

mal a:dʑaxʊig   ertʃimtei xɵgdʑgʉ:lex, gadʑar tara:laŋgi:n ʉildberleli:g ertʃimdʒʉ:lex,
畜牧业（宾格） 加强   发展   农业（宾格）   加强发展

en tal de:r ɢɔl bɔdɔlgɔ:n   berdʑ adʑildag. ni:t xʉn ami:n 35-50a:s de:gʃ xʊwin,
这 方面 主要 政策（反身领属）抓住 工作   全体人口（领格）35–50%以上

dʑalʊ:tʃʊ:d. ar xaŋgai aimgi:n xemdʑe:nd 3 jex de:d sʊrgʊ:l, jɵrɵŋxi: bɔlɔwsɔrɔli:n
青年人   后杭爱省（领格）范围内   3 大专 学校   普通中学（12 年制）（领格）

35 sʊrgʊ:l ʉil adʑillaga: jawʊ:ldag, end ɔdɔ 24mɛŋgan sʊragtʃ sʊraltʃadag baina. sʊm bʉrd
35 学校   工作   进行   这里 现在 24 千   学生   学习   着 苏木 每个

erʉ:l mendi:n bɔlɔwsɔrɔli:n, dʑasag dʑaxirɢa:n, mal emnelgi:n ʉiltʃilge:n gedʑ bʉx salwar
卫生   教育   行政   防疫站（领格）服务   称 全 部门

adʑildag. ʉ:ni: xadʊ:ɢa:r xʊwi:n ʉiltʃilge:n gedʑ ʉil adʑillaga: jawʊ:ldag. mani: aimgi:n
工作   此外   私营 企业   称 工作   进行   我们省（领格）

xemdʑe:nd xamag sʉ:li:n   ʉjd   ɢɔl beridʑ baiɢa: bɔl dʒidʑig dʊnd
范围内（与位格）最   后（领格） 时期（与位格）主要 抓的   是 小   中

ʉildwerleli:g demdʑix tʃigleltei adʑildʑ bain.
企业（宾格） 支持   方针有   工作 着

ta: bʉxeni: xi:dʒ jawa: adʑili:n tala:r   saŋdzai dɔktɔr ɵmɵn na:dtai
你们 全体（领格） 做的   工作方面（造格）桑杰 博士   前些天 我（共同格）

ʊ:ldʑa:d tɛniltʃʊ:ldʒ baisan. xel ʃindʑleli:n tʃigleltei sʊdalɢani: bag mɔŋgɔl ʊlst
见   介绍（过去时） 语言 研究   方向有   课题   组 蒙古 国（与位格）

adʒillax jʉm.　en sʊdalGa:ni:　bag　　ar xaŋGai　ai:magt　　sʊdalGa:ni:　　adʒil

工作　是　　这研究课题　组　　后杭爱　省（与位格）研究（领格）工作

jawu:lax,　ta:nar　　　ar xaŋGaig　　sɔŋGɔdʒ sʊdalGa:ni:　　adʒillaG jawʉ:lxad

进行　　你们（复数）后杭爱（宾格）选择　研究（领格）工作　进行（与位格）

nʊtgi:n xʉni:　　xʊw,d setgil jex　əndər　bain,　ta:nari:n

本土　人（领格）身份　心　特别　感动着（现在时）你们（复数、领格）

adʒild　　　　amdʒilt　xʉsje:.

工作（与位格）　成功　　祝贺

四、访谈录

（一）蒙古国后杭爱省副省长会见课题组成员时的座谈记录

访谈对象：呼日勒朝鲁，男，44 岁，大学毕业，后杭爱省巴图青格勒苏木人，副省长

访谈时间：2010 年 7 月 25 日

访谈地点：后杭爱省首府车车尔勒格市省政府办公楼副省长办公室

参加者：蒙古乌兰巴托大学教授扎·桑杰、课题组全体成员

副省长：我们省位于蒙古国中心地带，中央喀尔喀人住在这里，在我省还居住着一些博尔赤斤人和少量厄鲁特人，有 8.9 万人口、300.86 万头（只）牲畜，畜产品占全省社会经济产品的绝大多数。工业欠发达。自然资源丰富，自然环境优美，旅游业较发达。有 19 个苏木，苏木相当于你们的旗；99 个巴嘎，巴嘎相当于你们的乡填、苏木。省政府把畜牧业、农产品作为工作重点，正在优先发展牧业经济和农业经济，全省人口的 35%–50%是年轻人。全省有 3 所大专院校、35 所 12 年制学校、2.4 万名学生。每个苏木都有卫生、教育、行政、兽医站等各种分支机构，还有不少私营企业。这些年把扶持中、小企业作为工作重点。

前些天桑杰教授（蒙古乌兰巴托大学教授）向我介绍了你们要进行的工作情况。你们语言调查课题组来到蒙古国，选择我省作为调查点，我作为后杭爱省本土人特别高兴，预祝你们的调查工作取得成功。

（会上呼日勒朝鲁副省长向我们赠送了介绍该省情况的几本书，我们也向他赠送了一套精美茶具，并合影）

（二）浩同图苏木长访谈录

访谈对象：巴扎拉格察，男，46 岁，大学毕业，后杭爱省浩同图苏木

乌兰朝鲁巴嘎人，苏木长

访谈时间：2010 年 7 月 25 日

访谈地点：苏木长办公室

苏木长：我们苏木距乌兰巴托市 460 多公里，是具有森林、平原特色的地方。有 25 万头（只）牲畜，去年遭雪灾损失了 36 万头（口）牲畜。苏木有 4444 人，包括学生约有 5000 人。有 1372 户、6 个巴嘎。2 个巴嘎有学校，苏木所在地有 1 所 11 年制学校，另一个苏木有 1 所 9 年制学校，共有 900 多名学生、42 名教职工。我们苏木与内杭爱省接壤，有直通乌兰巴托市的公路。我们苏木位于鄂尔浑河边，有许多历史遗迹，有哈拉巴拉嘎孙（黑城）遗址、窝阔台皇帝夏营地。

（苏木长谈话期间调查组有人问，"这里的学校学生是否学习传统蒙古文"时，）他说"学校里 5—9 年级学生学习旧蒙古文，现在孩子能看报纸，读得不错，但是写得不好，会旧蒙古文的孩子们专业知识提高得很快。我自学了旧蒙古文，能读，写得不太好。孩子们虽然学习旧蒙古文，但是在日常生活中不用，所以容易忘。我们曾办过一个叫《南方文》的旧蒙古文小报。世界闻名的竖写的蒙古文是世界各地蒙古民族的文化遗产和宝贵财富，所以我们应该好好学习和使用它。内蒙古人民为蒙古文着想，并且在那么大的国度里保存蒙古文和自己的传统风俗习惯，我感到非常高兴。我想原样保存那么好的文字，确实难能可贵。看到为研究、普及、发展这种文字而辛勤工作的北京以及其他地区大学的学者们，我感到非常高兴。祝你们的事业更加兴旺、你们的文化更加发展。你们的研究成果将成为群众的精神财富。你们因调研工作来到我们苏木，根据我们的条件，我们尽力协助你们的工作"。

（三）扎·桑杰教授访谈录

访谈对象：扎·桑杰，男，62 岁，大学文化，博士，后杭爱省巴图青格勒苏木人，蒙古乌兰巴托大学教授

访谈地间：2010 年 8 月 6 日

访谈地点：后杭爱省浩同图苏木忽必烈宾馆

问：您是蒙古国著名语言学家，请您介绍一下自己的工作经历和教学、科研成就。

答：我出生在原赛音诺颜汗省老公旗、现后杭爱省巴图格勒苏木、国家奖获得者著名作家洛岱丹巴的长篇小说《清澈的塔米尔河》所描述的三

条塔米河平原上。从后杭爱省师范学校毕业后,在故乡巴图省格勒苏木当小学老师。1970 年考入原国立师范大学蒙古语言文学系。1974 年毕业,任原校蒙古语言教研室教师。1980–1985 年在捷克国帕拉克市卡尔洛夫大学经济研究院工作。1990 年获得了语言学博士学位,博士论文是《蒙古语方言辅音交替规则》。在这期间曾任过蒙古语言教师、蒙古语言教研室主任、学校学术委员会秘书长、蒙古语言文学系主任等职务。同时编写了 20 余部大中学校教材和专著,发表了近 50 篇科研和教学论文,在国内外学术研讨会上宣读了近 30 篇论文,培养了 5 名研究生。主要研究蒙古语语音学和方言学。同其他教师合编了大专院校教材《现代蒙古语语音学》(已出版),编写了《蒙古语方言地图》,又与别人合作编写了几本中学蒙古语文课本。在大学主要讲授《蒙古语言学》和《蒙古语方言学》。在语音学、方言学研究领域中有前辈蒙古国立大学莫莫博士、教育大学语言文学研究所超劳博士和我的导师那达米德等人,我可以排在他们之后。

问:请您简要谈谈蒙古国历史。

答:蒙古国有着悠久的历史。这么短的时间内说它的历史不容易,现在只谈谈我对它的一些心得。历史这个东西真神奇,读过《蒙古人民共和国史》、《蒙古国革命党史》后相信过它们的说法。90 年代蒙古国发生民主革命后出现了另一种历史。历史学家巴巴尔写了三本《游牧生活》(后编为一卷),在这本书里他写了不同于我们曾学过的另一种历史。这个人根据考古学实际资料,以历史人物为主,编写了历史,因此有其自己的特点。这本书已译成多种译本出版。

下面谈谈与我的故乡有关的一些事。在后杭爱省浩同图苏木有古代回鹘人黑城、突厥《阙特勤碑》、鹿石碑、蒙古国古首都喀剌和林及其额尔德尼召等。距这里约 20 公里处有蒙古吉布尊丹巴活佛曾当过班弟(徒弟)、创造"苏永布"字的扎那巴扎尔塑造二十一　佛母的寺庙。离这里的二三公里处还有窝阔台汗夏宫遗址。在自然风景方面,越过前面大、小腿山进入内杭爱省后就会看到鄂尔浑瀑布,还有上青和尔温泉、清澈的塔米尔河等。

问:请您谈谈"喀剌和林"这个词。

答:我读过关于这个词的文章。作者认为,火山爆发后喷发出来的石头叫"呼鲁木石头",即"黑色的石头",后逐渐演变成"喀剌和林",其后面的阴性词变为阳性词。

问：请您谈谈蒙古国文字改革的过程和情况。

答：蒙古人在历史上曾使用过多种文字。我认为，这是一种文化现象，是一件令人自豪的事。蒙古人使用过回鹘蒙古文，还有由忽必烈皇帝下令创造的八思巴字、扎那巴扎尔创造的苏永布字、卫拉特扎雅班第达·那米海扎木苏创造的陶忒字、布利亚特喇嘛创造的瓦金达拉字、基里尔字以及拉丁字等。使用这些文字除了有其历史原因外，还与当时的政策和邻国影响有关。当前在文字问题上存在三种观点。1990 年后蒙古国人中出现了强烈的民族意识，出台了恢复传统蒙古文，使它变为国家官方文字的决定。这是把传统蒙古文变为民族文字的一种观点。第二种观点是改进现有新文字，规范其规则，将它继续使用下去。第三种观点是用拉丁文字。由于当今世界正处在全球化时代，英语影响增大，传媒一般都使用英语，因而有人想用拉丁文字。这些观点犹如一部分人想翻新旧衣服继续穿下去，一部分人想把藏在柜内的刺有龙凤花的衣服拿出来穿上，还有一部分人想穿时尚新衣。但是其背后存在很多问题，包括文化影响、政治原因、年龄、性别、历史传统等。这确实是很复杂的问题。我作为一名教师、学术专业人员，产生了许多想法。主要原因是语言政策松懈了，表现在基里尔文中出现了许多正字法错误，蒙古国学者们开了多次会，提出了许多改进建议，但是政府未采取强有力的措施。因语言政策松懈，许多人乱写、乱编、乱说，对此无人监管和查处。你们看一看乌兰巴托市的广告牌、匾牌吧，那里有各种语言、各种文字，很乱。

问：对此有什么建议吗？

答：对此谈了很多次，提了许多意见，但是行政机关没有采取有力措施，因而人们不执行、不遵守，无人监管，这是让人遗憾的事情。

问：您研究过方块字吗？

答：我未研究过方块字，在大学生时代读过鲍培写的《方块字》。蒙古国国立大学张其布老师以方块字为题目的论文获得过学位。一些人写过有关方块字文献的论文。科学院院士特木尔陶高写的专著中有方块字资料。我没有写过专题论著，但是因为它是中世纪的重要文献，所以在编写蒙古语方言论著时引用过方块字资料。

问：请您谈谈蒙古国和中国蒙古语之间的异同点。

答：只读过有关中国蒙古语言方言的一些书，未亲自调查过中国蒙古语方言。1990 年第一次赴内蒙古参与了蒙古国师范大学和内蒙古师范大学合作协议的签订工作。此后开始接触内蒙古蒙古人，听到各地人们的方言土语。在语言学方面，我认为，蒙古国有喀尔喀、卫拉特、布利亚特、内蒙古等方言，在内蒙古有喀喇沁、科尔沁、鄂尔多斯、锡林郭勒、察哈尔、巴林等方言土语。它们之间有一些差别，在语音学音位方面差别不大，而在音位变体方面差别较大，在蒙古国蒙古语中有 ʤ、ʧ、ʣ、ts 4 个塞擦音，而在内蒙古大部分方言中只有 ʤ、ʧ 2 个塞擦音；在语法方面，差别不大；主要差别表现在词汇上，尤其是随着中国社会各个领域的迅速发展，汉语借词和由汉语译来的新词术语大量借入中国蒙古语中。我国则受到欧洲等地的影响，经过俄语借入了许多新词术语，尤其是近年来借入了许多英语词汇，其中有的已翻译，有的直接借来，因而在词汇中出现混乱现象。我想，两国学者们在名词术语的统一规范方面可以做些工作。

问：请您谈谈今后两国在进行学术交流方面的想法。

答：哈斯额尔敦教授参加了许多国际学术会议，我也参加了内蒙古呼和浩特举办的国际学术会议和在乌兰巴托举办的国际学术会议。过去内蒙古一些学者来蒙古国调查了一些省、苏木的方言土语，蒙古国学者偶尔参加过他们的调查工作。这次中国学者哈斯额尔敦教授等人来我国进行语言调查，对此我作为学者很高兴。内蒙古功勋学者清格尔泰、确精扎布、哈斯额尔敦、诺尔金等学者的共同努力取得了可喜的成果。蒙古乌兰巴托大学、中央民族大学和内蒙古各地学者参加的研究组来这里，进行广泛深入的调查研究工作，这是蒙古学研究中的一个大工程，一项创新工作。因为除了著名学者包·符拉基米尔佐夫、格·兰司铁等人研究过作为蒙古文学语言基础的喀尔喀方言外，还没有人在它的本土上进行过像你们这样大规模、详细的调查研究工作。这次中国和蒙古国学者们合作进行的研究工作是一个新的、规模很大的工作，我想今后应扩大和加强这种合作。我国许多方言已经喀尔喀化了。我想不必强制消灭方言，在蒙古国无论杜尔伯特人还是扎哈沁人，在内蒙古无论察哈尔人还是鄂尔多斯人都可以使用自己的方言土语。而书面语言必须要统一，文学语言一定要规范、统一。也就是说，可以保留方言土语，规范和统一书面语言，特别是要规范、统一新词术语，同时学者们合作编写学生词典、解释词典和各种专业词典，纠正偏向，消除乱用现象，多做些宣传普及工作。如："打电话"一词，内蒙古人说 dianxʊa ʤɔдɔx，喀尔喀人说 ʊtasdax，布亚特人说 xɔɲxɔdax，用三个不同的词说。如果用词典来规范这样的词的话，对我们今后的语言文化的交际，对语言文化的抢救、保护都有益处。美国语言学界所进行的研究表明，现在世界上少数民族语言的消亡过程日益加速。如果中国、布利亚特、喀尔梅克、喀尔喀学者们加强合作，齐心协力，我们将会取得很好的成果。

哈斯额尔敦：在您的关照下，我们课题组在这里已经工作了半个多月，即将要离开，向您表示感谢。希望您对今后在加强两国学者的学术交流和其他一些具体工作中作出更大贡献，经常到中国做客。

扎·桑杰：你们确实在这半个月内很辛苦了，吃苦耐劳，日夜工作。工作之余也观看了蒙古的大好河山，日子过得很快，也很愉快，你们做了很多工作，圆满完成了任务。再见！

（四）12年制学校副校长访谈录

访谈对象：巴拉吉德，女，52岁，大学毕业，后杭爱省额尔德尼满都拉苏木人，巴图青格勒苏木12年制学校副校长

访谈时间：2010年8月2日

访谈地点：后杭爱省巴图青格勒苏木长办公室

问：请您谈谈自己的工作情况。

答：我在这个学校工作了30多年，现在除了做学校领导工作外还讲授地理课和历史课。

问：请您介绍一下学校的基本情况。

答：我校过去是10年制、11年制学校，现在改为12年制学校，学生有670名，女生较多。教师有31名，职工有21名。教职工的工资全部由国家发给。设有21个班级，每班有学生25–34名，明年要扩大为22个班级。有1栋2层楼，是苏木内最大、最好的建筑。

问：你们学校学习外语吗？教哪些外语？

答：我们学校除了教蒙古语外还教英语和俄语，4–11年级设英语课，7–9年级设俄语课，有7个班学习俄语，也就是说，7–9年级学习双语，学生学习英语的积极性很高。教英语和俄语的教师都是蒙古族教师。世界和平组织派来1位美国教师，在我们学校住了两年，他很欣赏蒙古人的生活。还有1位教汉语的教师，也是蒙古族人，少数学生选学汉语课。

问：你们学校教传统蒙古文（旧蒙古文）吗？

答：我们蒙古族很重视教育，很多人把学龄前的孩子送到幼儿园。我们学校从三年级开始设旧蒙古文课，大部分学生会读、会写传统旧蒙古文，

很多人经常参加旧蒙古文的书法比赛，我们苏木很多人也懂旧蒙古文。我们每个人的蒙古语水平都很高。

问：你们同中国有交往吗？

答：我们同中国没有交往，我校教师和学生没有去过中国，我们想同中国建立交往关系。

（五）中学生访谈录

访谈对象：那门格日勒，女，13 岁，初中生，后杭爱省成和尔苏木人，浩同图苏木 11 年制学校学生

访谈时间：2010 年 7 月 30 日

访谈地点：浩同图苏木温都尔桑图巴嘎胡希滚乌珠尔浩特

问：你们家里有哪些人？他们做什么工作？

答：我们家共有 5 口人，有父亲、母亲、哥哥、弟弟和我。父母亲都是牧民，哥哥同我一起上学，弟弟今年要上学。

问：你们班有多少学生？你的学习成绩怎样？

答：我们班有 34 名学生，其中 16 名是男生。我的学习成绩优异，只有 1 名学生超过我。

问：你们学校学习传统蒙古文（旧蒙古文）吗？

答：我们学习竖写的旧蒙古文，一周学习两次，我勉强能读，没有旧蒙古文课本。

问：你们学校学习外语吗？

答：我们学校教英语和俄语，我愿意学习英语，能听懂所学的英文词。

问：你想继续上大学吗？想做什么工作？

答：我想继续上大学，想学医学专业。

问：你知道蒙古族的历史吗？

答：听说过成吉思汗，但是不知道他的详细情况。我们国家的总统是额勒伯格道尔吉。

（最后她念了自己写的一首诗："走进人民学校的那天起，直至十年制

学校毕业，永不忘谆谆教育我们的恩师。"并用旧蒙古文写了自己的名字）

（六）查干庙喇嘛访谈录

访谈对象：阿拉坦格日勒，男，28 岁，后杭爱省俄给淖尔苏木人，浩同图苏木查干庙喇嘛

访谈时间：2010 年 8 月 5 日

访谈地点：浩同图苏木查干庙

问：请你谈谈自己的经历和本庙的情况。

答：我是俄给淖尔苏木人，藏名（经文名）罗布桑其木德，本名阿拉坦格日勒。会藏文和印度文，也懂一点英语。在西藏色拉寺住了 1 年，在印度住了 7 年，刚返回。我们这个庙前些年由施主和牧民出资重建。现有 4 名喇嘛，都从乌兰巴托市来的。这里夏天空气新鲜，有山有水，还有奶食品；冬天留下几个人看庙。有 1 名老喇嘛，70 多岁，还有 1 名游走各地念经的藏族喇嘛。我还给小孩当老师。庙里每天念经 2 个小时。一年举行一次几天念经的庙会，还在宗喀巴诞辰日举行一次念经会。经常有牧民来庙里听经。这里当喇嘛的孩子很少，在乌兰巴托喇嘛很多，那里有佛教大学。庙里每天早晨念经时都点佛灯，现在用电灯代替了长明灯。我们庙有大藏经。今年有 1 名法国喇嘛自费来到这里住了几天走了，他还懂点藏语。我们浩同图苏木还有一座著名的都浑庙，建在山顶上，人们只能走着上去，庙里有 2 个喇嘛。

问：你们生活情况怎样？

答：我们的生活较艰苦，没有工资。牧民出资让我们抄写经文，用这些钱解决我们的饮食，很多牧民经常给我们送奶食品。乌兰巴托佛教大学的教师也没有工资，学生们自己解决食宿费用。

（七）汉族人访谈录

访谈对象一：季海青，男，蒙古名巴图宝路德，30 余岁，原籍中国张家口市阳原县

访谈时间：2010 年 8 月 10 日

访谈地点：乌兰巴托市清格勒台区照恩爱里（百家屯）街汉白玉石商店

（季海青见到我们课题组人员后，用熟练的蒙古语同我们打招呼。访谈由此开始。）

问：你是蒙古人吗？
答：不是，汉人。

问：那你为什么蒙古语说得这么好？
答：我出生在蒙古，我爷爷那一辈来到蒙古，我父母也出生在蒙古。

问：你们什么时候来到蒙古？
答：我们 1958 年来的。

问：你们的祖籍在哪里？
答：我们是张家口市阳原县人。

问：你叫什么名字？
答：我叫季海青，现在叫巴图宝鲁德。

问：你的父亲叫什么名字？
答：我的父亲叫额尔德尼，他的蒙古语不如我。

问：你们家有与蒙古人结婚的人吗？
答：没有。

问：你们在蒙古国生活得怎样？
答：还不错，很好。

问：你们经常回中国吗？
答：经常回中国。

问：你们的亲戚经常来这里吗？
答：他们没有来过，老家有母亲的两个弟弟。

问：这是你们的房子吗？
答：是，我把房子租给了他们（指第二位访谈对象），我住在火车站附近。

问：你们在这里有夏营地吗？
答：没有。

访谈对象二：张永仕，男，42 岁，家住中国内蒙古自治区乌兰察布市察哈尔右翼后旗白音查干镇，做汉白玉石生意

访谈时间：2010 年 8 月 10 日

访谈地点：乌兰巴托市清格勒台区照恩爱里街汉白玉石商店

问：你叫什么名字？多大年龄？

答：我叫张永仕，42 岁。

问：你的文化程度？

答：初中毕业。

问：你的祖籍在哪里？

答：我们是内蒙古乌兰察布市察哈尔右翼后旗白音查干镇人。

问：你们什么时候来这里的？

答：2004 年 9 月来的。

问：从哪里，怎样来的？

答：从二连过来，因为妹妹在这里，所以我在这里做玉石买卖。

问：你在二连住了多少年？

答：我从 1994 年开始在二连做买卖，2004 年来到乌兰巴托。

问：现在你做什么工作？

答：开石料商店。

问：你是这个商店的店主吗？

答：是。

问：雇佣了多少人？

答：雇佣了五六个人。

问：他们是什么民族？

答：他们都是蒙古人。

问：你们家有几口人？
答：现在我们家有我和妻子两人。

问：你妻子是哪个民族人？哪里人？什么时候来的？
答：她是汉人，蒙古语说得不好，也是白音查干人，2004 年我们一同来的。

问：你们有几个孩子？他们在哪里？
答：我们有 2 个孩子，一男一女。女儿在呼和浩特市医校学习，20 岁；儿子在呼和浩特曙光学校学习。

问：你的蒙古语水平怎样？
答：不太好，会说点，能听懂。

问：你们生意怎样？收入怎样？
答：收入还可以，我们有很多蒙古朋友，我还给他们装修房子。

问：你会蒙古文吗，会读写蒙古文吗？
答：不懂蒙古文，只会说。

问：你们的商店和住处怎样？
答：我们这个商店是租用的，我们住在商店的二楼。

问：你们经常回老家吗？孩子也常来吗？
答：人手不够，回不了家，孩子们也来不了，因为蒙古国办护照很难。

问：你们在家里用什么语言交谈？
答：家里都用汉语，因为妻子不会说蒙古语。

问：蒙古语好学吗？
答：容易学，学得还可以。

问：在蒙古有好朋友吗？在这里工作条件怎样？
答：有很多好朋友，好人很多，坏人不多，工作条件很好。

问：你在这里想住多长时间？

答：想住两三年。

问：你从哪里进货（石料）？

答：从北京、天津进货。

问：在这里工作有什么困难？

答：没有什么大困难，只是办护照、签证有点难，年年办，六个月就办一次，到今年9月就到期了，还得办，费用不太贵，只是办手续很麻烦。

问：你过去在内蒙古做什么工作？

答：我过去做服装买卖，不太好做，后改做石料买卖。

问：在乌兰巴托市有多少石料商店？

答：约有十七八家，其中15家是汉人开的。

问：希望你好好工作，多赚钱，同蒙古朋友搞好关系，要有信用。

答：我是很守信用的人，不管什么人都一样对待，用不同的态度对待人不好，蒙古人不喜欢这种人。

五、照片

课题组成员在蒙古国

蒙古国风景

课题组成员在苏赫巴托骑马塑像前

哈斯额尔敦教授调查蒙古族少年的语言使用情况

包满亮教授调查蒙古族官布老人的语言使用情况

后杭爱省副省长呼日勒朝鲁与课题组成员合影

满都拉、赛音宝音教授调查苏木情况

课题组成员与蒙古乌兰巴托大学领导和教师合影

斯仁那德米德教授测试蒙古族学生语言能力

却吉僧格副教授调查蒙古族官布老人的语言使用情况

课题组成员在蒙古国忽必烈宾馆院内

课题组成员在工作

课题组成员调查蒙古族妇女语言使用情况

课题组成员在巴图青格勒苏木牧民家前

哈斯额尔敦教授与蒙古国科学院院士特木尔陶高在乌兰巴托

课题组成员在工作

参考文献

1. 戴庆厦主编：《泰国万伟乡阿卡族及其语言使用现状》，中国社会科学出版社，2009年。
2. 戴庆厦主编：《基诺族语言使用现状及其演变》，商务印书馆，2007年。
3. 蒙古人民共和国科学院编：《现代蒙古语法》，蒙古国乌兰巴托，1996年。
4. 哈斯额尔敦主编：《现代蒙古语》（修订版），内蒙古教育出版社，1996年。
5. 清格尔泰：《蒙古语语法》（修订版），内蒙古人民出版社，1999年。
6. 蒙古人民共和国科学院历史研究所：《蒙古人民共和国历史》，内蒙古人民出版社，1986年。
7. 扎·桑杰、扎·那德米德：《蒙古语语音学与音位学》，蒙古国乌兰巴托，2008年。
8. 蒙古国教育大学蒙古学学院蒙古语言学教研室编：《现代蒙古语》，蒙古国乌兰巴托，2010年。
9. 纳·巴拉吉尼玛编：《蒙古语借词词典》，蒙古国乌兰巴托，2007年。
10. 阿穆尔吉尔嘎拉：《喀尔喀方言词汇及其语义研究》，蒙古国乌兰巴托，2007年。

后　记

　　本书是国家语委"十二五"科研规划重大项目"中国跨境语言现状调查研究"和中央民族大学"985 工程"语言中心"跨境语言研究"项目子课题"蒙古国蒙古族语言使用现状"的终期成果。2010 年 7 月，课题组一行赴蒙古国进行了为期一个月的田野调查，搜集了大量的第一手资料和有关文献，在此基础上，课题组成员分别写出了有关章节的初稿，最后由哈斯额尔敦和包满亮修改、定稿。

　　本课题以戴庆厦教授主编的《泰国万伟乡阿卡族及其语言使用现状》和《基诺族语言使用现状及其演变》为蓝本和框架，同时借鉴了书中的一些观点和研究方法，对此在这里加以说明，并向戴庆厦教授等作者们表示谢意。

　　本课题的语言资料使用国际音标记录，为简便起见，用浊音标记不送气辅音，用清音标记送气辅音；并必要时也用了蒙古国的基里尔蒙古文字母。

　　课题组在田野调查和编写过程中得到许多单位领导和牧民的大力支持、帮助。他们是：蒙古乌兰巴托大学、内蒙古自治区锡林郭勒职业学院和蒙古国后杭爱省副省长呼日勒朝鲁、锡林郭勒职业学院院长特力更及副院长那木吉拉其仁、后杭爱省浩同图苏木长巴扎拉格察、乌兰巴托市陶里学校校长吉尔嘎拉赛汗以及乌云格日勒、T. 钢巴雅尔和后杭爱省浩同图苏木、巴图青格勒苏木、哈沙雅图苏木、俄给淖尔苏木等。在此向他们表示诚挚的感谢。

　　受客观条件和主观认识所限，书中一定存在许多不足之处，敬请读者谅解并批评指正。